国民经济核算学(第二版)
学习指南

李连友 编著

中国统计出版社
China Statistics Press

图书在版编目(CIP)数据

《国民经济核算学(第二版)》学习指南 / 李连友编著. —— 北京：中国统计出版社，2017.9
ISBN 978-7-5037-8314-2

Ⅰ.①国… Ⅱ.①李… Ⅲ.①国民经济核算-教学参考资料 Ⅳ.①F222.33

中国版本图书馆 CIP 数据核字(2017)第 218933 号

《国民经济核算学(第二版)》学习指南

作　　者	李连友
责任编辑	杨映霜
封面设计	李雪燕
出版发行	中国统计出版社
通信地址	北京市丰台区西三环南路甲 6 号　邮政编码/100073
电　　话	邮购(010)63376909　书店(010)68783171
网　　址	http://www.zgtjcbs.com/
印　　刷	河北鑫兆源印刷有限公司
经　　销	新华书店
开　　本	710×1000mm　1/16
字　　数	300 千字
印　　张	18.5
版　　别	2017 年 9 月第 1 版
版　　次	2017 年 9 月第 1 次印刷
定　　价	48.00 元

版权所有。未经许可，本书的任何部分不得以任何方式在世界任何地区以任何文字翻印、仿制或转载。
中国统计版图书，如有印装错误，本社发行部负责调换。

前　言

"国民经济核算学"是一门研究国民经济核算的理论、方法,显示和分析国民经济核算数据的艺术和科学。由于这门学问的宏观性和抽象性都很强,而且要求学生在学习时必须具备较好的宏观经济理论、会计学和统计学等学科的基础,这些都造成学生在学习这门课程时存在许多诸如概念抽象、理论难懂、账户难编等实际难题。为帮助学生克服学习中的这些困难,教师除了在教学过程中做好答疑解惑外,通过编写学习指导书的形式来辅助完成这一任务不妨是一种很好的途径。本书就是为了实现这一目的,提高国民经济核算学的教学效果而特地编写的。

本书严格按《国民经济核算教学大纲》的教学要求和《国民经济核算学(第二版)》(李连友编著)教材的内容编写的。每章除了在开头提出该章的学习目的和要求外,共包括五部分内容:

第一部分是"本章内容提要"。这一部分主要是将本章所要掌握的一些知识点提炼出来。学生在学习每一章前阅读此部分内容,可以对该章所要学的基本内容有一个初步了解;学完后再来阅读此部分内容,会进一步加深对所学知识的理解与记忆。

第二部分是"本章的学习重点和难点"。这一部分是围绕着学习目的和要求,针对该章所要掌握的一些知识要点提出建议。学生可以以此为参考来学习有关内容。

第三部分是"例题分析"。这一部分主要是就每种题型如何解答做了一些示范。学生在学完每一章详细内容后,在具体做练习题前可以参考这部分的内容,学会如何去完成后面的习题。

第四部分是"练习题"。这部分是全书的重点和核心内容。练习题主要包括七种题型(有个别章根据内容情况没有包含全部题型)：单项选择题、多项选择题、判断题、名词解释、简答题、论述题和计算题。每种题型包括若干道习题。

第五部分是"练习题答案"，供学生做完习题后评判自己学习和完成习题情况参考。

此外，本书在后面还有两个附录，一是附有一套模拟试卷及参考答案，学生可以在学完全书内容后试做一遍，以体验如何才能顺利通过这门课程的测试；二是附有"国民经济核算教学大纲"，本课程将按此大纲要求完成教学任务。

李连友

2017年6月

目　　录

第一章　总　　论 ··· 1
第二章　国民经济核算中的分类 ······································· 20
第三章　国民生产核算 ··· 36
第四章　投入产出核算 ··· 59
第五章　收入分配核算 ··· 76
第六章　收入使用核算 ··· 97
第七章　资本形成核算 ·· 116
第八章　金融交易核算 ·· 139
第九章　资产负债核算 ·· 167
第十章　对外交易和资产负债核算 ··································· 191
第十一章　物量和物价核算 ··· 219
第十二章　社会核算矩阵和卫星账户 ································ 237

附录一　模拟试卷及参考答案 ·· 248
附录二　《国民经济核算》教学大纲 ································ 256

第一章

总 论

学习目的和要求

通过本章学习,学生要了解国民经济核算的产生和发展,掌握国民经济核算的基本概念、核算的基础、目的、基本内容和结构,以及核算的主要规则,为学习后面各章奠定基础。

一、本章内容提要

(一)国民经济核算体系的产生和发展

1. 国民经济核算的概念

国民经济核算,又称国民核算(National Accounting),是在一定经济理论指导下,通过综合运用统计、会计和数学等方法,对一个国家或地区一定时期经济运行的过程和结果进行系统描述,以反映国民经济规模和结构的全貌。

2. 国民经济核算的产生

现代国民经济核算是在国民收入统计的基础上产生和发展起来的。最早的国民收入统计可以追溯到 1665 年英国经济学家威廉·配第(Willian Petty)对英国当时国民收入的估算。1759 年法国重农学派经济学家弗朗斯瓦·魁奈(Francois Quesnay)为路易十五编制的《经济表》,1791 年法国化学家 A. L. 拉瓦锡(Antoine Laurent Lavoisier)所提出的总产品、中间产品和最终产品概念,1886 年～1890 年期间澳大利亚统计学家 T. 柯格兰(Timothy Coghlan)首次提出的从生产、分配和使用三方面反映国民收入的观点等,对国民经济核算的产生都发生过极其重要的影响。

据考证,国民经济核算一词最早是由荷兰经济学家范·克利夫于1941年提出的。英国伦敦大学教授J.E.米德(J.E.Meade)和剑桥大学教授R.斯通(R.Stone)对国民经济核算的产生和发展也做出过积极贡献。

3. 国民经济核算体系的产生和发展

国民经济核算体系(the System of National Accounts),英文字母缩写为SNA,是由一套按照逻辑严密、协调一致而完整的宏观经济账户、资产负债表和表式所组成的,包括符合国际惯例的概念、定义、分类和核算规则的核算框架。

国民经济核算体系的产生和发展经历了以下六个阶段,并伴随以国民经济核算体系不同版本的形式结出了五个丰硕成果:(1)国民经济核算体系的孕育期(1928年~1946年);(2)国民经济核算体系的萌芽期(1947年~1952年),历史上产生了第一个版本的国民经济核算体系,即SNA1947;(3)国民经济核算体系的幼苗期(1953年~1967年),SNA1953作为这一时期的成果,是SNA历史上的第二个版本;(4)国民经济核算体系的成长期(1968年~1992年),SNA1968作为这一时期国民经济核算体系发展的成果,是SNA历史上的第三个版本。(5)国民经济核算体系的成熟期(1993年~2007年),1993年联合国第27届统计委员会会议又通过了由联合国、世界银行、国际货币基金组织、经济合作和发展组织以及欧洲共同体委员会共同对SNA的修订案(简称SNA1993),是SNA历史上的第四个版本;(6)国民核算体系的完善期(2008年~),2009年2月联合国统计委员会通过的更新后的国民经济核算体系(简称SNA2008)是国民经济核算体系历史上的第五个版本。它的颁布与实施标志着国民经济核算体系的发展进入了一个新的完善时期。

4. 中国国民经济核算体系的发展

我国国民经济核算体系从建国到现在,基本上走过了一条由计划经济条件下实行的国民经济平衡表体系到向SNA过渡,再到全面实行SNA的道路。

目前,我国正在实行的是《中国国民经济核算体系2002》,其内容、方法与框架基本与联合国等五大国际组织编制的SNA1993相一致。

随着联合国等五大国际组织颁布的SNA2008不断在各国开始实施,我国国家统计局也在酝酿中国国民经济核算体系2002的改革,在不远的将来,中国国民经济核算体系新的版本也将问世。

5. 中国国民经济核算体系 2002 的基本内容

中国国民经济核算体系 2002 由五张基本核算表、一套国民经济账户和两张附属表组成。

6. 从国民经济核算体系到国民经济核算学

对国民经济核算活动的实践经验加以总结,形成一门新的学科——国民经济核算学。

国民经济核算学是一门研究国民经济核算理论、方法,显示和分析国民经济核算数据的艺术和科学,其目的是为国民经济核算实践提供理论和方法论指导。

(二)国民经济核算的基础

1. 国民经济核算的理论基础

A. 马歇尔的"综合性生产理论"是国民经济核算体系的核心理论基础。凯恩斯(J. M. Keynes)的宏观经济理论是设计有关国民经济核算概念、定义、核算原则和分类标准等基本框架的理论指导。

国民经济核算体系除了需要以生产理论为核心基础外,其他一些重要的经济理论,包括经济循环理论、市场理论、收入分配理论、消费理论、投资理论、金融理论和国际收支理论等对国民经济核算体系的建立和发展都有重要的指导意义和作用。

2. 国民经济核算的微观基础

国民经济核算的微观基础是企业经济核算。企业经济核算,从核算内容看包括生产经营条件核算、生产过程中物化劳动和活劳动消耗核算、资金占用方面的核算以及反映生产经营成果的核算等;从核算方法看,有会计核算、统计核算和业务技术核算等。

3. 国民经济核算的方法论基础

国民经济核算的主要方法是会计账户方法。核算的辅助方法包括矩阵表和平衡表、方程式法和图解法等。此外,统计分类方法、记录和估价的一般原则等也是核算方法体系中的重要组成部分。

(三)国民经济核算的目的和基本结构

1. 国民经济核算体系的目的、特点和用途

(1)国民经济核算体系的目的。国民经济核算体系是为有关需求者分析经济、制定政策和决策而设计的,其主要目的是为用户提供一个包括范围十分广泛的概念和核算框架,便于人们用来建立一个分析和评价经济运行状况的宏观经济数据库。

(2)国民经济核算体系的特点。国民经济核算体系具有以下三个特点:全面性、一致性和完整性。

(3)国民经济核算体系的用途。国民经济核算体系的用途主要表现在以下几个方面:监测经济活动、分析宏观经济和进行国际比较。

2. 国民经济运行过程

国民经济运行的整个过程可以参阅图1.1。

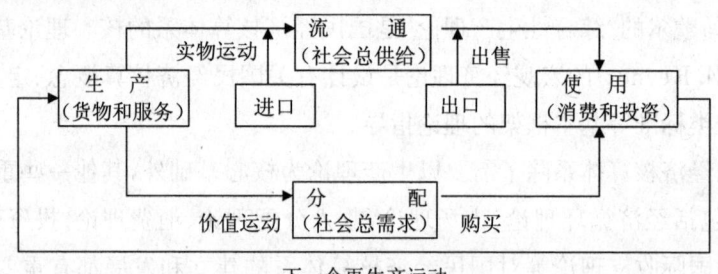

图1.1 国民经济运行图

3. 国民经济核算的对象和内容

国民经济核算对象大致包括:

(1)交易者。交易者即为国民经济活动的参与者。这些参与者在微观层次可以分别从基层单位(只考察生产活动和收入形成)和机构单位两方面考察。在宏观层次则分别考察各产业部门(只考察生产活动和收入形成)和机构部门对经济活动的参与情况。

(2)交易。交易是指两个经济主体之间按照相互协议而进行的一种活动。国民经济活动中的交易主要包括:货物和服务的生产交易、收入分配交易、收入使用交易、资本形成交易、金融交易等。

(3)价格。国民经济核算体系涉及的价格形式主要有基本价格、生产者价格和购买者价格。

(4)交易的记录时间。国民经济核算在记录交易时间方面遵循的是权责发生制原则。权责发生制,又称应计制,是以收入和费用是否已经发生的标准来确认本期收入和支出的一种方法。

4. 经济流量和存量

经济流量是按一定时期测算的经济量值,反映经济价值的产生、转换、交换、转移或消失,涉及机构单位的资产和负债的物量、构成和价值的变化。包括产出、收入、最终消费、资本形成、金融交易,以及由于物量和物价变化所产生的数量。经济流量大致分为两大类:一类是经济交易流量,包括货币交易和非货币交易。后者如易货贸易、实物报酬、实物转移和内部交易等;另一类是非经济交易流量,也称为其他流量。

经济存量则是在一定时点(某一日)上测算的量,包括期初和期末资产和负债以及净值的持有量等。存量记录在核算期初、期末的资产负债表和资产负债账户中。

5. 国民经济核算的范围

(1)国民经济核算的主体范围。国民经济核算的主体范围就是由一国所有常住单位构成的经济总体。

常住单位是指在一个国家的经济领土范围内具有一个主要的经济利益中心的机构单位。一个国家的经济领土涵盖陆地、天空和水域,是由该国政府控制的地理领土所组成,包括该国大陆的领地、领海、领空和位于国际水域,且该国具有捕捞或海底开采管辖权的大陆架和属于领土范围的岛屿,还包括该国在国外的领土"飞地",即位于一国(境)外领土内,经与所在地政府达成协议后,为该国政府拥有或租借,用于外交、军事、科学或其他用途的有清晰界限的土地区域(例如,使领馆、军事基地、科学站、信息或移民办公机构、援助机构、央行的代表机构等,它们一般具有外交豁免权)。但不包括该国地理领土内的领土"飞地"。

一个机构单位在某国经济领土范围内具有经济利益中心,是指它在该国经济领土范围内使用一些地点、住宅、生产场地或其他活动场所,从事而且有意持续(无限期或者相当长期限)从事具有显著规模的经济活动。

国民经济核算的主体范围最基本的单位是机构单位和基层单位,中间层次是机构部门和产业部门,宏观层次是经济总体,即所有常住机构单位的集合。

(2)国民经济核算的客体范围。国民经济核算的客体范围是指经济主体所从事经济活动以及所涉及的流量和存量的范围。主要包括生产范围、收入分配范围、收入使用范围、资本形成范围、金融交易范围、资产物量其他变化和重估价范围,以及资产存量范围等。

6. 国民经济核算的总量描述和结构描述

从总量方面看,国民经济核算体系可以分别在机构单位、机构部门和经济总体三个不同层次上实施。尤其在经济总体层次,国民经济核算体系界定了一些用途十分广泛的总量统计指标,如国内生产总值、国民总收入、国民可支配收入、国民总储蓄等。

国民经济核算体系的结构描述,是通过各种名目繁多的统计分类和在分类基础上的账户序列进行的。

(四)国民经济核算规则

1. 记账规则

(1)账户两方的术语。国民经济核算体系将增加一单位或部门经济价值的交易称为"来源";将减少一单位或部门经济价值的交易称为"使用"。

国民经济核算体系还将账户的右方称为来源方,将账户的左方称为使用方。

(2)记账规定。首先,对于经常账户,凡是能够给单位或部门带来收入的交易都记录在账户的来源方;反之,凡是给单位或部门带来支出的交易则记录在账户的使用方。

其次,对于积累账户,来源方记录负债和净值的变化;使用方则记录资产的变化。

第三,对于资产负债表,来源方记录的是负债和净值(资产与负债的差额)。使用方则记录资产。

(3)复式记账和四式记账。就一个单位或一个部门而言,以复式记账为基础,将每笔交易记录两次。

对于包括所有单位和部门的国民经济核算账户来说,一项交易需要做四次记录,即每项这类交易都必须由两个有关的机构单位各记录两次。

2. 记录时间原则

国民经济核算在记录时间方面总的原则是必须坚持权责发生制原则,即机构单位间的交易必须在债权和债务产生、转换或取消时进行记录。同样,一个单位内部的交易也要在经济价值被创造、转换或清偿时记录。

3. 估价原则

(1)估价的原则。国民经济核算估价的一般原则是将市场价格作为估价的基准。

(2)估价的方法。对产出(包括货物和服务)进行估价的优先方法是基本价格,如果得不到基本价格也可以按生产者价格估价;对于产品的使用(如中间消耗、最终消费和资本形成等)都要求按购买者价格估价。

(四)合并和取净值原则

1. 合并

所谓合并是指,如果从事交易的单位被合并为一组,就要把这些单位间发生的交易从使用和来源两方面加以剔除,并把相互间存在的金融资产及其相应的负债予以剔除。合并主要涉及金融机构和一般政府。

2. 取净值

取净值可以分别从经常性交易和资产变化或负债变化两个方面来解释。

对于经常性交易而言,取净值就是指将使用与来源进行相互抵消。

对于资产变化或负债变化而言,取净值可以分别用两种方式来处理。一种方式是针对资产变化或负债变化的不同类型分别取净值。另一种方式是,对某金融工具而言,将金融资产的变化和负债的变化二者取净值。

二、本章学习的重点和难点

学习本章主要应抓住以下几个重点问题:

1. 国民经济核算和国民经济核算体系的产生和发展

从国民经济核算产生的源泉和国民经济核算体系不同发展阶段了解相关内容,包括不同代表人物对国民经济核算的贡献、国民经济核算体系从产生到现在的六个阶段等。

2. 国民经济核算的基础

国民经济核算的基础包括经济理论基础、微观基础和方法论基础。重点掌握综合生产理论的基本内容及其对构建核算体系的重要性。了解国民经济核算体系所采用的主要方法和辅助方法。

3. 国民经济核算的目的和基本结构

国民经济核算的目的和用途。国民经济核算的对象包括交易者、交易、各种价格和交易的记录时间。国民经济核算的主体范围和客体范围。重点掌握常住单位的概念。

4. 国民经济核算原则

重点掌握国民经济核算的记账规则、记录时间原则和估价原则。

三、例题分析

例题1(单项选择题)

最能完整、系统反映国民经济运行过程和结果的核算是( )。

A、国民经济核算   B、经济统计核算

C、会计核算   D、业务核算

参考答案：A

说明：经济统计核算、会计核算和业务核算都是侧重于从国民经济活动的某一个方面进行核算，尤其是后两种核算更多地注重微观层次的核算，它们对于反映国民经济活动过程和结果都不具有完整性和系统性。国民经济核算是在统计、会计和业务三大核算基础上，将它们按一定标准协调统一起来并加以综合，从而形成具有宏观层次的，能够完整、系统反映国民经济运行过程和结果的核算体系。所以，答案应当选择A。

例题2(多项选择题)

从核算方法角度考察，企业核算主要包括( )。

A、会计核算   B、统计核算   C、税收核算

D、业务核算   E、实物核算

参考答案：A B D

说明:对于企业核算,我们可以分别从不同角度去考察,比如,从核算内容角度考察,分为人力核算、物力核算和财力核算;从生产经营过程考察,分为生产经营条件供给核算、生产活动过程核算和生产成果销售核算等;从核算方法角度考察,有会计核算、统计核算和业务核算。所以,从题意看,本题的正确答案应当是 A、B 和 D。

例题 3(判断题)

据考证,历史上最先提出"国民经济核算"一词的是英国经济学家威廉．配第。(　)

参考答案:×

说明:据考证,历史上最先提出"国民经济核算"一词的不是英国经济学家威廉．配第,而是荷兰经济学家 E.V. 克利夫。他在 1941 年荷兰《经济学家》杂志上先后发表了两篇有关国民经济核算的文章中首次创立了"国民经济核算"这一概念,随后其他经济学家才开始接受并使用这一概念。

例题 4(名词解释)

常住单位

参考答案:常住单位是指在一个国家的经济领土范围内具有一个主要的经济利益中心的机构单位。

说明:名词解释类的题,大致有两种类型的名词,一种是比较规范的定义、概念;另一种是解释性的概念。在回答规范性名词解释时,需要严格按书上所给的概念回答;在回答解释性名词时则只需要通过解释,能把基本意思回答出来就可以了。此题属规范性名词,需按书上定义准确回答。

例题 5(简答题)

简述国民经济核算与会计、统计和业务三大核算之间的关系。

参考答案:国民经济核算与会计、统计和业务三大核算之间既有联系又有区别。它们的联系是,(1)国民经济核算是在三大核算基础上形成的一种综合性核算;(2)国民经济核算的资料来源依靠三大核算提供。它们的区别是,国民经济核算是更高层次的宏观核算。

说明:凡是涉及回答两种事物或多种事物之间关系的问题,通常都是先解释它们之间的联系,然后再回答它们之间的区别。

例题 6(论述题)

阐述国民经济核算体系的产生与发展。

参考答案:国民经济核算体系是由一套按照逻辑严密、协调一致而完整的宏观经济账户、资产负债表和表式所组成的,包括符合国际惯例的概念、定义、分类和核算规则的核算框架。

国民经济核算体系从产生之日起至今,大致经历了从孕育、萌芽、幼苗、成长、成熟和完善等共六个阶段,并伴随以国民经济核算体系不同版本的形式结出了五个丰硕成果。这六个发展阶段大致是:

(1)国民核算体系的孕育期(1928年~1946年);

(2)国民核算体系的萌芽期(1947年~1952年),这一时期产生了历史上国民经济核算体系的第一个版本——SNA1947;

(3)国民核算体系的幼苗期(1953年~1967年),这一时期产生了历史上国民经济核算体系的第二个版本——SNA1953;

(4)国民核算体系的成长期(1968年~1992年),这一时期产生了历史上国民经济核算体系的第三个版本——SNA1968;

(5)国民核算体系的成熟期(1993年~2007年),这一时期产生了历史上国民经济核算体系的第四个版本——SNA1993;

(6)国民核算体系的完善期(2008年~),这一时期产生了历史上国民经济核算体系的第五个版本——SNA2008。

说明:在回答论述题时,通常是先将题中所涉及的有关概念解释一下,再通过过渡句子引出问题答案。此论述题是要求阐述国民经济核算体系的产生与发展,所以应当先解释一下什么是国民经济核算体系,然后再简要说出其几个不同的发展阶段及其产生的成果。

四、练习题

(一)单项选择题

1. 最先使用"国民核算"一词的经济学家是( )。

A、J·米德　　　　　　　　B、R·斯通

C、E.V.克利夫　　　　　　D、S·库兹涅茨

2. 国民经济核算是由(　　)演化而来的。

A、国民收入统计　　　　　B、投入产出分析

C、会计核算　　　　　　　D、国民经济统计

3. 首次提出应当从生产、分配和使用三方面反映国民收入的统计学家是(　　)。

A、威廉．配第　　　　　　B、弗朗斯瓦．魁奈

C、拉瓦锡　　　　　　　　D、柯格兰

4. 国民经济核算体系从产生至今,已经编制出版了(　　)。

A、两个版本　　　　　　　B、三个版本

C、四个版本　　　　　　　D、五个版本

5. 国民经济核算体系是从(　　)以后实现了全球一体化。

A、1953年　　　　　　　　B、1968年

C、1993年　　　　　　　　D、2008年

6. 国民经济核算的理论基础是(　　)。

A、会计学　　　　　　　　B、经济学

C、统计学　　　　　　　　D、哲学

7. 国民经济核算的主要方法是(　　)。

A、会计账户方法　　　　　B、统计核算方法

C、计量经济方法　　　　　D、平衡表法

8. 反映归生产者所有那部分生产成果的价格是(　　)。

A、要素价格　　　　　　　B、基本价格

C、生产者价格　　　　　　D、购买者价格

9. 一国的国民经济核算主体范围是由该国所有(　　)所构成的经济总体。

A、基层单位　　　　　　　B、机构单位

C、常住单位　　　　　　　D、国民单位

10. 按照国际惯例,一个国家的经济领土,(　　)在国外的领土飞地。

A、包括　　　　　　　　　B、不包括

C、可以包括也可以不包括　D、暂无规定

11. 常住单位是指(　　)。

A、在一个国家地理领土内的经济单位

B、在一个国家经济领土内的经济单位

C、在一国经济领土内具有经济利益中心的经济单位

D、在一国地理领土内具有经济利益中心的经济单位

12. 经济流量是指(　　)。

　　A、本期增加的量　　　　　B、上期发生的量

　　C、一定时期变化的量　　　D、一定时点上的量

(二)多项选择题

1. 国民经济核算与会计核算的关系表现为(　　)。

A、国民经济核算运用了会计账户形式

B、国民经济核算运用了会计复式核算方法

C、国民经济核算很多数据来源于会计核算数据

D、二者的核算对象和目的不同

E、二者的核算原则、计价基础、核算方法也有差别

2. 国民经济核算的基础主要包括(　　)。

　　A、经济理论基础　　　B、数学基础　　　C、微观基础

　　D、宏观基础　　　　　E、方法论基础

3. 国民经济核算体系的主要特点包括(　　)。

　　A、时效性　　　　　　B、全面性　　　　C、一致性

　　D、准确性　　　　　　E、完整性

4. 国民经济核算体系主要用于(　　)。

　　A、监测经济活动　　　B、制定经济政策　　C、分析宏观经济

　　D、进行国际比较　　　E、编制发展战略

5. 国民经济核算的对象大致包括(　　)。

　　A、经济流量和存量　　B、交易者　　　　　C、交易

　　D、交易价格　　　　　E、交易记录时间

6. 国民经济活动中的交易主要有(　　)。

　　A、货物和服务交易　　B、收入分配交易　　C、收入使用交易

　　D、积累交易　　　　　E、内部交易

7. 市场价格的主要形式有（　　）。

　　A、成本价格　　　　　B、基本价格　　　　　C、生产者价格

　　D、购买者价格　　　　E、服务价格

8. 一个国家的经济领土包括该国的（　　）。

　　A、领地　　　　　　　B、领海　　　　　　　C、领空

　　D、在国外的领土"飞地"　　E、国外在该国的领土"飞地"

9. 一个单位要想在某个国家的经济领土上具有经济利益中心，必须同时具备的条件包括（　　）。

　　A、得到该国政府的允许　　　B、使用一定的场所

　　C、具有一定的经济活动规模　　D、合法生产

　　E、达到足够长的经济活动时间，

10. 国民经济核算的规则包括（　　）。

　　A、记账规则　　　　　B、记录时间原则　　　C、估价原则

　　D、合并原则　　　　　E、取净值原则

（三）判断题

1. 国民经济核算与会计核算、统计核算和业务核算等属于同一层次的核算。（　　）

2. 国民经济核算是在国民收入统计的基础上产生和发展起来的。（　　）

3. 法国经济学家弗朗斯瓦·魁奈最早提出了总产品、中间产品和最终产品的概念。（　　）

4. 剑桥大学 R. 斯通教授最早创立了国民经济核算体系。（　　）

5. SNA2008 是国民经济核算体系的第四个版本。（　　）

6. 国民经济核算学是在对国民经济核算理论和实践加以总结的基础上所形成的一门新兴学科。（　　）

7. 国民经济核算经济理论基础的核心是综合性生产理论。（　　）

8. 国民经济核算的主要方法是统计核算方法。（　　）

9. 国民经济核算体系目标是只记录经济流量。（　　）

10. 经济存量是没有时间量纲的。（　　）

11. 国民经济核算体系中所定义的"经济领土"不同于通常所说的"地理领

土"。（ ）

12. 一个经济单位要成为所在国的常住单位,在活动时间方面通常要求必须达到一年以上。（ ）

13. 国民经济核算体系对经济总量的描述是通过诸如国内生产总值、国民总收入等一系列总量指标实现的。（ ）

14. 对于积累账户,负债和净值应当记录在账户来源方。（ ）

15. 国民经济核算估价的一般原则是将市场价格作为估价的基准。（ ）

(四)名词解释

1. 国民经济核算
2. 国民经济核算体系
3. 综合性生产理论
4. 交易
5. 基本价格
6. 生产者价格
7. 购买者价格
8. 权责发生制
9. 收付实现制
10. 经济流量
11. 经济存量
12. 常住单位
13. 经济领土
14. 经济利益中心

(五)简答题

1. 简述国民经济核算的基础。
2. 简述国民经济核算的目的。
3. 简述国民经济核算的对象。
4. 国民经济核算的具体记账规定是什么？
5. 简述国民经济核算的估价原则。

(六)论述题

1. 阐述国民经济核算体系的产生与发展。
2. 试述国民经济核算的规则。

五、练习题答案

(1)单项选择题

1. C；2. A；3. D；4. D；5. C；6. B；7. A；8. B；9. C；10. A；11. C；12. C。

(二)多项选择题

1. A B C D E；2. A C E；3. B C E；4. A C D；
5. B C D E；6. A B C D；7. B C D；8. A B C D
9. B C E 10. A B C D E。

(三)判断题

1. ×；2. √；3. ×；4. √；5. ×；6. √；7. √；8. ×；9. ×；10. √；11. √；
12. √；13. √；14. ×；15. √。

(四)名词解释

1. 国民经济核算是指在一定经济理论指导下,通过综合运用统计、会计和数学等方法,对一个国家或地区一定时期经济运行的过程和结果进行系统描述,以反映国民经济规模和结构的全貌。

2. 国民经济核算体系是由一套按照逻辑严密、协调一致而完整的宏观经济账户、资产负债表和表式所组成的,包括符合国际惯例的概念、定义、分类和核算规则的核算框架。在这个框架内,经济数据得以按照经济分析、决策和政策制定的要求,以一定的程式编制和表述。

3. 综合性生产理论是一种与限制性生产理论相反的理论。该理论认为,在一年期限内所生产的任何货物,提供的各项服务,以及各种效用均为国民收入的一部分。

4. 交易是指两个经济主体之间按照相互协议而进行的一种活动。

5. 基本价格是生产者就其生产的每单位货物或服务产出,从购买者那里所获得的,扣除了生产或销售时应付的所有税,再加上所获得的所有补贴后的金额。

$$\frac{基本}{价格} = \frac{从购买者获得的}{单位产品金额} - \frac{生产或销售时}{应付的所有税} + \frac{生产或销售时}{获得的所有补贴}$$

6. 生产者价格是生产者就其生产的每单位货物或服务产出,从购买者那里所获得的,扣除了向购买者开列的所有增值税或类似可抵扣税以后的金额。

$$\frac{生产者}{价格} = \frac{从购买者获得的}{单位产品金额} - \frac{向购买者开列的所有增值税}{或类似可抵扣的税}$$

7. 购买者价格是购买者在指定的时间和地点获得每单位货物或服务所支付的金额。

$$\frac{购买者}{价格} = \frac{生产者}{价格} + \frac{购买者不可抵扣}{的增值税} + \frac{另行支付的}{运输费用} + \frac{批发、零售商}{的商业毛利}$$

8. 权责发生制,又称应计制,它是以收入和费用是否已经发生为标准来确认本期收入和支出的一种方法。其主要内容是:凡是本期已经实现的收入和已经发生或应当负担的费用,不论款项是否收付,都应作为本期的收入和费用处理;凡是不属于当期的收入和费用,即使款项已经在当期收付,也不应作为本期的收入和费用处理。

9. 收付实现制,又称现金收付制,它是以款项实际收付为标准来确认本期收入和支出的一种方法。其主要内容是:凡是在本期收到的收入和付出的费用,不论是否属于本期,都应作为本期的收入和费用处理,而对于应收、应付、预收和预付等款项均不做调整。

10. 经济流量是按一定时期测算的经济量值。

11. 经济存量是在一定时点(某一日)上测算的量,包括期初和期末资产和负债以及净值的持有量等。

12. 常住单位是指在一国经济领土范围内具有一个主要的经济利益中心的机构单位。

13. 经济领土是由一国政府控制的地理领土所组成,包括该国大陆的领地、领海、领空和位于国际水域,且该国具有捕捞或海底开采管辖权的大陆架和属于领土范围的岛屿,还包括该国在国外的领土"飞地",但不包括该国地理领土内的领土"飞地"。

14. 经济利益中心是指一个单位在一国经济领土范围内使用一些地点、住宅、生产场地或其他活动场所,从事而且有意持续(无限期或者相当长期限)从事具有显著规模的经济活动。

(五)简答题

1. 答:国民经济核算的基础包括经济理论基础、微观基础和方法论基础。其中,经济理论基础中的核心是综合性生产理论。

2. 答:国民经济核算的主要目的是为用户提供一个包括范围十分广泛的概念和核算框架,便于人们用来建立一个分析和评价经济运行状况的宏观经济数据库。

3. 答:国民经济核算的对象包括:

(1)国民经济运行的主体——各种交易者;

(2)国民经济运行过程的客体——各种复杂的交易活动;

(3)维系国民经济运行的市场环境中的估价——市场价格;

(4)交易的记录时间——所有权发生变化时。

4. 答:国民经济核算的具体记账规定是:

(1)对于经常账户,凡是能够给单位或部门带来收入的交易都记录在账户的来源方;反之,凡是给单位或部门带来支出的交易则记录在账户的使用方。

(2)对于积累账户,来源方记录负债和净值的变化;使用方则记录资产的变化;

(3)对于资产负债表,来源方记录的是负债和净值,使用方则记录资产。

5. 答:国民经济核算的估价原则包括:

估价的一般原则是将市场价格作为估价的基准。具体规定可区分为:

(1)凡有货币支付行为的交易,都按交易双方认定成交的市场价格估价;

(2)没有货币支付行为的交易,则按着发生的费用或参照类似货物和服务的市场价格来估价;

(3)资产和负债则按照编制资产负债表的当期价格而不是原价来记录;

(4)内部交易包括入库、出库、中间消耗和固定资本消耗等,按这些交易发生时的当期价格而不是原价来估价。

(六)论述题

1.(答案见例题分析)

2.答:国民经济核算体系要保证其账户、资产负债表和其他表式在逻辑方面的严密性和协调一致,必须制订一套由大家共同遵守的规定,包括账户的记账规则、估价的一般规则、记录时间、汇总、取净额和合并等原则。具体说:

(1)记账规则包含以下三项内容:

首先,账户两方的术语。增加一单位或部门经济价值的交易称为"来源",减少一单位或部门经济价值的交易称为"使用"。

其次,记账规定。第一,对于经常账户,凡是能够给单位或部门带来收入的交易都记录在账户的来源方;反之,凡是给单位或部门带来支出的交易则记录在账户的使用方。第二,对于积累账户,来源方记录负债和净值的变化;使用方则记录资产的变化;第三,对于资产负债表,来源方记录的是负债和净值,使用方则记录资产。

最后,复式记账和四式记账。就一个单位或一个部门而言,国民经济账户核算以复式记账为基础。对于包括所有单位和部门的国民经济核算账户来说,采用的是四式记账。

(2)记录时间原则。国民经济核算遵循了与工商会计相同的权责发生制原则,而不是收付实现制。

(3)估价原则。估价的一般原则是将市场价格作为估价的基准。具体规定可区分为:第一,凡有货币支付行为的交易,都按交易双方认定成交的市场价格估价;第二,没有货币支付行为的交易,则按着发生的费用或参照类似货物和服务的市场价格来估价;第三,资产和负债则按照编制资产负债表的当期价格而不是原价来记录;第四,内部交易包括入库、出库、中间消耗和固定资本消耗等,按这些交易发生时的当期价格而不是原价来估价。

(4)合并和取净值原则

首先,合并。如果从事交易的单位被合并为一组,就要把这些单位间发生的交易从使用和来源两方面加以剔除,并把相互间存在的金融资产及其相应的负债予以剔除。

其次,取净值。对于经常性交易而言,取净值就是指将使用与来源进行相互抵消;对于资产变化或负债变化而言,取净值可以分别用两种方式来处理。一种方式是针对资产变化或负债变化的不同类型分别取净值。另一种方式是,对某金融工具而言,将金融资产的变化和负债的变化二者取净值。

第二章

国民经济核算中的分类

学习目的和要求

通过本章的学习,要求学生了解有国民经济核算分类的概念和作用,掌握有关经济主体分类、经济客体分类和其他重要分类的基本内容。

一、本章内容提要

(一)国民经济核算分类的一般问题

1. 国民经济核算分类的概念和作用

国民经济核算分类是指以国民经济为整体,根据国民经济核算的需要,按某种标志(标准)将国民经济各构成要素划分成若干类型或组的一种方法。国民经济核算分类的关键是正确选择分组标志。

国民经济核算分类在研究国民经济构成,确定国民经济核算范围以及规范国民经济核算内容等方面都具有重要的作用,是国民经济核算一项重要的基础性工作。

2. 国民经济核算分类体系

国民经济核算分类体系是根据不同的核算需要,运用多种分类标志从多个侧面对国民经济进行分类而形成互有联系的集合体。这些分类包括:国民经济运行主体分类,包括机构部门分类和产业部门分类;国民经济运行客体分类,包括国民经济活动过程中的各种交易分类;国民经济活动条件和结果的资产分类；国民经济活动目的分类或功能分类等。

(二)国民经济核算主体分类

1. 机构单位和机构部门

(1)机构单位及其分类。机构单位是指能以自己的名义拥有资产、发生负债、从事经济活动并与其他实体进行交易的经济实体。机构单位的基本特点是：(a)有权独立拥有货物或资产，并因此能够通过与其他机构单位的交易变更对货物或资产的所有权；(b)能够做出经济决策、从事经济活动，并以自己的名义在法律上承担相应的直接责任；(c)能够代表自己发生负债，或承担其他的义务或承诺，签订契约等；(d)能够编制包括资产负债表在内的完整账户，或者在被要求时，有可能编制出这样的全套账户，而且从经济观点看，这种编制具有意义。

现实生活中有以下两类机构单位：第一，住户。是指共用生活设施，把成员的部分或全部收入或财产汇集起来使用，集体性地消费主要是住房和食物等货物和服务的一群个人；第二，法律或社会实体。是指被法律或社会承认的、独立于可能拥有或控制它的自然人或其他实体而存在的实体，包括公司、非营利性机构(NPI)和一般政府等。

(2)机构单位的常住性。SNA中所设定的机构单位是一种常住单位，即在一国的经济领土范围内具有一个主要的经济利益中心的实体。

(3)机构部门。机构部门是指把种类相似的机构单位归并在一起的机构单位的总称。SNA的五个机构部门分别是非金融公司部门、金融公司部门、一般政府部门、为住户服务的非营利机构部门和住户部门。

(4)经济总体。是所有常住机构单位的集合。从中观层次考察，经济总体由非金融公司部门、金融公司部门、政府部门、住户部门和为住户服务的非营利机构等五个机构部门构成；从微观层面考察，经济总体是由所有常住单位组成。

(5)国外。是所有与常住单位有交易或其他经济联系的非常住单位的集合。

2. 基层单位和产业部门分类

(1)生产活动及其分类。SNA所定义的生产，是指在机构单位控制下，并由机构单位承担责任的生产过程或活动。根据生产活动对增加值贡献的多少和性质,生产活动可以区分为主要活动、次要活动和辅助活动。其中,主要活动是在一家生产单位所产生的增加值超出该单位所有其他活动增加值的生产活动;次要活动是一家生产单位在主要活动之外所从事的生产活动;辅助活动是单位内部为其主要和次要活动能得以顺利进行而创造条件的一种辅助性活动。

(2)生产单位的分类。(a)产业活动单位是只从事一种生产活动的单位。(b)地点单位是只在一个地点从事生产活动的单位。(c)基层单位是指在一个地点,仅从事一种生产活动,或由其主要活动产生大部分的增加值的生产单位。一个基层单位必须同时具备的两个条件分别是:第一,生产地点的唯一性;第二,生产活动的单一性。

(3)产业部门分类。(a)根据基层单位同质性所进行的分类:SNA对产业的定义与分类与《全部经济活动的国际标准产业分类》第4版(ISIC, Rev. 4)相一致。一个产业是从事相同或类似活动的基层单位的集合。ISIC, Rev. 4将所有经济活动划分为21个大门类、88个大类、238个中类和420个小类。其中,21个大门类分别为:A. 农业、林业和渔业;B. 采矿和采石;C. 制造业;D. 电、煤气、蒸汽和空调供应;E. 供水、污水处理、废物管理和补救活动;F. 建筑业;G. 批发和零售贸易、机动车辆和摩托车的修理;H. 运输和储存;I. 食宿服务活动;J. 信息和通讯;K. 金融和保险活动;L. 房地产活动;M. 专业和科技活动;N. 行政和支助服务活动;O. 公共行政和国防、强制性社会保障;P. 教育;Q. 人体健康和社会工作活动;R. 艺术、娱乐和文娱活动;S. 其他服务活动;T. 家庭作为雇主的活动、家庭自用、未加区分的生产货物及服务的活动;U. 域外组织和机构的活动。(b)根据生产者市场化程度所进行的分类:市场产出生产者、自给性产出生产者和非市场产出生产者。

(三)国民经济核算客体分类

1. 经济流量分类

(1)货物和服务交易。货物是指对其有某种需求,且能够确定其所有权的有形实体。服务是按具体要求生产的异质产出,它一般是生产者按照消费者的需要进行活动而实现的消费单位状况的变化。

(2)收入分配交易。收入分配交易是指参与收入分配的各类主体所从事的各种分配活动,分为收入初次分配交易和收入再分配交易。

(3)收入使用交易。收入使用交易是指经济主体将可支配收入如何在最终消费和储蓄两方面进行使用的活动。

(4)非金融资产交易。非金融资产交易是指各经济主体获得或处置非金融资产以及与此有关的储蓄、资本转移收支的活动,主要包括资本形成和非生产非金融资产的获得减处置。

(5)金融交易。金融交易是指各经济主体对每一种金融工具所代表的金融资产净获得或负债净发生的交易。

(6)国外交易。国外交易是指常住单位与国外部门所发生的各类交易活动。

2. 经济存量分类

(1)所有权和资产的定义。某项资产的法定所有者,是指在法律上有权拥有该项资产,并能持续获得该项资产所产生的相关收益的机构单位。某项资产的经济所有者,是指在经济活动中通过承担相关风险,有权获得使用该项资产所产生的收益的机构单位。SNA 所定义的资产都是经济资产。经济资产是一种价值贮藏手段,它代表经济所有者在一段时期内通过持有或使用该资产所生成的一项收益或系列收益。

(2)经济存量分类。非金融资产是一种非金融性的经济资产,包括生产资产和非生产资产两种类型。其中,生产资产是指作为生产过程的产出而形成的非金融资产,包括固定资产、存货和贵重物品;非生产资产是指通过生产过程以外的方式形成的非金融资产,包括自然资源、合约、租约和许可、外购商誉和营销资产等。金融资产是指具有金融债权、货币黄金、国际货币基金组织分配的特别提款权、公司股票或公司其他权益等形式的资产。

(四)SNA 其他重要分类

1. 平衡项分类

平衡项是指记录账户两侧的总资源和总使用之间差额的项目。

(1)经常账户的平衡项。包括总(净)增加值/国内生产总(净)值;营业盈余总(净)额/营业盈余总(净)额;初始收入总(净)额/国民总(净)收入;可支配收入总(净)额/国民可支配总(净)收入;调整后可支配收入总(净)额/调整后国民可支配总(净)收入;调整后国民可支配总(净)收入/总(净)储蓄。

(2)积累账户的平衡项。包括净借出(＋)/净借入(－);资产物量其他变化引起的净值变化;名义持有损益引起的净值变化。

(3)资产负债表的平衡项。净值是一个经济主体在某一时点拥有的所有非金融资产和金融资产价值之和减去所有尚未偿还负债后所剩余的价值,即资产和负债的差额。

2. 主产品分类

联合国等国际组织的国民经济核算体系产品分类是采用联合国的《主产品分类(英文缩写字母 CPC)》。这一分类以货物的物理特性或服务的性质为依据,其目的是为了满足建立所有详细产品的各类统计的需要。

3. 功能分类

功能分类也称目的分类,是指从交易者从事某些交易的"目的"或"目标"上区分出"功能",然后,再按功能对交易主体的活动进行分类。

功能分类主要包括:(1)按用途划分的个人消费分类;(2)政府职能分类;(3)为住户服务的非营利机构的目的分类;(4)按照目的划分的生产者支出分类。

二、本章学习的重点和难点

学习本章应抓住以下几个重点问题:

1. 国民经济核算分类的概念和作用

了解国民经济核算分类的概念和国民经济核算分类体系的概念。

2. 国民经济核算主体分类

重点掌握机构单位的概念、特点和分类;住户的概念和分类;法律或社会实体的概念与分类;非金融公司和金融公司的概念;非营利机构的概念和分类;机构部门的概念和种类。生产活动的概念和种类;产业部门分类。

3. 国民经济客体分类

了解经济流量分类的内容。重点掌握交易的概念;非金融资产的概念和种类;金融资产的概念和种类。

4. SNA 其他重要分类

了解平衡项分类、主产品分类和功能分类各自所包括的内容。

三、例题分析

例题 1（单项选择题）

能以自己的名义拥有资产、发生负债、从事经济活动并与其他实体进行交易的经济实体是（　　）。

A、机构单位　　　　　　B、产业活动单位

C、地点活动单位　　　　D、基层单位

参考答案：A

说明：在 SNA 中，根据规定，只有机构单位才能以自己的名义拥有资产、发生负债、从事经济活动并与其他实体进行交易，而无论是产业活动单位，还是地点活动单位或是基层单位，它们都是从产业的角度定义的，并且不具备拥有资产、发生负债和独立从事经济活动的功能。所以，答案应当选择 A。

例题 2（多项选择题）

一个基层单位必须同时具备的条件包括（　　　　）。

A、只在一个地点从事生产活动　　B、同时在多个地点从事生产活动

C、只生产一种主要产品　　　　　D、同时生产一种主要产品

E、生产规模要足够大

参考答案：A　C

说明：基层单位是对产业活动维度和地点维度的综合。根据定义，只有在一个地点生产一种主产品的单位才是基层单位。因此，本题的正确答案应当选择 A 和 C。

例题 3（判断题）

国民经济核算体系中的非营利机构就是指那些不以营利为目的的经济实体。（　　）

参考答案：×

说明：根据定义，非营利机构是指那些由于单位出于生产货物或服务的目的而建立的，但其法律地位不允许建立、控制或为其提供资金的单位利用该实体获得收入、利润或其他财务收益的法律或社会实体。由此可见，这里的非营利性并不等同于商业会计上所考察的企业是否以营利为目的，而是看其是否向

建立、控制或为其提供资金的单位贡献利益。有些非营利机构也是通过向市场提供货物或服务来盈利的。因此,该句话是错误的。

例题4(名词解释)

基层单位

参考答案:基层单位是指在一个地点,仅从事一种生产活动,或由其主要活动产生大部分的增加值的生产单位。

说明:基层单位这个名词包含了两个要素,即它强调的是只在一个生产地点,只生产一种产品(或主要生产活动所创造的增加值占全部增加值很大比重)的单位才是基层单位。学生在解释这一概念时要抓住以上两个关键点。

例题5(简答题)

简述国民经济核算分类体系包括的内容。

参考答案:国民经济核算分类体系主要包括以下分类:(1)国民经济运行主体分类;(2)国民经济运行客体分类;(3)国民经济活动条件和结果的资产分类;(4)国民经济活动目的分类或功能分类等。

说明:学生在回答此题时,只需将每种分类的题目回答出即可,不需要将每类当中包含的具体内容加以叙述。

例题6(论述题)

试述功能分类的目的和主要内容。

参考答案:所谓功能分类也称目的分类,是指从交易者从事某些交易的"目的"或"目标"上区分出"功能",然后,再按功能对交易主体的活动所进行的分类。

功能分类所要实现的目的包括:(1)明确性。如政府职能分类主要用于区分政府所提供的公共服务与政府所提供的个人消费品和消费服务等。(2)提供统计资料。因为人们在进行许多经济分析时,普遍对按这些分类的统计资料感性趣。如在按用途划分的个人消费中,有住户在食品、保健和教育服务上的支出。(3)为了满足使用者某些特殊分析的需要,向其提供对国民经济核算体系主要总量指标进行加工的方法。

功能分类主要包括:(1)按用途划分的个人消费分类;(2)政府职能分类;(3)为住户服务的非营利机构的目的分类;(4)按照目的划分的生产者支出分类等。

说明:学生在回答此题时,应当回答以上三部分内容。即首先解释一下功能分类的概念,其次回答功能分类的目的,最后再回答功能分类所包括的内容。由于功能分类所包括的内容较多且杂,在此只需将每类的题目回答出即可。

四、练习题

(一)单项选择题

1. 在校集体住宿的大学生属于(　　)。
   A、法人单位　　　　　　B、个体住户
   C、机构住户　　　　　　D、非营利机构

2. 北京大学是一个(　　)。
   A、基层单位　　　　　　B、机构单位
   C、产业活动单位　　　　D、营利单位

3. 通过政治过程所建立的法律实体单位是(　　)。
   A、非金融公司　　　　　B、金融公司
   C、政府单位　　　　　　D、非营利机构

4. 下列机构单位中,不从事最终消费活动的机构单位是(　　)。
   A、公司　　　　　　　　B、政府
   C、住户　　　　　　　　D、非营利机构

5. 在划分机构部门时,如果一个非营利机构是从事市场生产活动的单位,则应当将其划归为(　　)。
   A、公司部门　　　　　　B、政府部门
   C、住户部门　　　　　　D、为住户服务的非营利机构部门

6. 消费者协会属于(　　)。
   A、公司部门　　　　　　B、政府部门
   C、住户部门　　　　　　D、为住户服务的非营利机构部门

7. 在一个地点仅从事一种生产活动的单位是(　　)。
   A、机构单位　　　　　　B、基层单位
   C、产业活动单位　　　　D、地点活动单位

8. 生产者准备以有显著经济意义的价格出售的产出属于( )。
   A、市场产出　　　　　　　B、自给性产出
   C、非市场产出　　　　　　D、其他产出

9. SNA将货物和服务统称为( )。
   A、商品　　　　　　　　　B、产品
   C、物品　　　　　　　　　D、成品

10. 对收入使用的核算,首先应当核算( )。
    A、收入在生产和消费之间是如何使用的
    B、收入在生产和储蓄之间是如何使用的
    C、收入在最终消费和储蓄之间是如何使用的
    D、收入在最终消费和投资之间是如何使用的

11. 金融交易是指各经济主体对每一种金融工具所代表的( )。
    A、金融资产获得的交易　　　B、负债发生的交易
    C、金融资产获得或负债发生的交易
    D、金融资产净获得或负债净发生的交易

12. 在所有金融资产中,只有一种资产没有对应的负债。这种金融资产是( )。
    A、货币黄金　　　　　　　B、特别提款权
    C、通货　　　　　　　　　D、存款

13. SNA所定义的资产( )。
    A、包括所有资产　　　　　B、只包括经济资产
    C、只包括生产资产　　　　D、非金融资产

14. SNA中的经济总量指标都是通过( )。
    A、平衡项表现的　　　　　B、对账户中各分量汇总结果表现的
    C、各时期经济存量表现的　D、各时点上的经济存量表现的

15. 联合国的《主产品分类》对货物进行分类时,主要依据货物的( )。
    A、外观和尺寸　　　　　　B、质量
    C、物理特性　　　　　　　D、功能

(二)多项选择题

1. 机构单位的特点有（　　）。
   A、有权独立拥有货物或资产，并因此能够变更对货物或资产的所有权
   B、能够做出经济决策和从事经济活动，在法律上承担相应的直接责任
   C、能够代表自己发生负债，或承担其他的义务或承诺，签订契约等
   D、能够编制包括资产负债表在内的完整账户
   E、能够参与国家行政事务

2. 下列单位属于法人单位的有（　　）。
   A、某大学　　　　B、某大学经济学院　　　　C、某企业
   D、某住户　　　　E、某百货公司

3. 法律或社会实体包括（　　）。
   A、公司　　　　B、政府　　　　C、住户
   D、非营利机构　　E、社团组织

4. 国民经济机构部门包括（　　）。
   A、非金融公司部门　　　B、金融公司部门　　　C、政府部门
   D、住户部门　　　　　　E、为住户服务的非营利机构部门

5. 为住户服务的非营利机构部门分为（　　）。
   A、政府控制的社会团体　　　B、为满足成员需求而建立的团体
   C、出于慈善目的而成立的慈善、救济或援助机构
   D、企业成立的团体　　　　　E、提供公共服务的机构

6. SNA将生产活动区分为（　　）。
   A、主要生产活动　　　B、次要生产活动　　　C、业余生产活动
   D、社会公益活动　　　E、辅助生产活动

7. 基层单位具有的特点包括（　　）。
   A、生产地点的多处性　　B、生产地点的唯一性　　C、生产活动的单一性
   D、生产活动的多样性　　E、经营活动的合法性

8. 根据生产者市场化程度，可以将其划分为
   A、市场产出生产者　　　　　B、自给性产出生产者
   C、劳动密集型产业生产者　　D、非市场产出生产者

E、技术密集型产业生产者

9. 经济主体对可支配收入的直接使用主要用于( )。

A、生产　　　B、最终消费　　　C、投资

D、储蓄　　　E、经常转移

10. 下列属于非金融资产交易包括( )。

A、固定资本形成　　B、存货变化　　C、贵重物品净获得

D、非生产非金融资产获得减处置　　E、经常转移

11. SNA将资产的所有者区分为( )。

A、实际所有者　　　B、名义所有者　　　C、法律所有者

D、经济所有者　　　E、长期所有者

12. 功能分类要实现的目的主要有( )。

A、明确性　　　B、提供资料　　　C、全面性

D、适用性　　　E、满足使用者特殊分析需要

(三)判断题

1. 机构单位就是法律或社会实体。( )
2. 由长期在监狱里服刑的犯人所组成的集体也是一个住户。( )
3. 金融机构从本质上讲是一种公司。( )
4. SNA中所设定的机构单位只是一种生产单位。( )
5. 只有政府单位才是一种通过政治过程建立起来的法律实体。( )
6. 非金融公司部门包括所有为市场生产货物或非金融服务的非营利机构。( )
7. 经济总体是由所有常住单位和非常住单位组成的。( )
8. SNA所核算的只是主要生产活动所产生的成果。( )
9. 三次产业分类是产业部门分类的综合。( )
10. SNA所定义的资产都是经济资产。( )

(四)名词解释

1. 国民经济核算分类
2. 机构单位

3. 住户

4. 法律或社会实体

5. 非金融公司

6. 金融公司

7. 非营利机构

8. 政府单位

9. 生产

10. 产业活动单位

11. 地点活动单位

12. 基层单位

13. 产业

14. 法定所有者

15. 经济所有者

16. 经济资产

17. 平衡项

18. 功能分类

(五)简答题

1. 简述机构单位的特点。
2. 简述法律或社会实体包括的类型。
3. 简述非营利机构的特征。
4. SNA 记录了哪三种基本经济活动？
5. 什么是生产活动？它有哪些类型？
6. 简述我国三次产业各自所包括的范围。
7. 简述经济流量的类型。
8. 简述功能分类的目的。

(六)论述题

1. 试述非营利机构所包括的类型,以及 SNA 在划分机构部门时如何处理不同类型的非营利机构。

2. 分别从微观(或中观)和宏观角度阐释各种平衡项。

五、练习题答案

(一)单项选择题

1. C;2. B;3. C;4. A;5. A;6. D;7. B;8. A;9. B;10. C;
11. D;12. A;13. B;14. A;15. C。

(二)多项选择题

1. A B C D;2. A C E;3. A B D;4. A B C D E;5. B C E;6. A B E;
7. B C;8. A B D;9. B D;10. A B C D;11. C D;12. A B E。

(三)判断题

1. ×;2. √;3. √;4. ×;5. √;6. √;7. ×;8. ×;9. √;10. √。

(四)名词解释

1. 国民经济核算分类是指以国民经济为整体,根据国民经济核算的需要,按某种标志(标准)将国民经济各构成要素划分成若干类型或组的一种方法。

2. 机构单位是指能以自己的名义拥有资产、发生负债、从事经济活动并与其他实体进行交易的经济实体。

3. 住户是指共用生活设施,把成员的部分或全部收入或财产汇集起来使用,集体性地消费主要是住房和食物等货物和服务的一群个人。

4. 法律或社会实体是指,被法律或社会承认的、独立于可能拥有或控制它的自然人或其他实体而存在的实体。包括公司、非营利性机构(NPI)和一般政府等。

5. 非金融公司是指那些以生产市场性货物或非金融服务为主要活动的公司。

6. 金融公司是指那些主要从事向其他机构单位提供金融服务活动(包括保险、养老基金服务等)的公司。

7. 非营利机构是指出于生产货物或服务的目的而建立的,但其法律地位不允许那些建立它们、控制它们或为其提供资金的单位利用该实体获得收入、利润或其他财务收益的法律或社会实体。

8. 政府单位是一种通过政治过程建立的,能在一个特定区域内对其他机构单位行使立法、司法和行政权的独一无二的法律实体。

9. 生产是指在机构单位控制下,并由机构单位承担责任的生产过程或活动。

10. 产业活动单位是按企业所从事生产活动的性质不同进行分解而形成的生产单位。

11. 地点活动单位是指只在一个地点从事生产活动的生产单位。

12. 基层单位是指在一个地点,仅从事一种生产活动,或由其主要活动产生大部分的增加值的生产单位。

13. 产业是从事相同或类似活动的基层单位的集合。

14. 法定所有者是指在法律上有权拥有该项资产,并能持续获得该项资产所产生的相关收益的机构单位。

15. 经济所有者是指在经济活动中通过承担相关风险,有权获得使用该项资产所产生的收益的机构单位。

16. 经济资产是一种价值贮藏手段,它代表经济所有者在一段时期内通过持有或使用该资产所生成的一项收益或系列收益。资产又是一种凭依,价值由此可以从一个核算期转移到另一个核算期。

17. 平衡项是指记录账户两侧的总资源和总使用之间差额的项目。

18. 功能分类也称目的分类,是指从交易者从事某些交易的"目的"或"目标"上区分出"功能",然后,再按功能对交易主体的活动进行分类。

(五)简答题

1. 答:机构单位的特点包括:

(1)有权独立拥有货物或资产,并因此能够通过与其他机构单位的交易变更对货物或资产的所有权;

(2)能够做出经济决策、从事经济活动,并以自己的名义在法律上承担相应的直接责任;

(3)能够代表自己发生负债,或承担其他的义务或承诺,签订契约等;

(4)能够编制包括资产负债表在内的完整账户,或者在被要求时,有可能编制出这样的全套账户,而且从经济观点看,这种编制具有意义。

2. 答：法律或社会实体包括的类型有：

(1) 公司，包括非金融公司和金融公司；

(2) 非营利机构；

(3) 政府单位。

3. 答：非营利机构的特征有：

(1) NPI 是按照法律程序成立的法律实体，被承认独立于成立它、向它提供资金、控制或管理它的个人、公司或政府单位；

(2) 许多 NPI 的控制者是团体，团体的成员拥有平等的权利；

(3) 不存在对 NPI 的利润或权利有索取权的股东；

(4) NPI 的政策决定权通常归属于一组管理人员、理事会或类似的团体；

(5) 控制 NPI 的团体的任何成员都不可以从其运营中获得财务利益，也不能将其所挣得的任何盈余划归己有。

4. 答：SNA 记录的三种基本经济活动分别是：

(1) 货物和服务的生产；

(2) 满足人类需求的最终消费；

(3) 各种形式的资本积累。

5. 答：生产是指在机构单位控制下，并由机构单位承担责任的生产过程或活动。它分为主要活动、次要活动和辅助活动。

6. 答：我国三次产业各自所包括的范围如下：

第一产业是指农、林、牧、渔业（不含农、林、牧、渔服务业）；

第二产业是指采矿业（不含开采辅助活动），制造业（不含金属制品、机械和设备修理业），电力、热力、燃气及水生产和供应业，建筑业；

第三产业即服务业，是指除第一产业、第二产业以外的其他行业。

7. 答：经济流量包括交易流量和非交易流量。

(1) 交易流量有货物和服务交易、收入分配交易、收入使用交易、非金融资产交易、金融交易、国外交易等；

(2) 非交易流量包括资产物量其他变化、重估价变化等。

8. 答：功能分类的目的有：

(1) 明确性；

(2) 提供统计资料；

(3)满足使用者特殊分析的需要。

(六)论述题

1.答：所谓非营利机构(NPI)是指出于生产货物或服务的目的而建立的，但其法律地位不允许那些建立它们、控制它们或为其提供资金的单位利用该实体获得收入、利润或其他财务收益的法律或社会实体。

非营利机构进一步分为从事市场生产的 NPI 和从事非市场生产的 NPI。其中，从事非市场生产的 NPI 包括政府控制的 NPI 和为住户服务的 NPI。SNA 在划分机构部门时是按下述方法和原则处理这三种不同的非营利机构的：

首先，将从事市场生产的非营利机构归入公司部门；

其次，将从事非市场生产且受政府控制的非营利机构归入一般政府部门；

最后，将剩余的从事非市场生产的 NPI 归为为住户服务的非营利机构($NPISH_s$)。

2.答：所谓平衡项，是指记录账户两侧的总资源和总使用之间差额的项目。

从微观(或中观)和宏观角度考察，各种平衡项分别包括表 2-1 的内容：

表 2-1 各账户的平衡项

账　户	平　衡　项	
	微观或中观(机构单位或部门)	宏观(经济总体)
生产账户	总(净)增加值	国内生产总(净)值
收入形成账户	营业盈余总(净)额/混合收入总(净)额	营业盈余总(净)额/混合收入总(净)额
收入初次分配账户	初始收入总(净)额	国民总(净)收入
收入再分配账户	可支配收入总(净)额	国民可支配总(净)收入
实物收入再分配账户	调整后可支配收入总(净)额	调整后国民可支配总(净)收入
可支配收入使用账户	总(净)储蓄	总(净)储蓄
调整后可支配收入使用账户	总(净)储蓄	总(净)储蓄
资本账户	净借出(+)/净借入(−)	净借出(+)/净借入(−)
金融账户	无	无
资产物量其他变化账户	资产物量其他变化引起的净值变化	资产物量其他变化引起的净值变化
重估价账户	名义持有损益引起的净值变化	名义持有损益引起的净值变化
资产负债表	净值	净值

第三章

国民生产核算

学习目的和要求

通过本章的学习,要求学生了解有关生产的基本概念,产品的类型和特征。掌握有关生产核算的方法和生产账户的基本内容。

一、本章内容提要

(一)生产核算的基本理论

1. 生产活动的基本概念

(1)生产活动和非生产活动。生产活动是指在生产者的控制、负责下,或在自然过程作用下,通过一定的投入形成一定产出的活动。非生产活动通常是指不能为其他单位或个人提供服务,并且无法由他人替代的基本的人类活动。

(2)有经济意义的生产活动和不具有经济意义的生产活动。有经济意义的生产活动简称经济生产,是指在机构单位控制和负责下,利用劳动、资本、货物和服务的投入生产货物或服务(含知识载体产品)的活动。非经济意义生产活动简称为非经济生产,是指没有人或机构单位参与或管理的自然过程。

2. 产品的类型及其特征

SNA将货物与服务(含知识载体产品)统称为产品,它们是生产活动的结果。

(1)货物。货物是指对其有某种需求,且能够确定其所有权的有形生产成果。货物具有以下几个特征：首先，货物的生产和交换属于两种完全独立的活动；其次，货物在未被使用以前可以储存；第三，一般情况下，货物的生产过程和使用过程都是分离的；最后，货物不仅可以满足居民或社会最终消费需要，它还可以用于生产其他货物或服务。

（2）服务。服务是一种无形商品，作为生产活动的结果，通过这些生产活动，可以改变消费单位的状况，或促进产品或金融资产的交换。服务包括促成变化服务和增值服务两大类。

（3）知识载体产品。知识载体产品是指那些以消费单位能够重复获取知识的方式而提供、储存、交流和发布的信息、咨询和娱乐等。生产知识载体产品的产业是那些涉及提供、存储、交流和发布各种信息、咨询和娱乐的产业，包括新闻、咨询报告、电脑程序、电影、音乐等产业。

3. 生产核算的范围

国民经济核算体系确定的生产核算范围包括以下几类生产活动：

（1）生产者提供或准备提供给其他单位的所有货物或服务的生产，包括在生产这些货物或服务过程中所消耗的货物或服务的生产；

（2）生产者为了自身的最终消费或资本形成所保留的所有货物的自给性生产；

（3）生产者为了自身的最终消费或资本形成所保留的知识载体产品的自给性生产，但按惯例不包括住户部门的自给性产品的生产；

（4）自有住房者的自给性住户服务（自有住房服务的虚拟收入）；

（5）雇佣付酬家务人员生产的家庭和个人服务的生产。

4. 关于"未观测"经济的生产范围划分问题

未观测经济是指由于某种原因，在常规统计调查中未被观测到的活动。主要有以下三类：

（1）非正规经济。非正规经济是指那些由非正规部门所从事的生产活动，如街头商贩所从事的叫卖、私人作坊所从事的缝纫等活动。

（2）被生产者掩盖的合法生产活动。

（3）非法生产活动。

(二)产出核算

1. 产出核算的一般问题

(1)产出的概念。产出是指一个基层单位生产的货物和服务。

(2)产出的分类。产出分为市场产出、为自身最终使用的产出和非市场产出三类。

(3)产出的记录时间。大部分货物和服务的产出通常在其生产完成时予以记录。对于生产过程持续两个或两个以上核算期的产出,要计算每个核算期完成度的在制品的价值。

(4)产出的估价。市场产出按基本价格估价,如果无法获取基本价格,也可以按生产者价格进行估价;自身最终使用的产出按市场上销售相同货物或服务的平均基本价格估价,如果无法获得平均基本价格,也可以按所发生的总成本估价;非市场产出按生产总成本进行估价。

2. 各种产出的具体核算

(1)市场产出的核算。按有显著经济意义价格出售的货物或服务核算;易货贸易货物或服务的核算;用于实物支付(包括实物报酬)的货物或服务核算;企业内部交付的产出价值核算;准备用于上述某种用途的制成品和在制品存货的变化价值核算;提供货物和服务收取的服务费、运输费、金融资产获得或处置的附加费核算。

(2)为自身最终使用产出的核算。为自身最终使用产出包含的内容;记录时间和估价。

(3)非市场产出的核算。非市场产出的价值等于总产出减去市场产出。对于非市场生产的货物,应当在其产生时记录;对于它们所提供的服务则在交付时记录;无论是免费还是按没有显著经济意义的价格提供的货物或服务,都需要根据它们的生产成本估价。

3. 部分特殊产业产出的核算

(1)农业、林业和渔业产出的核算。对于生产过程需持续一个以上核算期产品的核算;对于生产过程可以在一个核算期完成产出的核算。

(2)机器、设备和建筑物产出的核算。

(3)运输和仓储业产出的核算。对于运输业产出,用货运或客运收入测度;

仓储业的产出按货物出库时的价格减去入库时的价格核算。

(4)批发和零售业产出的核算。该产业的产出用转售其货物所实现的商业毛利总量来测度。

(5)中央银行产出的核算。如果核算时无法区分市场产出和非市场产出,将其所有的产出作为非市场产出,按成本进行估价。

(6)保险和养老基金以外的金融服务核算。直接收费并提供相应金融服务产出的核算;与存贷款利息费用相关的金融服务产出核算;与金融市场上金融资产和负债获得与处置相关金融服务产出核算;与保险和养老基金计划相关金融服务产出核算。

(7)与保险和养老基金计划相关的金融服务核算。属于这类金融服务所包括的内容;每种保险产出核算。

(8)研究和开发核算。研究和开发是一项有计划有步骤进行的,目的在于增加知识存量,并利用这些知识存量来发现或开发新产品的创造性活动。市场生产者为自身利益而进行的研究和开发,按生产总成本进行估价;商业性研究室或研究机构所进行的研究和开发,其产出应当按销售收入、合同收入、佣金收入和服务收入等进行估价;政府单位、大学和非营利性研究机构等所进行的研究和开发,其产出按总成本估价。

(9)原件和复制品的核算。书籍、唱片、影片、软件、磁带、磁盘等的生产过程,第一阶段的产出按实际或预期收入;第二阶段的产出按复制品价值记录。

(三)中间消耗核算

1. 中间消耗的概念

中间消耗也称中间投入,是指生产过程中作为投入所消耗的除固定资产以外的货物和服务的价值。

2. 中间消耗的记录时间和估价

货物和服务的中间消耗在货物或服务进入生产过程时予以记录。对于中间消耗掉的货物或服务的估价,可以按它们进入生产过程时的购买者价格估价。

3. 确定中间消耗应明确的几个重要界限

(1)中间消耗和雇员报酬之间的界限。当雇员为直接满足自己的需要,在由他们自己支配的时间内自主使用货物或服务时,这些货物和服务应做实物报酬处理;当雇员为了能够开展工作而必须使用这些货物或服务时,则将这些货物和服务作为中间消耗处理。应作为中间消耗处理的几种货物和服务。

(2)中间消耗和固定资本形成总额之间的界限。生产中使用的小型工具通常做为中间消耗处理,如果在生产者的耐用品存量中占有很大比重也可以作为固定资产处理;对生产过程中所使用的固定资产普通的定期保养和修理作为中间消耗处理,对固定资产更新、改造或扩大作为固定资本形成处理;研究和开发通常被视为资本形成,但是,如果某项研究和开发活动明确地不会给其所有者带来任何经济利益,则作为中间消耗处理;矿藏勘探和评估的支出都应将其全部作为固定资本形成处理。

(3)中间消耗和增加值之间的界限。

(四)增加值和 GDP 核算

1. 增加值的概念

增加值是指常住单位核算期内由生产过程所创造的新增价值和固定资产转移价值之和。总增加值和净增加值。

2. 增加值的核算方法

(1)生产法。按基本价格计算的总增加值;按生产者价格计算的总增加值。

(2)收入法。

3. 国内生产总值(GDP)核算

(1)国内生产总值的概念。国内生产总值(Gross Domestic Product)英文缩写为GDP,是指一个国家(或地区)所有常住单位在一定时期内生产的最终产品的总和。最终产品的含义。中间产品的含义。国内生产总值的三种表现形态。

(2)国内生产总值的核算。生产法;收入法;支出法。

(3)国内生产总值核算的地位和作用。

(4)我国国内生产总值的核算。

(五)生产账户

1. 联合国 SNA 有关生产账户的内容

(1)单个单位、部门或经济总体的生产账户。编制生产账户的经济主体;生产账户的基本结构;账户中各项指标之间的关系。

(2)多单位、多部门综合生产账户。账户的基本结构;用加法计算的国内生产总值;用减法计算的国内生产总值。

二、本章学习的重点和难点

学习本章应抓住以下几个重点问题:

1. 生产核算的基本理论。生产活动的概念;产品的概念、类型和特征;生产核算的范围。

2. 产出核算。产出的概念和分类;各种产出的核算方法;部分重点特殊产业产出核算。

3. 增加值和 GDP 核算。增加值的概念与核算方法;国内生产总值的概念、表现形态和核算方法。

4. 生产账户。账户的基本结构和内容;综合生产账户;账户中各项指标之间的关系。

三、例题分析

例题 1(单项选择题)
SNA 将货物和服务(含知识载体产品)统称为(　　)。
A、产品　　　B、物品　　　C、货品　　　D、商品
参考答案:A

说明:该题的答案所以选 A,很明显备选答案中的 B 和 C 都是货物的别称,它们通常不包括服务,所以应被排除掉。剩下的 A 和 D,答案 D 尽管包含了货物和服务,但从过去传统的称谓看,人们习惯将货物和服务称为商品和服务(这是一种不正确的称谓),而国内从联合国等国际组织翻译的《国民经济核算体系》将货物和服务统称为"产品"。所以答案应当是 A。

例题 2(多项选择题)
下列项目包括在生产活动及其产出核算中的有(　　)。

A、农民自产自用的粮食　　　B、企业自制并自用的设备
C、体育、文艺活动及其服务　　D、政府部门活动及其服务
E、原始森林、矿藏等价值

参考答案：A　B　C　D

说明：备选答案中的A、B都属于生产者自产自用部分，按照国民经济核算体系的规定，在核算总产出时应包括这部分内容，而且应采用虚拟的方法，按市场上出售同类产品的价格计算它们的产出。C、D属于第三产业的生产活动，它们的产出也应包括在核算的范围内。而答案E不属于生产活动所创造的价值，因此，不属于总产出核算的内容。

例题3（判断题）

SNA核算的是所有生产活动。（　　）

参考答案：×

说明：SNA到目前为止还没有将所有的生产活动纳入生产核算的范围，即只核算所有货物生产活动和一部分服务生产活动，而住户内为自身最终消费而生产的家庭和个人服务被排除在生产核算范围之外。所以，此句话是错误的。

例题4（名词解释）

增加值

参考答案：增加值是指常住单位核算期内由生产过程所创造的新增价值和固定资产转移价值之和。

说明：增加值这一概念实际上包含了三个要素，学员在学习掌握和回答此概念时，应将其全部回答出。这三个要素分别是，生产增加值的主体——常住单位；时间限制——核算期内；增加值包括的内容——新增价值和固定资产转移价值。将这三个要素连接起来，就构成一个完整的增加值概念。

例题5（简答题）

简述促成变化服务的种类。

参考答案：促成变化服务包括：

(1)改变消费品的状况；

(2)改变消费者的身体状况；

(3)改变消费者的精神状况。

说明：根据定义，服务是一种无形商品，作为生产活动的结果，通过这些生

产活动,可以改变消费单位的状况,或促进产品或金融资产的交换。服务从大的方面可以分为促成变化服务和增值服务两类。本题是要求简述促成变化服务的种类,即服务中的前一种所包含的种类。按照联合国等国际组织编制的《国民经济核算体系 2008》所阐释的内容,促成变化服务即包括上述三种类型。学生只要简单回答三种类型的标题即可。

例题 6(论述题)

试述货物和服务的联系与区别。

参考答案:货物是指对其有某种需求,且能够确定其所有权的有形生产成果。例如小麦、手机和机床等等。这些有形商品被生产出来以后,它们的所有权可以通过市场上的交易从一个机构单位转移给另一个机构单位。服务是一种无形商品,作为生产活动的结果,通过这些生产活动,可以改变消费单位的状况,或促进产品或金融资产的交换。

货物和服务的联系表现在,它们被统称为"产品",都是生产活动的成果。

货物和服务的区别主要是由各自的特点决定的,主要表现在:

(1)货物是有形商品,服务是无形商品;

(2)货物的生产和交换属于两种完全独立的活动,二者可以分离,服务的生产和销售不能分离;

(3)货物被生产出来后,在未被销售或使用以前可以储存,而服务则不能储存;

(4)一般情况下,货物的生产和使用是分离的,服务的生产和使用是同时发生的;

(5)货物不仅可以满足居民或社会最终消费需要,它还可以用于生产其他货物或服务,服务则不能。

说明:学员在回答此类问题时,应抓住它们的特点。该题的特点就是货物所具有的特点都是服务所不具有的。因此,记住了前者的特点,后者也就自然记住了。

例题 7(计算题)

已知某地区 2016 年居民消费(个人消费)2802 亿元;公共消费(社会消费)1256 亿元。资本形成总额 989 亿元,其中固定资产形成总额 1005 亿元,库存减少 16 亿元。出口 1125 亿元;进口 1093 亿元。总产出 8854 亿元。雇员报酬

2683亿元;生产税净额602亿元;固定资产折旧598亿元。

要求:根据以上统计资料核算该地区以下有关国民经济核算数据和编制生产账户:

(1)地区生产总值

(2)中间消耗

(3)营业盈余

(4)编制生产账户

参考答案:

(1)地区生产总值＝最终消费＋资本形成总额＋净出口
　　　　　　　＝(2802＋1256)＋989＋(1125－1093)
　　　　　　　＝5079(亿元)

(2)中间消耗＝总产出－地区生产总值
　　　　　＝8854－5079　＝3775(亿元)

(3)营业盈余＝地区生产总值－雇员报酬－生产税净额－固定资产折旧
　　　　　＝5079－2683－602－598
　　　　　＝1196(亿元)

(4)

表3-1　地区生产账户

单位:亿元

使用		来源	
中间消耗	3775	总产出	8854
生产总值	5079		
－固定资产折旧	598		
生产净值	4481		

说明:第(1)小题要求计算地区生产总值。该指标共有三种计算方法,即生产法、收入法和支出法。此题中所给的已知资料只能用支出法计算。第(2)小题有了地区生产总值的计算结果后,中间消耗就可以通过总产出减去地区生产总值得到了。第(3)小题根据地区生产总值收入法的四个构成要素,推导出营业盈余。最后将其列入地区生产账户即为第(4)题答案。

四、练习题

(一)单项选择题

1. SNA 生产核算主要关注的是( )。
   A、生产活动　　　　　　　B、非生产活动
   C、经济生产活动　　　　　D、非经济生产活动

2. 在机构单位控制和负责下,利用劳动、资本、货物和服务的投入生产货物或服务(含知识载体产品)的活动属于( )。
   A、经济生产活动　　　　　B、非经济生产活动
   C、市场生产活动　　　　　D、非市场生产活动

3. 整个国民经济核算体系中,处于核心地位的核算是( )。
   A、生产核算　　　　　　　B、收入分配核算
   C、收入使用核算　　　　　D、国际收支核算

4. 心理医生给病人提供心理咨询服务属于( )。
   A、增值服务　　　　　　　B、改变消费品状况服务
   C、改变消费者身体状况服务　D、改变消费者精神状况服务

5. 下列生产者向消费者所提供的服务属于增值服务活动的是( )。
   A、运输　　　　　　　　　B、金融中介
   C、美容　　　　　　　　　D、娱乐

6. 下列产业能够生产知识载体产品的是( )。
   A、制造业　　　　　　　　B、勘探业
   C、电影业　　　　　　　　D、运输业

7. 街头商贩所从事的叫卖活动是一种( )。
   A、正规经济活动　　　　　B、非正规经济活动
   C、非法生产活动　　　　　D、被生产者掩盖的合法生产活动

8. 有显著经济意义的价格就是一种( )。
   A、对生产者愿意提供的产品数量有重要影响的价格
   B、对购买者希望购买的产品数量有重要影响的价格

C、对生产者愿意提供的产品数量和购买者希望购买的产品数量都有重要影响的价格

D、对生产者愿意提供的产品数量和购买者希望购买的产品数量有一定影响的价格

9. 非市场产出应当以（ ）。

　　A、基本价格估价　　　　　B、生产者价格估价

　　C、购买者价格估价　　　　D、生产总成本估价

10. SNA 总是将政府生产的非市场货物或服务的净营业盈余（ ）。

　　A、假定为 0　　　　　　　B、规定为 0

　　C、规定为大于 0　　　　　D、规定小于 0

11. 经济学理论认为，将货物从一地运往另一地属于一种（ ）。

　　A、生产活动　　　　　　　B、交换活动

　　C、收入分配活动　　　　　D、使用活动

12. 运输业的产出应当用（ ）。

　　A、运输费用测度　　　　　B、运输收入测度

　　C、运输成本测度　　　　　D、运输利润测度

13. 商业银行在提供存贷款服务时通常是（ ）。

　　A、都不收取服务费的　　　B、都收取服务费的

　　C、有的收有的不收服务费　D、无法判断是否收取服务费

14. 研究与开发应当作为（ ）。

　　A、对货物或服务的使用记录　B、中间消耗记录

　　C、资本形成记录　　　　　D、辅助活动记录

15. 一部小说原件的价值取决于（ ）。

　　A、该部小说原件本身的价值　B、销售获得的实际收入

　　C、销售获得的预期收入　　　D、销售获得的实际或预期收入

16. 企业在生产过程中使用的原材料和经常发生支出的小型工具（ ）。

　　A、都属于中间消耗　　　　B、都属于固定资本消耗

　　C、前者属于中间消耗，后者属于固定资本消耗

　　D、前者属于固定资本消耗，后者属于中间消耗

17. 按生产者价格计算的总增加值和按基本价格计算的总增加值，二者之

间的差额即为( )。

A、产品税 B、产品补贴

C、产品税与产品补贴的差额 D、生产税与生产补贴的差额

18. 已知某地区生产总值为 2000 亿元,总产出为 3600 亿元,其中固定资产折旧为 100 亿元。则该地区中间消耗为( )亿元。

A、5600 B、3600 C、1700 D、1600

19. 一国的国内生产总值必须是由该国所有的( )生产的。

A、法人单位 B、常住单位

C、基本单位 D、非金融单位

20. 某地区 2016 年有关收入分配的统计资料为(单位:亿元):劳动者报酬 300,生产税 160,生产性补贴 60,固定资产折旧 80,营业盈余 120。则该地区的生产总值为( )亿元。

A、520 B、600 C、660 D、720

21. 三种方法计算国内生产总值的结果应该是( )。

A、完全相等 B、理论上相等

C、理论上不相等 D、理论上相等,但实际中会有差异

22. 基层单位或机构单位生产账户的平衡项是( )。

A、总产出 B、中间消耗

C、增加值 D、固定资本消耗

(二)多项选择题

1. 一项生产活动如果是经济生产,它必须具备的条件包括( )。

A、在一个机构单位控制下 B、在一个基层单位控制下

C、投入一定的货物或服务 D、生产一定的货物或服务

E、有一个机构单位对生产过程负责

2. 生产活动的产出包括( )。

A、非金融资产 B、金融资产 C、货物

D、服务 E、知识载体产品

3. 服务从大的方面划分包括( )。

A、促成变化服务 B、对自然资源改良服务 C、增值服务

47

D、改善环境服务　　　　E、劳务服务

4. 下列服务属于改变消费者身体状况的服务有（　　）。

A、货运　　　　B、客运　　　　C、服务生产者向消费者提供食宿

D、美容　　　　E、教育

5. 下列产业中，生产知识载体产品的产业有（　　）。

A、新闻　　　　B、咨询　　　　C、制造

D、电影　　　　E、电脑程序

6. 生产核算范围包括下列（　　）。

A、生产者提供或准备提供给其他单位的所有货物或服务的生产

B、生产者为了自身的最终消费或资本形成所保留的所有货物的生产

C、生产者为了自身的最终消费或资本形成所保留的知识载体产品的生产

D、自有住房者的自给性住户服务

E、雇佣付酬家务人员生产的家庭和个人服务的生产

7. 未观测经济主要包括（　　）。

A、非正规经济　　　B、非本国经济　　　C、被生产者掩盖的合法生产活动

D、非法生产活动　　E、非市场经济

8. 产出分为（　　）。

A、生产产出　　　　B、非生产产出　　　C、市场产出

D、非市场产出　　　E、为自身最终使用的产出

9. 下列产出属于市场产出的有（　　）。

A、按有显著经济意义的价格出售的货物或服务

B、易货贸易的货物或服务价值

C、自有住房的服务

D、用于实物支付（包括实物报酬）的货物或服务

E、企业内部交付的产出

10. 中央银行的产出包括（　　）。

A、货币政策服务　　　　B、金融中介服务　　　　C、金融辅助服务

D、外汇管理服务　　　　E、临界情形服务

11. 按支出法计算国内生产总值，应当包括的项目有（　　）。

A、最终消费　　　　B、资本形成总额　　　　C、固定资产折旧

D、净出口　　　　E、期末国家储备

12. 下列表述属于正确的有（　　）。

A、部门生产账户分为产业部门生产账户和机构部门生产账户

B、生产账户的左方记录来源,右方记录使用

C、生产账户的左方记录使用,右方记录来源

D、微观层次,基层单位和机构单位都可以编制生产账户

E、生产账户的平衡项是总产出

(三)判断题

1. SNA 生产核算主要关注的是经济生产活动。（　　）

2. SNA 将货物和服务统称为商品。（　　）

3. 在市场经济条件下,货物和服务都是商品。（　　）

4. 凡是以消费单位能够重复获取知识的方式而提供、储存、交流和发布的信息、咨询和娱乐等都是知识载体产品。（　　）

5. 家庭主妇对自己子女的照顾、管教如同交给付酬的家务人员照看一样,都应当划为生产核算范围。（　　）

6. SNA 不将非法生产活动纳入生产核算范围。（　　）

7. 产出是指一个基层单位生产的货物和服务。（　　）

8. 有显著经济意义的价格就是只对生产者愿意提供的产品数量有重要影响的价格。（　　）

9. SNA 是适用于市场经济的核算体系,所以它不应当将为自身最终使用的产出纳入生产核算范围内。（　　）

10. 非市场产出都是由政府或为住户服务的非营利机构生产的。（　　）

11. 销售货物或服务应按其销售的基本价格估价,如果不能按基本价格估价,可以用生产价格代替。（　　）

12. SNA 总是将政府生产的非市场货物或服务的净营业盈余假定为零。（　　）

13. 批发和零售业的产出按转售其货物所实现的商业毛利总量来核算。（　　）

14. 对中央银行产出的核算,当无法将其产出区分为市场产出和非市场产

出时,将其所有的产出作为非市场产出,按成本进行估价。（　　）

15. 商业银行所提供的存贷款业务服务是不收取服务费的。（　　）

16. 人寿保险是一种储蓄计划。（　　）

17. 研究与开发所发生的支出应当作为资本形成来核算。（　　）

18. 对于中间消耗掉的货物或服务,可以按它们进入生产过程时的购买者价格估价。（　　）

19. 对于矿藏勘探和评估,只有其成功时才能将其支出作为固定资本形成处理。（　　）

20. 增加值就是指常住单位核算期内由生产过程所创造的新增价值。（　　）

21. 增加值是指机构单位核算期内由生产过程所创造的新增价值和固定资产转移价值之和。

22. 国内生产总值是指一个国家所有常住单位在一定时期内生产的总产品之和。（　　）

23. 生产账户只能按机构单位和机构部门编制。（　　）

24. 生产账户的来源方记录的是产出。（　　）

25. 生产账户是整个账户序列的起点。（　　）

(四) 名词解释

1. 生产活动
2. 经济生产
3. 货物
4. 服务
5. 知识载体产品
6. 未观测经济
7. 产出
8. 市场产出
9. 为自身最终使用的产出
10. 非市场产出
11. 中间消耗
12. 增加值

13. 国内生产总值

(五)简答题

1. 简要说明货物和服务各自特点。
2. 简述促成变化服务的概念和种类。
3. 简要说明运输和仓储业产出的核算方法。
4. 简要说明批发和零售业产出的核算方法。
5. 简述中央银行产出的核算内容和方法。
6. 简述研究与开发产出的核算内容和方法。
7. 简要说明书籍、唱片、影片等原件产出的核算方法。
8. 在核算中间消耗时,应当确定其与哪几个方面的重要界限?
9. 简要说明增加值的核算方法。
10. 简述生产账户的基本结构和作用。

(六)论述题

1. 试述 SNA 生产核算的范围。
2. 从产出与市场关系角度,阐述各种产出的含义及其核算方法。
3. 试述保险和养老基金以外金融服务的类型及其产出的核算方法。
4. 阐述国内生产总值的表现形态及其核算方法。

(七)计算题

【第1题】

已知某地区 2016 年各项经济统计资料如下:

(1)农业总产出为 200 亿元,其中生产者自产自用部分价值 30 亿元。中间投入 50 亿元。

(2)工业总产出 600 亿元,其中企业间重复计算价值为 100 亿元。中间投入 200 亿元。

(3)建筑业总产出为 200 亿元,中间投入为 80 亿元。

(4)运输和仓储业总产出为 200 亿元,中间投入为 40 亿元。

(5)批发和零售业总产出为 200 亿元,中间投入为 60 亿元。

(6)其他产业部门的营业收入200亿元,中间投入40亿元。

(7)该地区"未观测"经济估计的总产出为400亿元,中间投入为70亿元。

(8)全地区劳动者报酬总数为700亿元,生产税收入为200亿元,生产补贴为120亿元,固定资产折旧为400亿元,营业盈余为280亿元。

(9)全地区最终消费支出为1000亿元,资本形成总额为640亿元,外地购入为400亿元,输出外地为220亿元。

要求:根据以上统计资料,分别用生产法、收入法和支出法核算该地区2016年地区生产总值。

【第2题】

已知某市2016年的固定资产折旧为400.53亿元,劳动者报酬为1053.09亿元,生产税净额294.91亿元,营业盈余425.93亿元。试计算该地区当年的地区生产总值、地区生产净值。

【第3题】

已知某地区2016年总产出9159亿元。其中,中间消耗4381亿元,固定资本消耗100亿元。利用该资料计算该地区生产总值并编制生产账户。

五、练习题答案

(一)单项选择题

1. C;2. A;3. A;4. D;5. B;6. C;7. B;8. C;9. D;10. A;11. A;
12. B;13. B;14. C;15. D;16. A;17. C;18. D;19. B;20. B;21. D;22. C。

(二)多项选择题

1. ACDE;2. CDE;3. AC;4. BCD;5. ABDE;6. ABCDE;
7. ACD;8. CDE;9. ABDE;10. ABE;11. ABD;12. ACD。

(三)判断题

1. √;2. ×;3. √;4. √;5. ×;6. ×;7. √;8. ×;9. ×;10. √;
11. √;12. √;13. √;14. √;15. ×;16. √;17. √;18. √;19. ×;20. ×;

21. ×;22. ×;23. ×;24. √;25. √。

(四)名词解释

1. 生产活动是指在生产者的控制、负责下,或在自然过程作用下,通过一定的投入形成一定产出的活动。

2. 经济生产是指在机构单位控制和负责下,利用劳动、资本、货物和服务的投入生产货物或服务(含知识载体产品)的活动。

3. 货物是指对其有某种需求,且能够确定其所有权的有形生产成果。

4. 服务是一种无形商品,作为生产活动的结果,通过这些生产活动,可以改变消费单位的状况,或促进产品或金融资产的交换。

5. 知识载体产品是指那些以消费单位能够重复获取知识的方式而提供、储存、交流和发布的信息、咨询和娱乐等。

6. 未观测经济是指由于某种原因,在常规统计调查中未被观测到的活动。

7. 产出是指一个基层单位生产的货物和服务。

8. 市场产出是指在市场上准备以有显著经济意义的价格予以销售的产出。

9. 为自身最终使用的产出也称自给性产出,是指生产者为自身最终消费或资本形成而留用的产品。

10. 非市场产出是指由为住户服务的非营利机构或政府生产的,以免费或按没有显著经济意义的价格提供给其他机构单位或全社会的货物或个人及公共服务。

11. 中间消耗也称中间投入,是指生产过程中作为投入所消耗的除固定资产以外的货物和服务的价值。

12. 增加值是指常住单位核算期内由生产过程所创造的新增价值和固定资产转移价值之和。

13. 国内生产总值是指一个国家(或地区)所有常住单位在一定时期内生产的最终产品的总和。

(五)简答题

1. 答:(1)货物是有形商品,服务是无形商品;
(2)货物的生产和交换属于两种完全独立的活动,服务的生产和交换不能

分离;

（3）货物在未被消费以前可以储存,而服务则不能被储存;

（4）货物的生产过程和使用过程是分离的,服务的生产过程和使用过程是同时发生的;

2. 答:促成变化服务是指生产者按照消费者的需要进行活动,以实现消费单位状况的改变的活动。

促成变化服务的种类包括:

（1）改变消费品状况的服务;

（2）改变消费者身体状况的服务;

（3）改变消费者精神状况的服务。

3. 答:（1）对于运输业,按货运或客运收入来核算其产出;

（2）对于仓储业,按货物出库时价格减去入库时价格的差额收入核算其产出。

4. 答:批发和零售业的产出用转售其货物所实现的商业毛利总量来测度。其中,商业毛利是指转售所购货物时的实际价格(或虚拟价格)减去该货物在经销商销售时或另作他用时如想重新购置该货物所需支付的价格。

5. 答:中央银行产出核算的内容和方法包括:

（1）货币政策服务产出,这部分产出属于非市场产出;

（2）金融中介服务产出,这部分产出属于市场产出;

（3）一些临界情形服务产出,这部分产出既有属于市场产出,也有属于非市场产出。

对于中央银行产出的核算,应当区分为市场产出和非市场产出,并分别加以核算。如果核算时无法区分市场产出和非市场产出,将其所有的产出作为非市场产出,按成本进行估价。

6. 答:研究与开发产出的核算内容和方法包括:

（1）市场生产者为自身利益而进行的研究和开发,按生产总成本进行估价;

（2）专门的商业性研究室或研究机构所进行的研究和开发,其产出应当按销售收入、合同收入、佣金收入和服务收入等进行估价;

（3）政府单位、大学和非营利性研究机构等所进行的研究和开发,其产出按总成本估价。

7. 答:书籍、唱片、影片等原件产出的核算方法如下:

(1)对于原件生产出来后被销售的产出,按其销售收入核算;

(2)对于未被销售原件的产出,按其在生产成本基础上加成来估计。其中,加成多少取决于在将来生产中使用该原件能获得预期收入的贴现值。

8. 答:在核算中间消耗时,应当确定其与以下几个方面的重要界限:

(1)中间消耗和雇员报酬之间的界限;

(2)中间消耗和固定资本形成总额之间的界限;

(3)中间消耗和增加值之间的界限。

9. 答:增加值的核算方法有:

(1)生产法

增加值=产出−中间消耗

(2)收入法

$$\frac{总增}{加值} = \frac{雇员}{报酬} + \frac{生产税}{净额} + \frac{固定资本}{消耗} + \frac{营业盈余/}{混合收入}$$

10. 答:(1)生产账户的基本结构如下:

表 3-2 生产账户

使 用	来 源
中间消耗 产品税 产品补贴(一) 总增加值/国内生产总值 固定资本消耗 净增加值/国内生产净值	产出 　市场产出 　自给性最终使用产出 　非市场产出

(2)生产账户的作用表现为:

首先,生产账户的平衡项(增加值/国内生产总值)被结转到后续账户中,将对其他账户产生相当大的影响;

其次,利用生产账户提供的数据,可以反映投入产出关系,研究生产效率和经济效益问题;

最后,生产账户还可以反映生产结构,如产出结构、投入结构等;

(六)论述题

1. 答:SNA所界定的生产是经济生产。在此基础上,规定了生产核算范围包括所有货物的生产和一部分服务的生产。具体包括以下几类生产活动:

(1)生产者提供或准备提供给其他单位的所有货物或服务的生产,包括在生产这些货物或服务过程中所消耗的货物或服务的生产;

(2)生产者为了自身的最终消费或资本形成所保留的所有货物的自给性生产;

(3)生产者为了自身的最终消费或资本形成所保留的知识载体产品的自给性生产,但按惯例不包括住户部门的自给性产品的生产;

(4)自有住房者的自给性住户服务(自有住房服务的虚拟收入);

(5)雇佣付酬家务人员生产的家庭和个人服务的生产。

2. 答:产出是指一个基层单位生产的货物和服务。从产出与市场关系角度考察,各种产出的含义及其核算方法如下:

(1)市场产出的含义及其核算:

市场产出是指在市场上准备以有显著经济意义的价格予以销售的产出。市场产出按基本价格估价。如果无法获取基本价格,也可以按生产价格进行估价。

(2)为自身最终使用产出的含义及其核算:

为自身最终使用的产出也称自给性产出,是指生产者为自身最终消费或资本形成而留用的产品。市场生产者为自身最终使用生产的产出按市场上销售相同货物或服务的平均基本价格估价。如果无法获得平均基本价格,也可以按所发生的总成本来核算这些产出。

(3)非市场产出的含义及其核算:

非市场产出是指由为住户服务的非营利机构或政府生产的,以免费或按没有显著经济意义的价格提供给其他机构单位或全社会的货物或个人及公共服务。非市场产出应当以生产总成本进行估价。

3. 答:(1)SNA将保险和养老基金以外的金融服务活动划分为以下三种类型:

(a)金融中介服务,包括金融风险管理、流动性转换、机构单位主要以获取金融资产为目的而发生的金融负债活动；

(b)金融辅助服务,主要是为风险管理和流动性转换提供便利的活动；

(c)其他金融服务。

(2)金融服务的产出主要通过金融服务费测度。金融服务的提供和收费主要有以下几种类型：

(a)直接收费并提供相应金融服务产出的核算。这部分产出按收费额测度；

(b)与存贷款利息费用相关金融服务产出的核算。这部分产出按存款单位和贷款单位分别支付给金融机构的"隐含服务费"之和,即存贷款利息之差还核算；

(c)与金融市场上金融资产和负债获得与处置相关金融服务产出的核算。这部分产出按证券购买价格减去提供给卖方价格后所得的金融服务费核算；

4. 答:国内生产总值,英文缩写为GDP,是指一个国家(或地区)所有常住单位在一定时期内生产的最终产品的总和。

国内生产总值有三种不同的表现形态,它们分别为价值形态、收入形态和产品形态。从价值形态考察,国内生产总值是所有常住单位在核算期内产出的所有货物和服务价值超过同期投入的全部非固定资产货物和服务价值的差额,即所有常住单位的总增加值之和；从收入形态考察,它是所有常住单位在核算期内创造并分配给常住单位的初次分配收入之和；从产品形态考察,它是最终使用的货物和服务减去进口货物和服务。

由上述国内生产总值的三种表现形态可以推出其三种核算方法,即生产法、收入法和支出法。

(1)生产法

国内生产总值 = $\sum$ 机构部门(产业部门)总增加值

= $\sum$ 机构部门(产业部门)[总产出 − 中间消耗]

(2)收入法

国内生产总值 = $\sum$ 各部门 $\begin{bmatrix} 雇员 \\ 报酬 \end{bmatrix} + \begin{bmatrix} 固定资 \\ 本消耗 \end{bmatrix} + \begin{bmatrix} 生产税 \\ 净额 \end{bmatrix} + \begin{bmatrix} 营业盈余/ \\ 混合收入 \end{bmatrix}$

(3)支出法

国内生产总值 = $\sum$ 各机构部门 $\begin{bmatrix} 最终消 \\ 费支出 \end{bmatrix} + \begin{bmatrix} 资本形 \\ 成总额 \end{bmatrix} + \begin{bmatrix} 货物和服务的 \\ (出口 − 进口) \end{bmatrix}$

(七)计算题

【第1题】

该地区三种方法计算的地区生产总值分别为:

(1) GDP(生产法) = ∑各部分增加值
　　　　　　　= 150 + 400 + 120 + 160 + 140 + 160 + 330
　　　　　　　= 1460(亿元)

(2) GDP(收入法) = 雇员报酬 + 生产税净额 + 固定资产折旧 + 营业盈余
　　　　　　　= 700 + 80 + 400 + 280
　　　　　　　= 1460(亿元)

(3) GDP(支出法) = 最终消费支出 + 资本形成总额 + 净出口
　　　　　　　= 1000 + 640 + (220 − 400)
　　　　　　　= 1460(亿元)

【第2题】

(1) 地区生产总值 = 2174.46(亿元)

(2) 地区生产净值 = 地区生产总值 − 固定资产折旧
　　　　　　　 = 2174.46 − 400.53 = 1773.93(亿元)

【第3题】

表 3-3　该地区 2016 年生产账户

单位:亿元

使　用		来　源	
中间消耗	4381	总产出	9159
地区生产总值	4778		
固定资本消耗(一)	100		
地区生产净值	4678		

第四章

投入产出核算

学习目的和要求

通过本章学习,了解投入产出核算的一般原理,掌握投入产出表的结构及其平衡关系,掌握直接消耗系数和完全消耗系数的概念,并会计算直接消耗系数。

一、本章内容提要

(一) 投入产出核算的基本问题

1. 投入产出分析方法的产生与发展

投入产出分析方法产生于20世纪30年代,最早由美国经济学家瓦西里·列昂惕夫(Wassily Leontief)提出。列昂惕夫在各个时期对投入产出分析的贡献。

联合国经济和社会事务部统计处于1968年将投入产出核算纳入新出版的《国民经济核算体系》;联合国等五大国际组织编写的SNA1993将投入产出表与供给和使用表一起作为国民经济核算体系一个组成部分;SNA2008又将投入产出表从原来的"第十五章,供给和使用表及投入产出"中分离出来,与诸如社会核算矩阵等其他基于矩阵分析的核算放在一起,更加纯粹地从矩阵分析方法角度探讨国民经济核算的相关内容。

2. 投入产出核算的几个重要概念

(1)投入产出核算。投入产出核算又称投入产出分析,是指主要利用投入产出表来反映部门间生产过程中所形成的技术经济联系和各种比例关系。

(2)投入、最初投入、中间投入和总投入。投入是企业为生产某种产品,在生产过程中消耗的各种货物和服务。最初投入是各种生产要素的投入,包括雇员报酬、生产税净额、固定资产折旧和营业盈余。中间投入也称中间消耗,是生产过程中消耗的除了固定资产以外各种货物和服务。总投入则为最初投入与中间投入之和。

(3)中间产出、最终产出和总产出。中间产出也称中间产品或中间使用,是用作中间投入的产品。最终产出也称最终产品或最终使用,是用作最终使用的产品,包括消费品、投资品和净出口。总产出是中间产出和最终产出之和。

3. 投入产出分析的基本思想

投入产出分析的基本思想是,(1)将各单位的投入和产出分别按来源和去向编织成一张纵横交叉的表格,即投入产出表;(2)依据投入产出表中的各种平衡关系构建模型;(3)根据投入产出表和投入产出模型进行有关经济分析和预测。

4. 投入产出核算中的估价

(1)产出的估价。投入产出核算中的产出按基本价格估价。当按基本价格估价遇到困难时也可按生产者价格估价。

(2)货物和服务使用的估价。投入产出核算中的货物和服务的使用按购买者价格估价。

(3)总增加值的估价。总增加值有两种估价方法:一种是按基本价格估价;另一种是按生产者价格估价。

(4)进口和出口的估价。对总额采用离岸价格估价;对进口产品的细目则采用到岸价格估价。

(二)投入产出表

1. 投入产出表的结构和种类

(1)投入产出表的结构。投入产出表由四个象限构成,其基本格式如表4-1所示:

表 4-1 标有数学符号的投入产出简表

投入 \ 产出		中间产品					最终产品				进口	总产出
		1	2	...	n	合计	最终消费	资本形成额	出口	合计		
中间投入	1	x_{11}	x_{12}	...	x_{1n}	w_1	s_1	k_1	g_1	y_1		X_1
	2	x_{21}	x_{22}	...	x_{2n}	w_2	s_2	k_2	g_2	y_2		X_2
	...	...	...	...	...	...	...	...	...	...		...
	n	x_{n1}	x_{n2}	...	x_{nn}	w_n				y_n		X_n
	合计	c_1	c_2	...	c_n		S	K	G			
最初投入	雇员报酬	v_1	v_2	...	v_n							
	生产税净额	t_1	t_2	...	t_n							
	固定资产折旧	m_1	m_2	...	m_n							
	营业盈余	r_1	r_2	...	r_n							
	增加值	N_1	N_2	...	N_n							
总投入		X_1	X_2	...	X_n							

投入产出表从总体上看,它由横向和纵向两个不同方向来分别反映表的不同功能和经济含义:表的横向(水平方向)表示产品的产出,产品的实物构成和使用去向;表的纵向(垂直方向)表示投入,说明产品是如何形成的,耗用了哪些活劳动和物化劳动。第Ⅰ象限:位于整个表的左上方,是投入产出表的核心部分,主要反映国民经济各种产品之间在生产过程中所形成的技术经济联系;第Ⅱ象限:位于表的右上方,体现了生产成果经过初次分配和再分配后所形成的最终使用;第Ⅲ象限:位于表的左下方,反映各部门增加值(最初投入)的构成状况;第Ⅳ象限:位于表的右下方,通常认为是反映国民经济中收入再分配关系的,目前它仍为一个空白象限。

(2)投入产出表的种类。

2. 投入产出表中的几个平衡关系

(1)行的平衡关系。中间产品+最终产品=总产品。

(2)列的平衡关系。中间投入+最初投入=总投入。

(3)总量的平衡关系。总投入=总产出;每个部门的总投入=每个部门的总产出;中间投入总和=中间使用总和;最初投入总和=最终产品总和。

3. 投入产出表的消耗系数

(1)直接消耗系数。直接消耗系数,又称中间投入系数,是指某部门为生产单位产品所直接消耗的另一部门中间产品的数量。直接消耗系数计算公式;直接消耗系数矩阵;直接消耗系数取值范围。

(2)完全消耗系数。完全消耗系数是直接消耗系数与所有间接消耗系数的总和,它说明第j种产品每生产单位最终产出时,需要直接与间接消耗(即完全消耗)第i种产品的数量。完全消耗系数计算公式;完全消耗系数矩阵;

(3)完全需求系数。投入产出矩阵的逆矩阵称为完全需求矩阵,也称列昂惕夫逆矩阵。完全需求矩阵中的元素 $\bar{b}_{ij}(i,j=1,2,\cdots,n)$ 称为完全需求系数。完全需求系数的经济含义。

4. 各种消耗系数与产出或投入之间的联系

(1)直接消耗系数与总产出及最终产出的联系。从横行模型看,直接消耗系数与总产出和最终产出的关系表现为:$AX+Y=X$;从列的模型看,直接消耗系数与总投入和增加值的关系表现为:$(I-A_C)X=N$。

(2)完全消耗系数与最终产出之间的联系。$X=(B+I)Y=BY+Y$。

5. 我国投入产出表

投入产出表作为国民经济核算体系的重要组成部分,已正式纳入我国的SNA。我国投入产出表的结构和特点。

(三)投入产出的分析应用

1. 用于编制和修订宏观经济计划

如果掌握了各个部门的直接消耗系数或完全消耗系数,便可以采用直接消耗系数,由总产出来编制最终产出计划;或利用完全消耗系数,由最终产出来编制总产出计划。

2. 用于研究产业结构的分析和规划

3. 根据投入产出表可以计算GDP

(四)货物服务账户和供给使用表

1. 产品的平衡关系

一种产品的平衡关系表现为:

产出+进口=中间消耗+最终消费+资本形成总额+出口

总供给=总使用

2. 货物服务账户

(1)货物和服务账户的概念和作用。货物和服务账户是从产品和整个经济两个方面反映每一种产品总量(供给)与使用总量之间平衡关系的账户。

(2)货物和服务账户的表式结构和特点。

(3)货物和服务账户中各项目的平衡关系。总资源=总使用。

3. 供给使用表

(1)供给表。供给表的结构。

(2)使用表。使用表的结构。

二、本章的重点和难点

学习本章应抓住以下几个重点问题:

1. 投入产出核算中的几个基本概念。包括投入、中间投入、最初投入;中间产出、最终产出。

2. 投入产出表的结构。投入产出表中前三个象限的含义。在学习和理解各象限含义时,应分别从它们的横向和纵向两个角度来掌握。

3. 投入产出表中的几个基本平衡关系。理解和掌握这些基本平衡关系,既要掌握它们的文字内容,又要理解各种数学符号所代表的含义。

4. 直接消耗系数和完全消耗系数的含义。直接消耗系数的计算。

5. 投入产出的分析应用。学会如何根据投入产出表提供的信息和有关资料编制宏观经济计划和进行产业结构等相关分析。

三、例题分析

例题1(单项选择题)

投入产出表的第Ⅰ象限主要反映国民经济各产业部门之间的( )。

1、技术联系 B、经济联系

C、技术经济联系 D、收入再分配关系

参考答案:C

说明:该题答案所以是 C,而不是 A 或 B,因为 A 和 B 也是投入产出表第Ⅰ象限所反映的内容,但其中任何一个都不够全面。第Ⅰ象限中投入与产出的关系主要通过直接消耗系数来体现,而制约直接消耗系数大小不仅包括生产技术,并且还包括产出结构和价格水平等因素。后两个因素则属于经济因素,因此,第Ⅰ象限主要是反映各产业部门之间的技术经济联系,答案应为 C。至于备选答案 D 根本不是第Ⅰ象限反映的内容。

例题 2(多项选择题)

下列表述正确的有(　　)。

A、投入产出表的第Ⅰ象限是表的核心部分

B、投入产出表第Ⅱ象限的宾栏为最终产品

C、每个部门的中间投入等于该部门的中间产品

D、直接消耗系数会随影响它的因素变化而变化

E、完全消耗系数反映最终产出与中间投入的关系

参考答案:A B D E

说明:投入产出表中的投入与产出的关系主要是通过第Ⅰ象限反映的,所以第Ⅰ象限是表的核心部分,备选答案 A 是正确的。从投入产出表的结构看,第Ⅱ象限的主栏与第Ⅰ象限相同,而宾栏所列示的是最终产品或使用,所以备选答案 B 也是正确的。由于具体到某一个部门尽管它的总投入等于它的总产出,但其中间投入不等于中间使用,所以备选答案 C 的表述是错误的。根据影响直接消耗系数的因素可知,这些因素都是不断变化的,因而它们也会影响直接消耗系数的变化,故备选答案 D 是正确的。根据完全消耗系数与完全需求系数的区别可知,完全消耗系数反映的是最终产出与中间投入之间的关系,而完全需求系数反映的是中间投入与总产出之间的关系,由此,备选答案 E 也是正确的。

例题 3(判断题)

投入产出表的横向反映的是产品的产出。(　　)

参考答案:√

说明:从投入产出表的结构看,它由横向和纵向两个不同方向来分别反映表的不同功能和经济含义:表的横向(水平方向)表示产品的产出,产品的实物构成和使用去向;表的纵向(垂直方向)表示投入,说明产品是如何形成的,耗用了哪些活劳动和物化劳动。所以,此题的答案应当是√。

例题 4(名词解释)

直接消耗系数

参考答案:直接消耗系数,又称为中间投入系数,是两个部门直接存在的投入产出关系的数量表现,是某部门为生产单位产品所直接消耗的另一部门中间产品的数量。

说明:在回答某某系数之类的概念时,都要抓住两种现象之间的关系这一要点,然后再附上所要说明的内容即可。例如此题需回答的是有关部门间生产过程中的消耗问题,按要求回答就可以了。

例题 5(简答题)

简述制约直接消耗系数大小的因素。

参考答案:直接消耗系数的大小受以下因素制约:

(1)生产的技术水平;

(2)产出的结构;

(3)价格水平。

说明:回答简答题时,要抓住题中所包括的要点。一般情况下,只要把要点回答出来就可以了,勿需做更多的解释。如本例题中影响直接消耗系数的因素有三个,把它们列出来即可。

例题 6(论述题)

试述投入产出表各个象限的含义。

参考答案:投入产出表从总体上看,它由横向和纵向两个不同方向来分别反映表的不同功能和经济含义:表的横向(水平方向)表示产品的产出,产品的实物构成和使用去向;表的纵向(垂直方向)表示投入,说明产品是如何形成的,耗用了哪些活劳动和物化劳动。具体由四个象限构成,每个象限的含义分别如下(以产品×产品投入产出表为例):

(1)第Ⅰ象限

投入产出表的第Ⅰ象限位于整个表的左上方,是由名称相同、数目一致的若干种产品纵横相交而成的棋盘式表格。该象限是投入产出表的核心部分,主要反映国民经济各种产品之间在生产过程中所形成的技术经济联系。

(2)第Ⅱ象限

投入产出表的第Ⅱ象限位于表的右上方,其主栏与第Ⅰ象限相同,反映每种产品的去向;宾栏则表明最终产品的使用,包括最终消费、资本形成总额和出口等项目。该象限给出了已退出本期生产过程的产品内容和数量,体现了国内生产总值经过初次分配和再分配后所形成的最终使用。

(3)第Ⅲ象限

投入产出表的第Ⅲ象限位于表的左下方,主栏包括雇员报酬、生产税净额、固定资产折旧和营业盈余等四项内容,它们的合计数构成最初投入,亦即用收入法计算的增加值(国内生产总值);宾栏是与第Ⅰ象限分类相同的产品,反映各部门增加值的构成状况。

(4)第Ⅳ象限

投入产出表的第Ⅳ象限位于表的右下方,通常认为是反映国民经济中收入再分配关系的。但由于收入再分配关系的复杂以及资料收集的困难,目前它仍为一个空白象限。

说明:学生在回答此题时,主要根据教科书给出的内容和个人的理解回答即可。

例题 7(计算题)

现有一张三次产业的投入产出表。根据表中资料计算直接消耗系数,并将其列成矩阵形式。

表 4-2 三次产业投入产出表

单位:亿元

		中间产品(消耗)				最终产品(使用)				总产出
		第一产业	第二产业	第三产业	合计	最终消费支出	资本形成总额	净出口	合计	
中间投入	第一产业	950	4068	120	5138	2607	1320	20	3947	9085
	第二产业	1950	23140	2100	27190	7862	6910	300	15072	42262
	第三产业	441	3480	931	4852	4701	320	—20	5001	9853
	合计	3341	30688	3151	37180	15170	8550	300	24020	61200
最初投入	固定资产折旧	150	1260	210	1620					
	雇员报酬	4804	4714	4682	14200					
	生产税净额	237	1680	543	2460					
	营业盈余	553	3920	1267	5740					
	增加值	5744	11574	6702	24020					
总投入		9085	42262	9853	61200					

参考答案：

$$a_{ij} = \frac{x_{ij}}{X_j}(i,j=1,2,3)$$

三次产业之间的直接消耗系数为

$a_{11}=0.1046$ $a_{12}=0.0963$ $a_{13}=0.0122$

$a_{21}=0.2146$ $a_{22}=0.5475$ $a_{23}=0.2131$

$a_{31}=0.0485$ $a_{32}=0.0823$ $a_{33}=0.0949$

将上述计算结果写成矩阵形式：

$$\begin{bmatrix} 0.1046 & 0.0963 & 0.0122 \\ 0.2146 & 0.5475 & 0.2131 \\ 0.0485 & 0.0823 & 0.0949 \end{bmatrix}$$

说明：计算直接消耗系数的方法是，用 j 部门的总投入 X_j 作分母，直接消耗的 i 部门的产品（包括货物和服务）数量 x_{ij} 作分子，其比值即为直接消耗系数 a_{ij}。

三、练习题

(一)单项选择题

1. 最先创立投入产出分析法的经济学家是(   )。
A、沃西里·里昂惕夫　　　　　B、柯普兰
C、肯得里克　　　　　　　　　D、瓦尔拉
2. 投入产出表按采用的计量单位不同分为(   )。
A、静态投入产出表和动态投入产出表
B、实物型投入产出表和价值型投入产出表
C、部门投入产出表和产品投入产出表

D、劳动消耗投入产出表和固定资产投入产出表

3. 产品生产过程中的投入（　　）。

A、就是中间消耗　　　　　　B、就是最初投入

C、包括中间投入和最初投入　　D、以上都不对

4. 投入产出表的核心部分是（　　）。

A、第Ⅰ象限　　　　　　B、第Ⅱ象限

C、第Ⅲ象限　　　　　　D、第Ⅳ象限

5. 投入产出表的第Ⅰ象限主要反映各产业部门之间的（　　）。

A、技术联系　　　　　　B、经济联系

C、技术经济联系　　　　D、最初投入关系

6. 投入产出表的第Ⅰ象限从横向看，表明（　　）。

A、某个产业部门的产品提供给各个产业部门作为生产消耗使用的数量

B、某个产业部门在生产过程中消耗各产业部门的产品数量

C、各产业部门提供给某个产业部门产品的数量

D、各产业部门生产中消耗某产业部门产品的数量

7. 投入产出表的第Ⅰ象限从纵向看，表明（　　）。

A、某个产业部门的产品提供给各个产业部门作为生产消耗使用的数量

B、某个产业部门在生产过程中消耗各产业部门的产品数量

C、各产业部门提供给某个产业部门产品的数量

D、各产业部门生产中消耗某产业部门产品的数量

8. 投入产出表的第Ⅱ象限主要反映（　　）。

A、各产业部门之间的技术经济联系

B、增加值的构成

C、收入再分配关系

D、最终产品的规模和结构

9. 下列等式中正确的是（　　）。

A、$\sum_{i=1}^{n} x_{ij} + y_j = X_j$　　　　B、$\sum_{j=1}^{n} x_{ij} + y_j = X_i$

C、$\sum_{i=1}^{n} x_{ij} + v_j = X_i$　　　　D、$\sum_{j=1}^{n} x_{ij} + v_j = X_j$

10. 我国投入产出表的特点是对国民经济产业部门的分类采用( )。
   A、与一般投入产出表相同　　　B、两个层次划分
   C、三个层次划分　　　　　　　D、四个层次划分

11. 假定农业部门对工业部门的直接消耗系数为0.18,说明( )。
   A、农业部门每生产单位产品消耗工业产品的数量为0.18
   B、工业部门每生产单位产品消耗农产品的数量为0.18
   C、农业部门在生产过程中一共消耗了0.18的工业产品
   D、工业部门在生产过程中消耗了0.18的农业产品

12. 直接消耗系数就是某部门为生产单位产品所直接消耗的另一部门( )的数量。
   A、最初投入　　B、中间产品　　C、最终产品　　D、总产品

13. x_{ij}表示( )。
   A、i部门生产时所消耗的j产品数量
   B、j部门生产时所消耗的i产品数量
   C、i部门生产单位产品消耗j产品数量
   D、j部门生产单位产品消耗i产品数量

14. 完全消耗系数是( )。
   A、所有直接消耗系数的代数和
   B、所有间接消耗系数的代数和
   C、直接消耗系数与各轮间接消耗系数的代数和
   D、直接消耗系数与某轮间接消耗系数的代数和

15. 完全消耗系数反映( )。
   A、中间投入与中间产出的关系　　B、最初投入与最终产出的关系
   C、最终产出与总投入的关系　　　D、最终产出与中间投入的关系

16. 在(I—A)矩阵中,主对角线上的各元素说明的是( )。
   A、各种产品的总产出　　　　　　B、各种产品的净产出
   C、各种产品扣除自身消耗后的总产出
   D、各种产品扣除自身消耗后的净产出

17. 直接消耗系数与最初投入之间的关系是通过( )。
   A、直接消耗系数的矩阵显示的　　B、直接消耗系数的对角矩阵显示的

C、完全耗系数的矩阵显示的 D、完全消耗系数的对角矩阵显示的

18. 在一个经济总体内,一种产品的总供给通常是由( )。

A、国内生产和进口决定的 B、国内生产和出口决定的

C、国内生产和分配决定的 D、国内生产和使用决定的

(二)多项选择题

1. 生产过程中的最初投入包括( )。

A、劳动者报酬 B、生产税净额

C、固定资产折旧 D、营业盈余

E、财产收入

2. 某产业部门投入产出表的作用表现在( )。

A、反映该产业部门的生产过程

B、反映该产业部门初次收入形成

C、反映产业部门间的复杂联系

D、反映该产业部门生产的总产品的使用去向

E、是反映产业部门间关联的基础

3. 下列表述正确的有( )。

A、作为 SNA 组成部分的投入产出表,主要是价值型静态宏观投入产出表

B、由于实物型投入产出表不受价格影响,能更直接反映部门间的投入产出关系,所以它得到广泛的应用

C、投入产出表的核心部分是第Ⅰ象限

D、投入产出表的第Ⅱ象限合计数等于第Ⅲ象限合计数

E、完全消耗系数也称完全需求系数

4. 投入产出表中的主要平衡关系有( )。

A、中间投入每一列的合计等于中间产品相应行的合计

B、总投入等于总产出

C、第Ⅱ象限总计等于第Ⅲ象限总计

D、每种产品行总计等于相应的列总计

E、中间使用加最初投入等于总产出

5. 投入产出表第Ⅱ象限的宾栏包括( )。

A、最终消费　　　　　B、固定资本形成　　　　C、生产税净额

D、库存增加　　　　　E、净出口

6. 投入产出表的用途主要体现在(　　)。

A、用于编制和修订宏观经济计划

B、用于产业结构的分析和规划

C、用于新产品的开发　　　　　D、用于计算 GDP

E、用于产品质量管理

(三)判断题

1. 投入产出分析方法最早产生于 20 世纪 70 年代。(　　)

2. 投入产出表中的最初投入就是生产过程中消耗的各种货物和服务。(　　)

3. 投入产出表中的产出应当按基本价格估价。(　　)

4. 投入产出表的横行表示产出。(　　)

5. 投入产出表的核心部分是第Ⅲ象限。(　　)

6. 投入产出表的最初投入总和等于最终产出之和。(　　)

7. 投入产出表的每列最初投入等于每行最终产出。(　　)

8. 直接消耗系数就是生产过程中单位最终产出所直接消耗的各种中间产品的数量。(　　)

9. 完全消耗系数就是所有间接消耗系数的总和。(　　)

10. $(I-A_c)X=N$ 反映的是总投入与增加值之间的关系。(　　)

(四)名词解释

1. 中间投入

2. 最初投入

3. 直接消耗系数

4. 完全消耗系数

(五)简答题

1. 简述投入产出分析的基本思想。

2. 简述投入产出表的结构。

3. 简述影响直接消耗系数大小的因素。

(六)论述题

1. 试述投入产出表中的几个重要平衡关系。
2. 试述投入产出表中各种消耗系数与产出或投入的联系。

(七)计算题

已知某地区 2016 年三种产品的投入产出表如下：

表 4-3 某地区 2016 年三种产品投入产出表

单位:亿元

		中间产品(消耗)				最终产品(使用)				总产出
		甲	乙	丙	合计	最终消费支出	资本形成总额	净出口	合计	
中间投入	甲	1000	200	100	1300	400	250	50	700	2000
	乙	200	100	50	350	370	230	50	650	1000
	丙	200	100	—	300	150	40	10	200	500
	合计	1400	400	150	1950	920	520	110	1550	3500
最初投入	固定资产折旧	50	40	10	100					
	雇员报酬	350	360	260	970					
	生产税净额	70	65	25	160					
	营业盈余	130	135	55	320					
	增加值	600	600	350	1550					
总投入		2000	1000	500	3500					

要求:计算甲、乙、丙三种产品之间的直接消耗系数。

五、练习题答案

(一)单项选择题

1. A; 2. B; 3. C; 4. A; 5. C; 6. A; 7. B; 8. D; 9. D; 10. B;

11. A;12. B;13. B;14. C;15. D;16. D;17. B;18. A。

(二)多项选择题

1. A B C D;2. A B D E;3. A C D;4. B C D;5. A B D E;6. A B D。

(三)判断题

1. ×;2. ×;3. √;4. √;5. ×;6. √;7. ×;8. ×;9. ×;10. √。

(四)名词解释

1. 中间投入也称中间消耗,是指生产过程中消耗的各种货物和服务。

2. 最初投入是指各种生产要素的投入,具体包括雇员报酬、生产税净额、固定资产折旧和营业盈余。

3. 直接消耗系数,又称中间投入系数,是两个部门间直接存在的投入产出的数量表现,是某部门为生产单位产品所直接消耗的另一部门中间产品的数量。

4. 完全消耗系数是直接消耗系数和各轮间接消耗系数的代数和,以反映最终产出与中间投入的关系。

(五)简答题

1. 答:投入产出分析的基本思想是:
(1)将各单位的投入和产出分别按来源和去向编制成投入产出表;
(2)依据投入产出表中的各种平衡关系构建投入产出模型;
(3)依据投入产出表和投入产出模型进行有关经济分析和预测。

2. 答:投入产出表由以下四个象限构成:

第Ⅰ象限是由名称相同、数目一致的若干产业部门纵横交叉形成的棋盘式表格。其主栏是中间投入,宾栏是中间产品。整个象限反映各产业部门之间的技术经济联系。

第Ⅱ象限的主栏与第Ⅰ象限相同,宾栏为最终产品或使用。整个象限主要反映最终产品的规模和结构。

第Ⅲ象限的主栏是增加值或最初投入构成,宾栏与第Ⅰ象限相同。整个象限主要反映各部门增加值构成或最初投入构成情况。

第Ⅳ象限主要反映收入再分配关系。

3. 答：影响直接消耗系数的因素有：

(1)生产的技术水平；

(2)产出的结构；

(3)价格水平。

(六)论述题

1. 答：投入产出表中主要有以下几种平衡关系：

(1)从行的平衡关系看，中间使用＋最终使用＝总产出；

(2)从列的平衡关系看，中间投入＋最初投入＝总投入；

(3)从总量平衡关系看，首先，整个投入产出表的总投入＝总产出；其次，某个部门的总投入＝该部门的总产出；第三，中间投入总和＝中间使用总和；最后，最初投入总和＝最终产品总和。

2. 答：利用投入产出表进行经济分析，需要了解各种消耗系数与各种产出之间的联系。这些联系主要包括：

(1)直接消耗系数与总产出及最终产出的联系

直接消耗系数与产出之间的关系，可以通过投入产出的横行模型和纵列模型分别描述。

首先，从横行模型看，直接消耗系数与总产出和最终产出的关系表现为：$AX+Y=X$。式中，A 为直接消耗系数矩阵；X 为各种产品总产出的列向量；Y 为各种产品最终产出的列向量。

其次，从列的模型看，直接消耗系数与总投入和增加值的关系表现为 $(I-A_C)X=N$。该模型反映的是总投入与增加值之间的关系。式中，A_C 为直接消耗系数的对角矩阵，矩阵的每一个元素 $a_{cj}=\sum a_{ij}(i,j=1,2,\cdots,n)$，表示为生产单位 j 产品的全部消耗系数之和。即

$$A_c = \begin{bmatrix} a_{c1} & 0 & \cdots & 0 \\ 0 & a_{c2} & \cdots & 0 \\ \cdots & \cdots & \cdots & \cdots \\ 0 & 0 & \cdots & a_{cn} \end{bmatrix}$$

(I−A_c)为增加值系数矩阵。N 为增加值的列向量。

通过上述模型可以看出直接消耗系数与最初投入之间的关系是通过直接消耗系数的对角矩阵显示的。

(2)完全消耗系数与最终产出之间的联系

完全消耗系数是与最终产出直接相联系的,X=(B+I)Y=BY+Y。该式表明,第 j 产品生产单位最终产出,需要完全消耗第 i 种产品产品的数量。

(七)计算题

$$a_{ij}=\frac{x_{ij}}{X_j}(i,j=1,2,3)$$

表 4-4 某地区 2016 年三种产品之间的直接消耗系数表

	甲	乙	丙
甲	0.5	0.2	0.2
乙	0.1	0.1	0.1
丙	0.1	0.1	—

第五章

收入分配核算

学习目的和要求

学习这一章的目的是,了解收入分配的基本理论,掌握收入分配的有关概念、核算方法,收入分配各类账户的基本结构。

一、本章内容提要

(一)收入分配核算的基本理论

1. 收入、收入分配和收入分配核算

希克斯认为,"收入是他(人们—笔者注)在一星期当中所能消费的最高价值,并且预期他在周末的处境会和周初一样好"。SNA采用了希克斯有关收入这一经典定义,并将其进一步明确定义为可支配收入,即所有收入分配活动结束后,经济主体可用于最终使用的收入总量。

收入分配是指生产过程所创造的价值(一般微观用总增加值,宏观用国内生产总值表示)在参与生产活动过程的要素之间进行的直接分配以及要素收入在不同单位和部门之间的转移收支产生的间接分配。前者通常称为收入初次分配,后者则称为收入再分配。

收入分配核算是以收入初次分配和再分配过程为依据,对收入分配中涉及的相关内容所进行的核算。

2. 收入分配构成要素

(1)收入分配的主体。收入分配主体就是指在收入初次分配阶段参与对生产成果进行分配的各类经济实体,以及在收入再分配阶段,参与对初次分配收入进行再分配的各类经济实体。它回答的是都有谁参与了收入分配活动的问题。

(2)收入分配的客体。收入分配客体就是指被分配的对象。在收入初次分配阶段,收入分配的对象是以价值形态表现的当期生产成果;在收入再分配阶段,收入分配的对象是经过收入初次分配后所形成的初始收入。它回答的是收入分配都分配些什么的问题。

(3)收入分配的宿体。收入分配宿体指的是在收入分配过程中都有哪些经济实体接受了收入。

(4)收入分配的依据。收入分配的依据是收入分配理论和相关政策。

(5)收入分配的方式。从宏观角度看,收入分配活动的组织方式主要包括市场、计划以及市场与计划相结合三种。

(6)收入分配的方法。分配的方法解决的是怎样具体分配的操作性问题。

3. 收入分配核算的基本流程和相关总量指标

收入分配首先从各类经济主体对生产成果的初次分配开始,这一过程微观上表现为对各单位增加值的初次分配,宏观上表现为对国内生产总值的初次分配。分配的结果形成各单位或各部门的初始收入以及经济总体的国民总收入。

在收入再分配阶段,各单位之间或各部门之间首先要进行各种形式的货币转移和实物社会转移以外的实物转移。其结果形成各单位或各部门的可支配收入以及经济总体的国民可支配收入,然后,在住户、为住户服务的非营利机构,以及政府这些单位或部门之间还要进行实物社会转移,其结果形成这些单位或各部门的调整后可支配收入以及经济总体的调整后国民可支配收入。

(二)收入初次分配核算

1. 收入初次分配的概念及核算内容

收入初次分配是指按照各生产要素所有者和政府对生产的参与状况和贡献,对生产成果所进行的直接分配。

收入初次分配核算的内容包括:(1)收入形成核算。(2)初始收入分配核算。

2. 收入形成核算及其账户

收入形成核算是针对生产货物和服务的常住单位进行的初始收入核算,它是生产核算的进一步延伸和细化。

(1)收入形成的基本流量。雇员报酬是指在核算期内企业按雇员在生产活动中的贡献支付给他(她)的全部现金和实物报酬。雇员报酬由两部分构成:一部分是工资或薪金,另一部分是雇主应付的社会缴款;生产和进口税,包括产品税和其他生产税;补贴是政府部门(包括非常住政府部门)根据企业生产活动水平或企业生产、销售、进口货物或服务的数量或价值量给予企业的经常性无偿支付,包括产品补贴和其他生产补贴;营业盈余是收入形成账户的平衡项,它是企业增加值扣除雇员报酬和生产税净额(生产税减去生产补贴后的数额)后的差额,是对企业由于生产活动所获得盈余的一种测度;混合收入是住户所拥有的非法人企业收入形成账户的平衡项,是此类企业的增加值扣除雇员报酬和生产税净额后的差额。

(2)收入形成账户。单个单位、部门或经济总体的收入形成账户;多单位、多部门综合收入形成账户。编制账户的主体。

3. 收入初次分配核算及其账户

(1)收入初次分配核算的性质。收入初次分配核算是着重考虑其性质属于初始收入的接受者,而不是初始收入创造者的核算。

(2)收入初次分配的主要流量。收入初次分配除了包括收入形成的几个流量外,新增加了财产收入和初始收入两个流量。财产收入是金融资产和自然资源的所有者将其资产交由其他机构单位支配时所获得的收入,包括投资收入和地租;初始收入是指一个机构单位或部门应收初始收入之和减去应付初始收入之和的差额;在经济总体层面上,SNA 将收入初次分配的结果称为国民收入。所有机构部门初始收入净额之和称为国民净收入;所有机构部门初始收入总额之和称为国民总收入。

(3)收入初次分配账户。单个单位、部门或经济总体初始收入分配账户;多单位、多部门初始收入分配综合账户。

(三)收入再分配核算

1. 收入再分配的概念

收入再分配是指在收入初次分配基础上通过转移支付与获得,使初始收入进一步在机构单位之间所进行的分配。

2. 收入再分配中其他几个重要概念

(1)转移的概念和种类。转移是指一个机构单位向另一个机构单位提供货物、服务或资产,而同时又不从后者索取任何货物、服务或资产作为与之直接对应回报的一种交易。经常转移和资本转移:经常转移是指一个机构单位向另一个机构单位提供货物、服务或资产,但同时又不向后者索取任何货物、服务或资产作为与之直接对应回报,并且交易的一方或双方无须获得或处置资产的一种交易;资本转移是指支付转移方通过处置现金和存货以外的资产来实现资助,或是接受转移方不得不将资助用于形成现金以外资产,或是两者都满足的一种交易。现金转移、企业提供货物与服务和实物社会转移:现金转移是一个单位向另一个单位支付货币或可转让存款,而同时并没有反方向任何支付的一种交易;企业提供货物与服务是一种由企业提供的,包括货物或现金以外资产所有权的转移,或服务的提供,同时并没有任何反方向的相应支付的实物社会转移以外的实物转移;实物社会转移是一种由政府和为住户服务的非营利机构提供的,包括货物或现金以外资产所有权的转移,或服务的提供,同时并没有任何反方向的相应支付。

(2)经常转移的种类。所得税、财产税等经常税主要指对住户和公司所得所征收的税,以及每个纳税期定期应征收的财产税;社会缴款和社会福利:社会缴款是指对社会保险计划做出的实际或虚拟的支付,以便为社会保险的给付提供准备;社会福利是住户部门为满足应对一些突发事件或情况如疾病、失业、退休、住房、教育及家庭问题的需要而获得的经常转移;其他经常转移是指发生在常住机构单位之间或常住机构单位和非常住机构单位之间除所得税、财产税等经常税,社会缴款与社会福利以外的所有经常转移。

3. 收入再分配核算及账户

(1)单个单位、部门或经济总体的收入再分配账户。收入再分配核算是描述如何通过除实物社会转移以外的经常性转移收支将机构单位或部门的初始收入转换成可支配收入的核算,是收入再分配核算的主要内容。单个单位、部门或经济总体收入再分配账户的结构。

(2)多单位、多部门收入再分配综合账户。

(3)可支配收入和国民可支配收入。可支配收入是指机构单位或部门在收入分配过程全部结束后,所形成的最终可供它们支配使用的收入。国民可支配收入是一个国家在一定时期内通过收入初次分配和再分配后所形成的,可供该国最终支配使用的收入。

4. 实物收入再分配核算及账户

实物收入再分配核算是在收入再分配核算基础上,用于反映实物社会转移状况及结果的核算。

实物社会转移是由政府单位和为住户服务的非营利机构免费或以没有显著经济意义的价格提供给住户的货物和服务,它是政府和 $NPISH_s$ 代表住户所进行的最终消费支出,形成住户单位的收入。

调整后的可支配收入是实物收入再分配账户中的平衡项,是机构单位或部门经过实物社会转移的收支调整后所形成的最终可支配收入。

实物收入再分配账户。

二、本章的重点和难点

学习本章应抓住以下重点问题:

1. 收入分配核算中的一些基本概念。主要有:收入、收入分配、收入初次分配、收入再分配、财产收入、初始收入、国民收入、可支配收入、转移、资本转移和经常转移等。

2. 收入初次分配核算。包括对收入初次分配各种流量的理解,收入形成核算的基本内容和账户,初始收入分配核算中账户,财产收入指标的含义、种类等,国民总收入的含义和计算等。

3. 收入再分配核算。收入再分配中经常转移的有关内容,可支配收入的计算,收入再分配账户。

三、例题分析

例题 1（单项选择题）

收入初次分配所形成的流量属于（　　）。

A、生产性收入　　B、分配性收入　　C、经常性收入　　D、转移收入

参考答案：A

说明：由于收入初次分配直接与生产相联系，是对生产成果的分配，参与初次分配的主体必须是参与生产者，因而产生的分配流量与生产有关，属于生产性收入，答案 A 是正确的。由此排除了后三个备选答案。

例题 2（多项选择题）

下列项目中属于经常转移的有（　　）。

A、居民个人缴纳的个人所得税

B、政府对政策性亏损企业的补贴

C、失业人员从社保部门领取的失业保险金

D、政府对机关工作人员支付的公费医疗费用

E、某企业支付给银行的贷款利息

参考答案：A C D

说明：经常转移包括收入税收支、社会保障和社会福利以及其它经常转移三大类内容。该题备选答案中的 A 属于收入税收支项目，因而是正确的；B 是作为负生产税处理，而生产税不属于收入税范畴，因而它不是经常转移；C 属于经常转移第二类所包含的内容，因而答案是正确的；D 的内容属于经常转移类中的社会福利项目；E 属于财产性收支项目，不包括在经常转移范围内，所以答案也是错误的。

例题 3（判断题）

雇员报酬只包括核算期内企业按雇员在生产活动中的贡献支付给他（她）的全部现金额。

参考答案：×

说明：根据雇员报酬的定义，雇员报酬不仅包括核算期内企业按雇员在生产活动中的贡献支付给他（她）的全部现金额，还应当包括企业支付给雇员的实

物报酬。所以答案应当是错的。

例题 4（名词解释）

收入初次分配

参考答案：收入初次分配是指按照各生产要素所有者和政府对生产的参与状况和贡献，对生产成果进行的直接分配。

说明：该名词包含了以下几个要点：一是限定了参与收入初次分配的主体——生产要素的所有者和政府；二是分配的标准——对生产的贡献；三是分配的对象——生产成果。将这三个要点连接在一起，就构成一个完整的收入初次分配的概念。回答此类概念时都应如此将一个概念所包含的要素说完整。

例题 5（简答题）

简述收入分配的构成要素。

参考答案：收入分配的构成要素包括：

(1) 收入分配的主体；

(2) 收入分配的客体；

(3) 收入分配的宿体；

(4) 收入分配的依据；

(5) 收入分配的方式；

(6) 收入分配的方法。

例题 6（论述题）

试述财产收入的含义及其种类。

参考答案：财产收入是金融资产和自然资源的所有者将其资产交由其他机构单位支配时所获得的收入。财产收入包括投资收入和地租。其中，每项财产收入的内容如下：

(1) 投资收入

投资收入是金融资产所有者因向另一机构单位提供资金而应得的作为回报的收入。投资收入包括利息、公司已分配收入、外国直接投资的再投资收益和其他投资收入等四项内容。

首先，利息是某种类型金融资产——即存款、债券、贷款和其他应收款（有可能）的所有者，因将其金融资产交由另一机构单位支配而应得的财产收入。

其次，公司已分配收入中属于财产收入的包括红利和对准公司收入的提取。红利是财产收入的一种形式,它是股东因将其资产交由公司支配而有权获得的财产收入。准公司收入的提取是指所有者从准公司所提取的可分配收入。

第三,外国直接投资的再投资收益。这部分是通过虚拟核算的方式将外国直接投资企业留存作为再投资的收益作为财产收入来处理。

最后,其他投资收入包括属于投保人的投资收入、养老金权益的应付投资收入和属于投资基金股东集体的投资收入等三项内容。

(2)地租

地租是指自然资源的所有者(出租人或地主)因将其自然资源交由另一机构单位(承租人或佃户)支配供其在生产中使用而应得的收入。地租包括土地地租、地下资源地租和其他自然资源地租三种类型,其中,前两者为地租的主要形式。

例题 7(计算题)

假设某地区非金融公司部门有关资料:

(1)当期增加值为 2800 亿元,其中雇员报酬 1300 亿元,生产税净额 300 亿元,固定资本消耗 200 亿元;

(2)当期利息收入 10 亿元,利息支出 35 亿元,对股东发放红利共 800 亿元,从准公司收入中提取的收益 200 亿元,土地租金净支出 5 亿元,其他投资收入 8 亿元。

要求:据此计算该非金融公司部门的财产收入净额,并编制非金融公司部门的收入初次分配账户。

参考答案及说明:

(1)该非金融公司部门的财产收入净额如下:

财产收入净额＝利息收入－利息支出－红利支出＋准公司收入提取
　　　　　　＋其他投资收入－土地租金净支出
　　　　　＝10－35－800＋200＋8－5
　　　　　＝－622(亿元)

(2)该非金融公司部门原始收入分配账户的编制步骤如下:

第一步:根据已知资料,计算该部门营业盈余总额和营业盈余净额。

营业盈余总额＝总增加值－雇员报酬－生产税净额
　　　　　　＝2800－1300－300

$$=1200(亿元)$$

营业盈余净额＝总营业盈余－固定资本消耗

$$=1200-200=1000(亿元)$$

第二步:将已知和计算的有关资料编入收入初次分配账户(见表5-1)。

表 5-1 该非金融公司部门收入初次分配账户

单位:亿元

使 用		来 源	
		营业盈余总额	1200
		固定资本消耗(一)	200
财产收入	840	营业盈余净额	1000
初始收入总额	578	财产收入	218
固定资本消耗(一)	200		
初始收入净额	378		

四、练习题

(一)单项选择题

1. 收入初次分配的对象是(　　)。

   A、所有生产要素　　　　　B、当期的生产成果

   C、当期各种资源的总和　　D、当期生产的货物

2. 微观层面上,收入分配核算的起点指标是(　　)。

   A、政府税收　　　　　　　B、劳动报酬

   C、政府税收和劳动报酬　　D、增加值

3. 从宏观层面考察,收入形成核算的主体范围是(　　)。

   A、所有常住单位　　　　　B、所有非常住单位

   C、所有常住单位和非常住单位　D、所有常住单位和部分非常住单位

4. 收入初次分配所形成的收入属于(　　)。

   A、财产性收入　　　　　　B、转移性收入

   C、生产性收入　　　　　　D、投资收入

5. 收入初次分配核算的初始流量是（   ）。
   A、增加值   B、营业盈余
   C、营业盈余或混合收入   D、劳动者报酬

6. 经济总体层次上收入初次分配账户的平衡项是（   ）。
   A、财产收入   B、国民收入
   C、总营业盈余   D、国内生产总值

7. 国内所有部门初始收入总和称为（   ）。
   A、国内生产总值   B、国民总收入
   C、国民可支配总收入   D、社会总收入

8. 财产收入属于一种（   ）。
   A、生产领域收入   B、收入形成阶段收入
   C、收入初次分配阶段收入 D、收入再分配阶段收入

9. 国民总收入与国内生产总值在数值上相差（   ）。
   A、固定资本消耗   B、生产税
   C、生产税净额   D、来自国外的净要素收入

10. 收入再分配中产生的收支流量属于（   ）。
    A、生产性收支   B、交换性收支
    C、转移性收支   D、经营性收支

11. 某企业将本单位一批价值10万元的设备无偿转让给兄弟企业。该项交易属于（   ）。
    A、经常转移   B、资本转移
    C、现金转移   D、实物社会转移

12. 收入再分配的结果形成各部门和国民经济的（   ）。
    A、初始收入/国民收入   B、可支配收入/国民可支配收入
    C、最终收入/国民最终收入   D、总收入/社会总收入

13. 某大学一名大学生将所得的1000元奖学金捐赠给希望工程。该项活动属于（   ）。
    A、社会缴款   B、社会福利
    C、其他经常转移   D、社会救济

14. 国民可支配收入与国民收入的关系是（   ）。

A、二者必须相等 B、前者必须大于后者
C、前者必须小于后者 D、前者可以大于等于或小于后者

15. 从经济总体层面考察,调整后国民可支配收入( )。
A、可能小于国民可支配收入 B、可能大于国民可支配收入
C、可能等于国民可支配收入 D、一定等于国民可支配收入

(二)多项选择题

1. 以下收入分配流量中属于收入初次分配的有( )。
A、雇员报酬 B、社会福利 C、生产税
D、进口税 E、所得税

2. 以下税收中属于产品税的有( )。
A、工薪或劳力税 B、增值税 C、出口税
D、印花税 E、增值税以外的进口税和进口关税

3. 收入形成账户使用方记录的项目有( )。
A、雇员报酬 B、生产税净额 C、财产收入
D、社会缴款 E、营业盈余

4. 在收入分配核算中,因固定资本消耗项目而存在总值和净值两种表示的总量指标有( )。
A、原始收入 B、可支配收入 C、生产税
D、营业盈余 E、来自国外的收入

5. 收入初次分配核算所记录的内容包括( )。
A、各经济主体作为生产的参与者所创造的收入
B、各经济主体作为收入接受者而获得的收入
C、各经济主体之间的财产收入收支流量
D、各经济主体之间的经常转移收支流量
E、各经济主体净借出与净借入流量

6. 能够给所有者带来财产收入的资产有( )。
A、因资金借贷而形成的金融资产 B、企业生产中使用的固定资产
C、地下资源 D、土地 E、使用权转让的机器设备

7. 下列收入属于财产收入的有( )。

A、地租　　　　B、无形资产使用费　　　　C、利息

D、红利　　　　E、准法人企业收入的提取

8、下列属于经常转移的项目有(　　)。

A、住户和法人单位缴纳的所得税

B、劳动者对社会保险计划的缴款

C、各单位代其职工对社会保险计划的缴款

D、居民个人购买体育彩票

E、交通警察对违章司机的罚款

(三)判断题

1. SNA 可支配收入的概念是根据英国经济学家 J. 理查德·希克斯有关收入的定义界定的。(　　)

2. 收入初次分配是对生产成果的直接分配。(　　)

3. 收入形成核算是生产核算的进一步延伸和细化。(　　)

4. 收入形成核算包含了对财产收入的核算。(　　)

5. 房租的性质类似于地租，所以它也是一种财产收入。(　　)

6. 国民总收入就是以前的国民生产总值。(　　)

7. 转移尽管是一种单方面的经济行为，但它也是一种交易。(　　)

8. 只有发生在政府、为住户服务的非营利机构和住户之间的实物转移才称为实物社会转移。(　　)

9. 所有的财产税都是一种经常转移。(　　)

10. 可支配收入是经济主体实现最终消费和储蓄的前提。(　　)

(四)名词解释

1. 收入

2. 收入分配

3. 收入初次分配

4. 雇员报酬

5. 生产和进口税

6. 营业盈余

7. 混合收入

8. 财产收入

9. 投资收入

10. 地租

11. 初始收入

12. 国民收入

13. 收入再分配

14. 转移

15. 经常转移

16. 资本转移

17. 实物社会转移

18. 可支配收入

19. 国民可支配收入

20. 调整后可支配收入

(五)简答题

1. 简述生产和进口税的种类。

2. 简述收入初次分配阶段的主要流量。

3. 简述经常转移的种类。

4. 简述国内生产总值、国民总收入和国民可支配总收入诸总量之间的数量关系。

5. 简述机构部门层面收入分配系列账户的平衡项及其意义。

(六)论述题

1. 试述财产收入的概念和种类。

2. 试述经常转移与资本转移的联系和区别。

(七)计算题

【第1题】

1. 已知某地区2016年有关统计资料如下(见表5-2):

表 5-2　某地区 2016 年有关统计资料

单位：亿元

	非金融公司部门	金融公司部门	政府部门	为住户服务的非营利机构	住户部门
总产出	3800	150	450	5	1030
中间投入	2100	55	130	2	410
固定资本消耗	300	14	30	1	100
雇员报酬	620	45	230	2	25
生产税	105	15	5	0	85
生产补贴	0	0	0	0	5

要求：根据上述资料编制该地区总体和各机构部门综合收入形成账户。

【第 2 题】

假设某国家各部门有关财产收入资料如下表（见表 5-3）：

表 5-3　某国家各部门有关财产收入资料

单位：亿元

	非金融公司部门	金融公司部门	政府部门	住户部门
利息收入	200	500	30	200
利息支出	350	400	150	50
红利等收入	360	1000	0	800
红利等支出	1150	130	0	130
其他财产收入	20	5	110	30
其他财产支出	100	10	5	20

要求：据此资料计算国外自该国得到的财产收入净额。

【第 3 题】

已知某地区政府部门有关收支资料如下：自企业征收生产税 300 亿元，征收所得税 500 亿元，征收能源交通重点建设基金和预算调节基金 100 亿元；自居民及其他部门征收生产税 100 亿元，其他各种收入税 50 亿元；政府社会保障机构收入社会保险缴款 250 亿元，支付各种社会福利 300 亿元；支付生产补贴

80亿元;政府部门支付劳动报酬、办公用品、基建支出共1000亿元。假设政府部门初始收入为50亿元。

要求:计算该地区政府部门的可支配收入并编制政府部门收入再分配账户。

【第4题】

已知某企业增加值180亿元,支付雇员报酬60亿元,支付生产税10亿元,政府生产补贴0.2亿元,上缴政府所得税30亿元,支付财产收入(包括红利、利息等)20亿元,支付医疗、食堂、学校等非物质生产部门5亿元,支援灾区捐款0.1亿元,国库券兑换收入10亿元,利息收入1.3亿元。

要求:计算该企业可支配收入,并编制有关收入分配账户。

四、练习题答案

(一)单项选择题

1. B;2. D;3. A;4. C;5. C;6. B;7. B;8. C;9. D;10. C;
11. B;12. B;13. C;14. D;15. D。

(二)多项选择题

1. ACD;2. BCE;3. ABE;4. ABD;5. BC;6. ACD;7. ABCDE;
8. ABCDE;

(三)判断题

1. √;2. √;3. √;4. ×;5. ×;6. √;7. √;8. √;9. ×;10. √。

(四)名词解释

1. 收入是人们在一星期当中所能消费的最高价值,并且预期他在周末的处境会和周初一样好。

2. 收入分配是指生产过程所创造的价值在参与生产活动过程的要素所有者、政府之间进行的直接分配以及要素收入在不同单位和部门之间的转移收支产生的间接分配。

3. 收入初次分配是指按照各生产要素所有者和政府对生产的参与状况和贡献，对生产成果所进行的直接分配。

4. 雇员报酬是指在核算期内，企业按雇员在生产活动中的贡献支付给他（她）的全部现金和实物报酬。

5. 生产和进口税是机构单位由于开展生产活动或进口而缴纳给政府单位的强制性的、无回报的现金或实物。

6. 营业盈余是企业增加值扣除雇员报酬和生产税净额（生产税减去生产补贴后的数额）后的差额，是对企业由于生产活动所获得盈余的一种测度。

7. 混合收入是住户所拥有的非法人企业增加值扣除雇员报酬和生产税净额后的差额，即此类企业所获得的包含企业所有者或同一家庭成员劳动报酬的业主收益。

8. 财产收入是金融资产和自然资源的所有者将其资产交由其他机构单位支配时所获得的收入。

9. 投资收入是金融资产所有者因向另一机构单位提供资金而应得的作为回报的收入。

10. 地租是指自然资源的所有者因将其自然资源交由另一机构单位支配供其在生产中使用而应得的收入。

11. 初始收入是指一个机构单位或部门应收初始收入之和减去应付初始收入之和的差额，体现了收入初次分配的结果。

12. 国民收入是指所有机构单位或部门初始收入之和，体现经济总体收入初次分配的结果。

13. 收入再分配是指在收入初次分配基础上通过转移支付与获得，使初始收入进一步在机构单位之间所进行的分配。

14. 转移是指一个机构单位向另一个机构单位提供货物、服务或资产，而同时又不从后者索取任何货物、服务或资产作为与之直接对应回报的一种交易。

15. 经常转移是指一个机构单位向另一个机构单位提供货物、服务或资产，但同时又不向后者索取任何货物、服务或资产作为与之直接对应回报，并且交易的一方或双方无须获得或处置资产的一种交易。

16. 资本转移是指支付转移方通过处置现金和存货以外的资产来实现资助,或是接受转移方不得不将资助用于形成现金以外资产,或是两者都满足的一种交易。

17. 实物社会转移是由政府和为住户服务的非营利机构免费或以没有显著经济意义的价格提供给住户的货物和服务,是提供者代表住户所进行的最终消费支出。

18. 可支配收入是指机构单位或部门在收入分配过程全部结束后,所形成的最终可供它们支配使用的收入。

19. 国民可支配收入是一个国家在一定时期内通过收入初次分配和再分配后所形成的,可供该国最终支配使用的收入。

20. 调整后可支配收入是机构单位或部门经过实物社会转移的收支调整后所形成的最终可支配收入。

(五)简答题

1. 答:生产和进口税在最顶级的分类层次上分为产品税和其他生产税。其中,产品税和其他生产税分别包括:

(1)产品税包括:(a)增值税(VAT);(b)VAT以外的进口税和进口关税;(c)出口税;(d)VAT、进口和出口税以外的产品税等4类税种。

(2)其他生产税主要包括:(a)工薪或劳力税;(b)土地、房屋或其他建筑物定期税;(c)营业和执业执照税;(d)固定资产使用或其他活动税;(e)印花税;(f)污染税;(g)跨国交易税等7类税种。

2. 答:收入初次分配阶段所发生的分配流量包括:

(1)雇员报酬;

(2)生产和进口税;

(3)生产补贴

(4)营业盈余

(5)混合收入

(6)财产收入

(7)初始收入/国民收入

3. 答:经常转移的种类包括:

(1)所得税、财产税等经常税;

(2)社会缴款和社会福利;

(3)其他经常转移。

4. 答:国内生产总值、国民总收入和国民可支配总收入诸总量之间的数量关系如下:

国民总收入＝国内生产总值＋来自国外的净要素收入

国民可支配收入＝国民总收入＋来自国外的经常性转移收入净额

5. 答:机构部门层面收入分配系列账户的平衡项及其意义分别为:

(1)收入形成账户的平衡项是营业盈余,反映各部门在扣除劳动报酬、生产税支付后的盈余数额;

(2)收入初次分配账户的平衡项是初始收入,反映各部门经过收入初次分配后所获得的生产性收入总量;

(3)收入再分配账户的平衡项是可支配收入,反映各部门经过收入再分配后所获取的最终收入总量;

(4)调整后可支配收入是实物收入再分配账户的平衡项,其性质与可支配收入相近,但对后者根据实物社会转移做了调整。

(六)论述题

1. 答:财产收入是金融资产和自然资源的所有者将其资产交由其他机构单位支配时所获得的收入,包括投资收入和地租两项内容。

(1)投资收入

投资收入是金融资产所有者因向另一机构单位提供资金而应得的作为回报的收入。在 SNA 中,投资收入包括利息、公司已分配收入、外国直接投资的再投资收益和其他投资收入等 4 项内容。

(a)利息。利息是某种类型金融资产——即存款、债券、贷款和其他应收款(有可能)的所有者,因将其金融资产交由另一机构单位支配而应得的财产收入。

(b)公司已分配收入。公司已分配收入中属于财产收入的包括红利和对准公司收入的提取。

(c)外国直接投资的再投资收益。

(d)其他投资收入。包括属于投保人的投资收入、养老金权益的应付投资收入和属于投资基金股东集体的投资收入等3项内容。

(2)地租

地租是指自然资源的所有者(出租人或地主)因将其自然资源交由另一机构单位(承租人或佃户)支配供其在生产中使用而应得的收入。地租包括土地地租、地下资源地租和其他自然资源地租三种类型,其中,前两者为地租的主要形式。

2. 答:经常转移是指一个机构单位向另一个机构单位提供货物、服务或资产,但同时又不向后者索取任何货物、服务或资产作为与之直接对应回报,并且交易的一方或双方无须获得或处置资产的一种交易。

资本转移是指支付转移方通过处置现金和存货以外的资产来实现资助,或是接受转移方不得不将资助用于形成现金以外资产,或是两者都满足的一种交易。

经常转移与资本转移的联系主要表现在,二者都是一种转移,都是转入方对转出方不做任何回报的单方面交易。

经常转移和资本转移的区别在于:

(1)经常转移与资产的获得和处置没有关系,而资本转移与资产的获得与处置相关联(实物转移的是资产的所有权而不是存货);

(2)经常转移会直接影响到可支配收入的水平,而资本转移与资本形成有关,它不构成收入再分配的内容;

(3)经常转移会影响到货物或服务的最终消费,而资本转移与最终消费水平无关;

(4)经常转移通常规模较小、经常并且定期发生,而资本转移一般规模大、频率低、发生无规律。

(七)计算题

1. 该地区2016年综合收入形成账户(见表5-4)。

表5-4 该地区2016年综合收入形成账户

单位:亿元

使用						来源					
经济总体	NPISHs	住户	一般政府	金融公司	非金融公司	交易和平衡项	非金融公司	金融公司	一般政府	住户	NPISHs	经济总体
						总增加值/GDP	1700	95	320	620	3	2738
						净增加值/NDP	1400	81	290	520	2	1632
922	2	25	230	45	620	雇员报酬						
205	0	80	5	15	105	生产税净额						
1611	1	515	85	35	975	营业盈余总额						
455	1	100	30	14	300	固定资本消耗						
1166	0	415	55	21	675	营业盈余净额						

2. 国外自该国得到的财产收入净额为 −450 亿元。

3. 该地区政府部门收入再分配账户见表5-5。

表5-5 该地区政府部门收入再分配账户

单位:亿元

使用		来源	
经常转移	300	初始收入	50
社会福利	300	经常转移	900
其他	0	所得税	650
		社会缴款	250
可支配收入	650	其他	0

4. (1) 该企业可支配收入为 56.4 亿元。

(2) 该企业收入分配系列账户如下(见表5-6～表5-8):

表5-6 该企业收入形成账户

单位:亿元

使用		来源	
雇员报酬	60.0	增加值	180.0
生产税净额	9.8		
营业盈余	110.2		

表 5-7　该企业收入初次分配账户

单位：亿元

使用		来源	
财产收入	20.0	营业盈余	110.2
		财产收入	1.3
初始收入	91.5		

表 5-8　该企业收入再分配账户

单位：亿元

使用		来源	
经常转移	35.1	初始收入	91.5
所得财产等经常税	30.0	经常转移	0.0
社会福利	5.0		
其他	0.1		
可支配收入	56.4		

第六章

收入使用核算

学习目的和要求

学习本章的目的是,了解收入使用核算的目的,掌握最终消费核算的原则,各经济主体最终消费支出核算和实际最终消费核算方法。了解收入使用账户的基本结构,学会根据相关核算数据编制收入使用账户。

一、本章内容提要

(一)收入使用核算概述

1. 收入使用核算的目的

收入使用核算的目的是,揭示住户、政府单位和为住户服务的非营利机构如何将它们的可支配收入用于最终消费和储蓄。

2. 最终消费的概念和种类

(1)最终消费的概念。最终消费是一种行为,是指人们使用货物和服务来满足物质和精神需要的生活消费活动。

参与最终消费的主体是具有最终消费功能的各机构单位或部门,包括政府、住户和为住户服务的非营利机构。最终消费的客体是各种货物和服务。

(2)最终消费的种类。根据考察最终消费是支出还是获得,可分为最终消费支出和实际最终消费。最终消费支出是指购买者为得到出售者提供给购买者或其指定的其他机构单位的货物和服务,由购买者向出售者支付或同意支付的价值量;实际最终消费是指最终消费者实际获得的,可供自己最终消费的货物和服务的价值。

依据最终消费主体的性质不同,最终消费有个人消费和公共消费之分。个人消费是指为满足居民个人需要,由居民个人直接实现的最终消费;公共消费是指由政府提供,全社会公享的最终消费。

3. 储蓄

储蓄作为可支配收入使用账户和调整后可支配收入使用账户的平衡项,是可支配收入(加已调整养老金权益变化)中没有用于货物和服务最终消费的部分。

(二)最终消费支出核算

1. 最终消费支出核算的原则

(1)最终承担支出原则。最终承担支出原则就是支出属于最终承担此项费用的单位,而不属于向出售者付款的单位。

(2)支出的记录时间原则。如果是消费性货物,记录支出的时间就以货物的所有权从出售者转移到所有者的时间为准;如果是消费性服务,就在生产者提供使消费者满意的服务完成时记录。

(3)最终消费支出的估价原则。当支出为实际发生时,支出额以发生支出时应收和应付的金额计算;当支出为虚拟最终消费支出时,则需视不同情况分别采用不同的估价方法。

2. 住户最终消费支出核算

(1)住户最终消费支出的含义及其界定。住户最终消费支出是由常住住户承担的消费性货物或服务的支出总额。

(2)某些特定情况下或某些特定类型货物或服务支出的核算。a. 当住户中有一个或一个以上成员拥有非法人企业时,必须确保只有直接满足住户成员需要或愿望的那部分支出才被记入住户的最终消费支出;b. 住户的最终消费支出包括住户的非法人企业作为产出所生产的,并被留作住户成员最终消费的货物或服务的虚拟价值;c. 住户通过易货交易获得用于最终消费的货物和服务,其价值虚拟为它们的市场价值,当它们的价值不同时则取其平均数;住户在特定类型货物或服务方面支出的核算。

(3)记录时间和估价。住户最终消费支出按购买者对出售者发生欠债时记录。住户最终消费支出以住户支付的购买者价格进行估价。

(4)住户最终消费支出分类。

3.一般政府最终消费支出核算

(1)在市场和非市场生产者产出上支出的核算。在非市场生产者产出上的支出按成本记录;在市场生产者产出上的支出按实际支付金额记录,并同时记录为政府的最终消费支出和住户部门的实际最终消费。

(2)在个人与公共货物和服务上支出的核算。个人与公共货物和服务各自的特点。

4.为住户服务的非营利机构最终消费支出核算

核算方法类似于一般政府最终消费支出核算。与一般政府最终消费支出核算的区别。

(三)实际最终消费核算

1.住户部门实际最终消费核算

住户部门实际最终消费是指各个住户通过支出和实物社会转移从政府或为住户服务的非营利机构所获得的消费性货物和服务。住户部门实际最终消费核算方法。

2.一般政府部门实际最终消费核算

政府实际最终消费是指政府通过最终消费支出所获得的公共服务的消费。核算政府实际最终消费的目的,一为政府干预经济和社会生活提供经济根据;二是将公共服务与由政府付款但最终转移到各个住户的个人货物和服务区分开,有利于政府通过收入再分配手段实现有关经济和社会目标。政府实际最终消费的计算方法。

3.经济总体最终消费核算

将具有最终消费功能的机构部门最终消费予以加总便可得到经济总体的最终消费,可以分别从支出和获得两个角度考察。

(四)收入使用账户

收入使用账户是继收入分配账户之后,揭示住户、政府和为住户服务的非营利机构如何将它们各自的可支配收入在最终消费和储蓄之间进行分配的账户。

1. 单个单位、部门或经济总体的可支配收入使用账户

可支配收入使用账户以可支配收入为起始项，记录各机构单位或部门或经济总体的可支配收入、最终消费支出和储蓄，是与收入再分配账户相衔接的账户。账户的基本结构。

2. 多单位、多部门可支配收入使用综合账户

3. 调整后可支配收入使用账户

调整后可支配收入使用账户是以调整后可支配收入为起点，记录调整后可支配收入如何在实际最终消费和储蓄之间分配的账户。该账户与实物收入再分配账户相衔接。账户的基本结构。

4. 两个收入使用账户的联系

可支配收入使用账户和调整后可支配收入使用账户二者之间既不是序列关系，更不是分级关系，它们是服务于不同分析目的和政策的两个平行账户。

(五)我国国民经济核算体系(2002)的收入分配和支出核算

1. 我国 SNA 有关财产收入的核算

(1)财产收入的定义和种类。财产收入是指金融资产或自然资源的所有者向其他机构单位提供资金，或将自然资源供它们支配使用，作为回报从中获得的收入，包括投资收入和地租。

(2)利息的核算。利息是指按照债权人和债务人双方达成的金融契约的条件，债务人在不减少偿还本金的给定时间，有义务支付给债权人的金额。包括：(a)存款/贷款利息；(b)股票以外的证券利息；(c)其他应收/应付账款利息。各种利息的核算方法。

(3)红利的核算。红利是股东因将资金交由公司支配而有权获得的一种财产收入，它是在公司利润分配时，分配给股票持有人的一部分利润。上市公司红利的核算；非上市公司红利的核算。

(4)土地租金的核算。土地租金是土地所有者按照他与土地承租人达成的租赁契约，向后者收取一定费用的一种财产收入。土地租金的核算方法。

(5)其他财产收入的核算。其他财产收入是指利息、红利和土地租金以外

的财产收入,包括属于投保人的财产收入和外国直接投资的再投资收益。

2. 我国 SNA 有关经常转移的核算

转移是一机构单位对另一机构单位提供货物、服务、资金或转让资产所有权而不获得任何对应物作为回报的一种单方面交易。我国 SNA 根据实际情况,将经常转移区分为:(1)收入税(含资本经常税和经常税杂项);(2)社会保险缴款;(3)社会保险福利(4)社会补助;(5)其他等五项内容。各项经常转移的核算方法。

3. 我国收入分配及支出账户

账户的基本结构和内容。

二、本章的重点和难点

学习本章应抓住以下几个重点问题:

1. 最终消费有关概念,包括最终消费、最终消费支出、实际最终消费、个人消费、公共消费等。

2. 最终消费支出核算原则、各部门最终消费核算方法;各部门实际最终消费核算方法。

3. 收入使用账户的基本结构和内容。

三、例题分析

例题 1(单项选择题)

收入使用核算的目的是揭示具有最终消费功能的经济主体如何将它们的( )。

A、收入用于最终消费　　　　B、可支配收入用于最终消费

C、收入用于最终消费和储蓄　D、可支配收入用于最终消费和储蓄

参考答案:D

说明:收入使用包括收入在最终消费方面的使用和储蓄方面的使用,所以备选答案 A 和 B 明显不对。另外,经济主体对收入的使用,只能对它有权支配的收入,即可支配收入进行使用,而备选答案 C 给出的"收入"是一个宽泛概念,

既可以是初始收入也可以是可支配收入,所以也不是正确答案。只有备选答案D才明确给出了收入使用的内容和范围。

例题2(多项选择题)

具有最终消费功能的机构单位有( )。

A、非金融公司　　　　B、金融公司　　　　C、一般政府

D、住户　　　　　　　E、为住户服务的非营利机构

参考答案:CDE

说明:由于非金融公司和金融公司主要是为市场提供货物和服务的生产单位,它们对收入的使用全部用作储蓄,而不是用来进行最终消费。而一般政府、住户和为住户服务的非营利机构对收入的使用,一部分用作最终消费,一部分用作储蓄。所以正确答案是CDE。

例题3(判断题)

住户最终消费支出是由常住住户承担的以货币形式支付的消费性货物和服务支出的总额。( )

参考答案×

说明:住户最终消费支出除了包括用货币购买的消费性货物和服务外,还包括易货贸易的虚拟支出、以实物收入形式收到的货物和服务的虚拟支出,以及同一住户自产自用的货物和服务的虚拟支出。上述这些虚拟支出是不需要用货币来支付的。所以此题的正确答案应当是×。

例题4(名词解释)

最终消费

参考答案:最终消费是一种行为,是指人们使用货物和服务来满足物质和精神需要的生活消费活动。

说明:此概念包含三个要点:一是最终消费的主体是人;二是最终消费的客体(对象)是货物和服务;三是最终消费的目的是满足物质和精神需要。学员在解释这一概念时应当注意包含上述三个要点。

例题5(简答题)

简述最终消费支出核算的原则。

参考答案:最终消费核算的原则包括:

(1)最终承担支出原则。

(2)最终消费支出的记录时间原则。

(3)最终消费支出的估价原则。

说明:此简答题包含了三项内容。其中,每项原则只列出标题即可。

例题6(论述题)

试述个人消费和公共消费各自的特点。

参考答案:第一,个人消费是指为满足居民个人需要,由居民个人直接实现的最终消费。个人消费具有以下特点:(1)必须有可能观察和记录到某个住户或其成员对这一货物或服务的获得及其发生这种获得的时间;(2)住户必须同意接受这一货物或服务的供给,并采取必要行动使这种供给成为可能,如去上学或去看病;(3)一个住户或一个个人或是有限的一个小群体对某项货物或服务的获得,就排除了其他住户或个人对该货物或服务的获得。(4)某一住户、个人或一个群体得到这种货物或服务,对社会其他成员没有任何好处或没有多少好处。

第二,公共消费是指由政府提供,全社会共享的最终消费。公共消费的全部是公共服务。其特点包括:(1)公共服务可以同时提供给社会每个成员或社会的某些特定部分;(2)公共服务的使用通常是被动的,而且不需要所有相关个人的明确同意或积极参与;(3)向某个人提供一种公共服务不减少社会其他成员或社会某一特定部分所得的服务量。因此,在公共服务获得方面不存在排他性或竞争。

说明:回答此论述题时,应当分别首先解释个人消费和公共消费的概念,然后,再在各自的概念后面分别回答其特点,由于个人消费的特点和公共消费的特点是对应的反向关系,所以只要记住了其中一种消费的特点,其对应的相反特点就是另一种消费的特点了。

例题7(计算题)

已知某地区住户部门2017年4月份有关支出统计资料如下:

(1)购买消费品支出100万元

(2)文化生活服务支出30万元

(3)购买住宅支出50万元

(4)支付房租8万元

(5)购买纯金银首饰15万元

要求：计算该地区住户部门2017年4月份的最终消费支出。

答案：该地区住户部门2017年4月份的最终消费支出为138万元。

说明：在该题5项支出中，(1)、(2)和(4)属于最终消费支出内容，所以三项支出之和为138万元。(3)购买住宅的支出SNA规定应当作为固定资产投资处理；(5)购买纯金银首饰SNA规定应当作为贵重物品获得处理。所以(4)和(5)不属于最终消费支出核算范畴。

四、练习题

(一)单项选择题

1. 收入使用核算的中心内容是( )。
   A、最终消费核算　　　　　　B、储蓄核算
   C、非金融投资核算　　　　　D、中间使用核算

2. 收入使用核算的目的是揭示具有最终消费功能的各经济主体( )。
   A、如何将它们的收入用于最终消费和储蓄
   B、如何将它们的初始收入用于最终消费和储蓄
   C、如何将它们的可支配收入用于最终消费和储蓄
   D、如何将它们的可支配收入用于最终消费和投资

3. 在所有机构部门中，具有最终消费功能的部门有( )。
   A、两个　　　B、三个　　　C、四个　　　D、五个

4. 最终消费支出的单位属于( )。
   A、最终承担此项费用的单位　B、向出售者付款的单位
   C、向使用者付款的单位　　　D、最终获得此项费用的单位

5. 储蓄的值( )。
   A、不能为0　　　　　　　　B、只能为0
   C、不能为负数　　　　　　　D、既可能为正数也可能为负数或零

6. 住户最终消费支出( )。
   A、包括虚拟支出　　　　　　B、不包括虚拟支出
   C、只包括部分虚拟指出　　　D、只包括消费品支出

7. 下列支出不应当作为最终消费支出核算的是（　　）。

A、消费品支出　　　　　　　B、个人消费服务支出

C、公共消费支出　　　　　　D、贵重物品上的支出

8. 当一个住户将家庭冰箱既用于个人消费又用于个体餐馆经营时，将冰箱的全部费用（　　）。

A、记为中间消耗　　　　　　B、记为最终消费支出

C、按最终消费和生产经营的各自比例分别记入相应的支出中

D、不做记录

9. 居住自有住房的住户在核算最终消费支出时（　　）。

A、不需要核算在住房方面的支出　　B、只核算在房屋维修方面的支出

C、要按虚拟价值核算住房方面的支出 D、要按房屋的折旧费用核算支出

10. 一般政府的大部分最终消费支出是花费在（　　）。

A、市场生产者产出上的支出　　B、非市场生产者产出上的支出

C、个人货物上的产出　　　　　D、公司货物上的支出

11. 政府为住户在市场货物服务上的支出要同时记录为（　　）。

A、政府和住户各自的最终消费支出

B、政府和住户各自的实际最终消费

C、政府的最终消费支出和住户的实际最终消费

D、政府的实际最终消费和住户的最终消费支出

12. 个人对货物或服务的获得（　　）。

A、只指单个人对货物或服务的获得

B、不包括住户对货物或服务的获得

C、不包括有限小群体对货物或服务的获得

D、包括有限小群体对货物或服务的获得

13. 对公共服务的使用通常是（　　）。

A、被动的　　　　　B、主动的

C、被动的但需要相关个人明确同意

D、主动的但不需要相关个人明确同意

14. 能够更准确地反映居民在核算期消费水平是（　　）。

A、最终消费支出　　　　　　B、实际最终消费

C、最终消费支出和储蓄　　　　　　D、实际最终消费和储蓄

15. 政府的实际最终消费就是政府通过最终消费支出所获得的(　　)。

A、货物消费　　　　　　　　　　B、服务消费

C、货物和服务消费　　　　　　　D、公共服务的消费

16. 可支配收入使用账户的平衡项是(　　)。

A、最终消费支出　　　　　　　　B、实际最终消费

C、储蓄　　　　　　　　　　　　D、净借出

(二)多项选择题

1. 可支配收入的直接用途包括(　　)。

A、中间消费　　　　B、最终消费　　　　C、储蓄

D、非金融投资　　　E、金融投资

2. 在所有机构部门中,具有最终消费功能的部门有(　　)。

A、非金融公司部门　　B、金融公司部门

C、住户部门　　　　　D、政府部门

E、为居民服务的非营利机构

3. 下列对住宅核算正确的处理方法包括(　　)。

A、将住户购买的住宅记录为资本形成

B、将住户购买的住宅记录为最终消费支出

C、将住宅所有者出租房屋的收入(房租)记录为财产收入

D、将住宅所有者出租房屋的收入(房租)记录为服务产出

E、对自有住房要将虚拟房租记录为最终消费支出

4. 住户为领取下列证件所做的支付中,应当作为税收处理的有(　　)。

A、执照　　　　B、汽车牌照　　　C、钓鱼许可证

D、护照　　　　E、毕业证

5. 要同时对政府为住户在市场货物服务上的支出所做的记录包括(　　)。

A、政府部门的最终消费支出　　　B、政府部门的实际最终消费

C、住户部门的最终消费支出　　　D、住户部门的实际最终消费

E、住户部门的最终消费支出和政府部门的实际最终消费

6. 在最终消费支出核算中,需要作"虚拟支出"处理的交易有(　　)。

A、易货贸易　　　　B、单位向雇员支付的实物报酬

C、单位将自己生产的货物用于自己的固定资本形成

D、单位将自己生产的货物或服务用于自己职工的消费

E、住户在自有住房上的支出

7. 下列经济主体中,具有实际最终消费功能的有(　　)。

A、非金融公司　　　　B、金融公司　　　　C、住户

D、政府　　　　　　　E、为住户服务的非营利机构

8. 可支配收入使用账户和调整后可支配收入使用账户的关系表现为二者是一种(　　)。

A、序列关系　　B、分级关系　　C、服务于不同分析目的的账户关系

D、平行关系　　E、因果关系

(三)判断题

1. 只有住户才具有最终消费功能。(　　)

2. 消费性货物或服务就是那些用于直接满足个人需要或社会成员的公共需要,无需在生产过程中进一步加工的货物或服务。(　　)

3. 最终消费支出是遵循最终承担支出的原则定义的。(　　)

4. 住户实际获得的货物和服务全部是由自身承担最终消费支出的。(　　)

5. 各经济主体的储蓄只能为正数。(　　)

6. 雇员得到的货物或服务等实物报酬,应当虚拟核算他们相应的最终消费支出。(　　)

7. 住户成员对自家耐用消费品的维修,应当将所发生的人工费和购买材料的费用全部计入最终消费支出。(　　)

8. 政府部门的最终消费支出,主要用于支付非市场生产者免费或以无显著经济意义的价格向住户或社会提供的产出。(　　)

9. 通常情况下,个人消费具有排他性。(　　)

10. 公共消费包括有限的小群体对货物或服务的消费。(　　)

11. 政府以集体性方式提供给整个社会消费的只是公共服务。(　　)

12. 住户部门的实际最终消费要大于其最终消费支出。(　　)

13. 政府实际最终消费就是政府通过最终消费支出所获得的公共服务的消

费。（　　）

14. 从经济总体层面考察，两个收入使用账户的平衡项，即储蓄的数额是相等的。（　　）

15. 如果要研究居民的实际生活水平和社会福利情况，应当使用可支配收入使用账户。（　　）

(四) 名词解释

1. 最终消费
2. 消费性货物或服务
3. 最终消费支出
4. 实际最终消费
5. 个人消费
6. 公共消费
7. 储蓄
8. 养老金权益变化调整

(五) 简答题

1. 简述最终消费的概念及其种类。
2. 简述 SNA 对住宅核算的三种处理方法。
3. 简述最终消费支出与实际最终消费的联系与区别。
4. 简要说明个人货物服务的特点。
5. 简要说明公共服务的特点。
6. 为住户服务非营利机构的最终消费支出与政府的最终消费支出有何不同？

(六) 论述题

1. 试述收入使用核算的目的和主要内容。
2. 试述如何核算住户在某些特定情况下或某些特定类型货物服务的支出。

(七)计算题

【第1题】

已知某地区政府部门有关资料如下：

(1)可支配收入总额 388 亿元

(2)用于个人消费支出 212 亿元

(3)用于公共消费支出 156 亿元

(4)可支配收入净额 358 亿元

要求：计算该政府部门的储蓄总额和储蓄净额。

【第2题】

已知某经济总体 2016 年各机构部门可支配总收入及固定资本消耗资料如下表所示：

表 6-1　某经济总体可支配总收入及固定资本消耗表

单位：亿元

部　门	非金融公司部门	金融公司部门	政府部门	住户部门	为住户服务的非营利机构	经济总体
可支配总收入	277.5	48.0	582.0	1809.0	64.5	2781.0
固定资本消耗	205.5	15.0	45.0	63.0	4.5	333.0

据统计，各机构部门用于最终消费支出的项目记录如下[第(1)项数额是除了第(2)—(7)项内容以外的支出额]：

(1)住户部门用于购买各类消费品和消费服务的货币支出为 1395 亿元；

(2)住户部门用于住房的租金为 8 亿元，自有住房的租金虚拟支出为 18 亿元；

(3)住户部门以贸易交易形式所获得的货物和服务为 6 亿元；

(4)雇主以实物形式向雇员支付雇员报酬为 10 亿元；

(5)农民自己对房屋进行一般性修理和装修所花去的材料费 2 亿元；

(6)农户自产自用的农副产品为 115 亿元；

(7)其他消费支出 3 亿元

(8)政府从市场上采购食品、衣服等物资分发给遭受自然灾害的居民，支出额为 105 亿元；

(9) 政府用于安全和防务方面的支出 100 亿元；

(10) 政府用于环境保护和公共卫生维护方面的支出 45 亿元；

(11) 政府为教育事业支出 125 亿元；

(12) 政府用于科学研究和开发应用方面的经费是 70 亿元；

(13) 政府用于社会保障和福利方面的实物支出为 75 亿元；

(14) 政府用于保健方面的支出额为 35 亿元；

(15) 政府其他公共服务支出 22 亿元；

(16) 为居民服务的非营利机构为其成员提供货物和服务支出 50 亿元。其中有 24 亿元是以实物形式支出的。

试根据以上资料编制该经济总体 2016 年的收入使用账户。

【第 3 题】

已知某地区 2016 年各机构部门及经济总体的可支配总收入和最终消费支出资料如表 6-2 所示：

表 6-2　某经济总体各部门可支配总收入及最终消费支出资料

单位：亿元

部门	非金融公司部门	金融公司部门	政府部门	住户部门	为住户服务的非营利机构	经济总体
可支配总收入	385.0	50.5	248.5	850.0	30.0	1564.0
最终消费支出	—	—	245.0	722.5	30.0	997.5

另，据统计该地区住户部门 2016 年养老金权益变化调整的金额为 5 亿元。

要求：分别计算该地区金融公司部门、住户部门和经济总体的储蓄率。

【第 4 题】

已知某地区 2016 年住户部门的最终消费支出为 1860 亿元。政府部门向住户部门提供的货物和服务的虚拟支出为 100 亿元。其中，由住户部门按无显著经济意义价格承担的支出为 5 亿元。

要求：计算该地区住户部门 2016 年的实际最终消费金额。

四、练习题答案

(一)单项选择题

1. A;2. C;3. B;4. A;5. D;6. A;7. D;8. C;9. C;10. B;
11. C;12. D;13. A;14. B;15. D;16. C。

(二)多项选择题

1. B C;2. C D E;3. A D E;4. B C;5. A D;6. A B D E;7. C D;
8. C D。

(三)判断题

1. ×;2. √;3. √;4. ×;5. ×;6. √;7. ×;8. √;9. √;10. ×;
11. √;12. √;13. √;14. √;12. ×。

(四)名词解释

1. 最终消费是一种行为,是指人们使用货物和服务来满足物质和精神需要的生活消费活动。

2. 消费性货物或服务是指经济主体用于直接满足个人需要(或需求)或社会成员的公共需要(勿需在 SNA 所定义的生产过程中进一步加工)的货物或服务。

3. 最终消费支出是指购买者为得到出售者提供给购买者或其指定的其他机构单位的货物和服务,由购买者向出售者支付或同意支付的价值量。

4. 实际最终消费是指最终消费者实际获得的,可供自己最终消费的货物和服务的价值。

5. 个人消费是指为满足居民个人需要,由居民个人直接实现的最终消费。

6. 公共消费是指由政府提供,全社会共享的最终消费。公共消费的只是公共消费性服务。

7. 储蓄是可支配收入(包括已调整养老金权益变化)中没有用于货物和服

务最终消费的部分。

8. 养老金权益变化调整是住户所缴的养老金与收到的养老金之差额。

(五)简答题

1. 答:最终消费是一种行为,是指人们使用货物和服务来满足物质和精神需要的生活消费活动。

最终消费按是支出还是获得分为最终消费支出和实际最终消费;按最终消费的主体不同,分为个人消费和公共消费。

2. 答:SNA 对住宅核算的三种处理方法分别是:

(1)住户在购买住宅上的支出属于固定资本形成,而不是最终消费支出;

(2)将房租同时分别记为住宅所有者的住房服务产出和承租人的最终消费支出;

(3)对于消费者的自用住宅,其住房服务的虚拟价值(房租)要同时分别记录为所有者的住房服务产出和最终消费支出。

3. 答:最终消费支出与实际最终消费的联系是二者都是最终消费,都是人们使用货物和服务来满足物质和精神需要的一种行为。

二者的区别主要是界定或考察的标准不同。最终消费支出是从最终承担支出的角度界定或考察最终消费的;实际最终消费是从实际获得的角度界定或考察最终消费的。

4. 答:个人货物服务的特点主要有:

(1)必须有可能观察和记录到某个住户或其成员对这一货物或服务的获得及其发生这种获得的时间;

(2)住户必须同意接受这一货物或服务的供给,并采取必要行动使这种供给成为可能,如去上学或去看病;

(3)一个住户或一个个人或是有限的一个小群体对某项货物或服务的获得,就排除了其他住户或个人对该货物或服务的获得。

(4)某一住户、个人或一个小群体得到这种货物或服务,对社会其他成员没有任何好处或没有多少好处。

5. 答:公共服务的特点主要有:

(1)公共服务可以同时提供给社会每个成员或社会的某些特定部分;

(2)公共服务的使用通常是被动的,而且不需要所有相关个人的明确同意或积极参与;

(3)向某个人提供一种公共服务不减少社会其他成员或社会某一特定部分所得的服务量,因此,在公共服务获得方面不存在排他性或竞争。

6.答:为住户服务非营利机构的最终消费支出与政府的最终消费支出的不同主要表现为以下两点:

(1)支出的主要资金来源不同;

(2)服务对象范围不同。

(六)论述题

1.答:收入使用核算就是关于可支配收入或调整后可支配收入在最终消费和储蓄方面使用的核算,其目的就是揭示具有最终消费功能的经济主体如何将它们的可支配收入或调整后可支配收入用于最终消费和储蓄。

收入使用核算的主要内容包括:

(1)住户最终消费支出和实际最终消费的核算。其中,在最终消费支出核算方面,重点要做好对某些特定情况下或某些特定类型货物或服务支出的核算,尤其是对住房方面支出的核算;此外,还要做好一些虚拟核算的问题。

(2)政府最终消费支出和实际最终消费的核算。其中,主要应当做好政府在非市场生产者产出上支出和市场生产者产出上支出的核算;在个人货物服务和公共服务支出上的核算。

(3)为住户服务的非营利机构最终消费支出的核算。

2.答:对于住户最终消费支出的核算,当遇到有些支出很难直接断定其是最终消费支出还是生产支出时,应当明确在这些特定情况下的支出和在这些特定类型货物和服务上的支出如何处理,并予以正确核算。主要包括:

(1)关于拥有非法人企业的住户某些支出的核算。当住户中有一个或一个以上成员拥有非法人企业时,必须确保只有直接满足住户成员需要或愿望的那部分支出才能被记入住户的最终消费支出。因经营需要而承担的所有支出均不列入住户的最终消费支出。当同一货物或服务,如电或其他燃料既可用于经营目的,又可用于最终消费时,就要将支出按其用于经营目的和个人使用目的的用量比例,分别记为企业的中间消耗和住户的最终消费支出。

(2) 关于自产自用货物和服务支出的核算。住户的最终消费支出包括住户的非法人企业作为产出所生产的,并被留作住户成员最终消费的货物或服务的虚拟价值。主要包括:(a)由农户(包括自给性农户)或其他将农业生产作为次要活动或闲暇活动的住户生产,并用于自己最终消费的粮食及其他农产品;(b)由住户拥有的非法人企业所生产的,并为其成员最终消费的其他种类的货物;(c)自有住宅者为自己最终消费而生产的住房服务(房租);(d)用于住户最终消费目的,由其付酬的雇员生产的家庭服务或其他服务。

(3) 关于易货交易虚拟支出的核算。住户通过易货交易获得用于最终消费的货物和服务,其价值虚拟为它们的市场价值。当它们的价值不同时则取其平均数。

(4) 关于一些特定类型的货物和服务支出的核算。(a)金融中介服务支出。首先,对于金融中介机构直接收取费用的服务支出,按通常办法记录;其次,对于住户承担的由金融中介机构提供的、不直接收取费用的服务支出,可以根据金融服务的不同类型采取相应的核算方法。其中,如果是保险和养老基金服务以外的金融中介服务,可以采用将服务价值在各部门之间分配的方法,在住户的可支配收入使用账户把虚拟的服务价值记为在金融中介机构服务上的支出;对于保险和养老金服务支出,住户部门可以直接按所支付的金额记录。(b)住宅服务、修理和翻新支出。首先,居住自有住宅的住户,按虚拟价值核算住房服务最终消费支出;其次。自有住宅者房屋装修、小修和维护,只将装修和修理活动所购买材料的费用作为最终消费支出。(c)对耐用最终消费品的修理和保养,不管其是由专业人员还是住户成员自己进行,这类支出都构成住户的最终消费支出。在后一种情况下,只将购买的材料价值列入住户的最终消费支出。(d)住户为领取除车辆、船只或飞机的牌照、狩猎或钓鱼许可证以外的其他种类的执照、许可证、证明、护照等而支付的款项作为购买服务记入住户最终消费支出中。

(七)计算题

【第1题】
该政府部门的储蓄总额为20亿元;储蓄净额为−10亿元。

【第 2 题】

表 6-3　部门可支配收入使用综合账户

单位：亿元

使用						交易和平衡项	来源					
经济总体	NPISHs	住户	一般政府	金融公司	非金融公司		非金融公司	金融公司	一般政府	住户	NPISHs	经济总体
						可支配收入总额	277.5	48	582	1809	64.5	2781
						可支配收入净额	72	33	537	1746	60	2448
2184	50	1557	577			最终消费支出						
1947	50	1557	340			个人消费支出						
237			237			公共消费支出						
597	14.5	252	5	48	277.5	总储蓄						
264	10	189	−40	33	72	净储蓄						

【第 3 题】

金融部门储蓄率为 100.00%；住户部门储蓄率为 14.91%；经济总体储蓄率为 36.11%。

【第 4 题】

该地区住户部门 2016 年的实际最终消费金额为 1955 亿元。

第七章

资本形成核算

学习目的和要求

学习本章的目的就是要了解有关资本形成的基本理论,掌握资本形成的内容、核算原则和方法。了解资本账户的基本结构。

一、本章内容提要

(一)资本形成核算的基本问题

1. 资产的概念和种类

国民经济核算体系中所核算的资产,是一种经济资产。经济资产是指由机构单位个别地或集体所有,并在一段时期内由于持有或使用它们而获得经济利益的资产。其特征是,必须作为一种价值贮藏手段行使职能,并由其所有者因为持有或使用它而获得的经济利益数额确定其价值。

(1)非金融资产。非金融资产是一种非金融性的经济资产,包括生产资产和非生产资产两种类型。其中,生产资产是指作为生产过程的产出而形成的非金融资产,包括固定资产、存货和贵重物品;非生产资产是指通过生产过程以外的方式形成的非金融资产,包括自然资源,合约、租约和许可,以及外购商誉和营销资产等三种类型。

(2)金融资产。金融资产是指那些具有金融债权、货币黄金、国际货币基金组织分配的特别提款权、公司股票或公司其他权益等形式的资产。

2. 核算资本形成的目的

核算资本形成的主要目的在于,记录常住机构单位在交易过程中所获得的或处置的非金融资产的价值,并显示由于储蓄和资本转移而发生的净值的变化。

3. 资本形成核算的内容和规则

资本形成核算主要包括如下内容:(1)资本形成总额核算,这是资本形成核算的主要部分;(2)固定资本消耗核算;(3)非生产非金融资产的核算;(4)资本转移核算。

核算资本形成总的原则是,该项交易的记录时间应该以交易者获得资产所有权的时间为准;同时按核算时的实际价格为估价依据。

(二)资本形成总额核算

1. 固定资本形成总额核算

固定资本形成总额是指机构单位核算期内通过经济交易在固定资产上发生的积累。

(1)固定资本形成总额核算的一般问题。(a)资产获得和处置的费用;(b)资产获得和处置的记录时间;(c)资产获得和处置的估价。

(2)各类固定资产交易的核算。(a)住宅。住宅是指完全或基本用作居住使用的房屋或房屋的指定部分,包括各种附属结构,如车库和在住所中习惯安装的所有永久性固定装置。此外,作为住户主要居住场所的居住船只、移动设施和大篷车、基本可视为住宅的公共纪念物等也包括在住宅的范围内。军人获得的住宅如同民用单位获得的住宅一样,也包括在住宅核算的范围内。(b)其他建筑和构筑物。其他建筑和构筑物由非住宅建筑、其他构筑物和土地改良所组成。上述各项目的核算方法。(c)机器和设备。机器和设备包括交通设备,用于信息、通讯和电信(ICT)的机器,以及其他机器和设备。(d)武器系统。武器系统包括诸如军舰、潜艇、军用飞机、坦克、导弹运载工具和发射架等交通设备和其他设备。(e)培育性生物资源。培育性生物资源包括那些处于机构单位的直接控制、负责和管理之下,能重复提供产品的动物资源和能重复产果的树木、庄稼和植物资源等。(f)非生产资产所有权转移费用。(g)知识产权产品。知识产权产品是研究、开发、调查或者创新的成果,这些行为会产生知识,开发者能够销售这些知识,或者在生产中使用这些知识来获利。

2. 存货变化的核算

存货包括材料和用品、在制品、制成品、军事存货和供转售的货物等5种类型。核算存货变化价值的公式。

3. 贵重物品的获得减处置核算

贵重物品包括：(1)任何机构单位所持有的不打算把它们用于生产过程中间投入的诸如钻石、非货币黄金、白金、白银等宝石和贵金属；(2)被承认为艺术品和古玩的绘画、雕塑等；(3)用宝石和贵金属制成的珠宝和收藏品等其他贵重物品。核算获得的贵重物品和处置的贵重物品公式。

(三)非生产非金融资产获得减处置的核算

1. 自然资源的核算

自然资源是指由自然界的活动而形成的资产，如具有经济价值的土地、水资源、非培育性森林和矿藏等。

SNA核算的自然资源必须是经济资产。

除了土地的所有权转移费用包含在土地改良中外，其余自然资源的所有权转移费用均作为固定资本形成的一部分。

(1)土地交易的核算。土地是指地面本身，包括覆盖的土层和相连的地表水，但不包括在土地上修建的房屋或其他的建筑物、任何园林及其生长中的作物、地下资产、非培育生物资源和地下水资源等。土地所有者通过持有或使用它们可以对其行使所有权，并获得经济利益。土地的一切所有者或者购买者都是常住机构单位。土地的获得或处置只记录属于土地本身的价值。与土地的所有权转移有关的费用都不包括在土地的价值里。土地购买者的所有权转移费用作为固定资本形成总额的支出记录；土地销售者负担的所有权转移费用减少了销售者负担的固定资本形成总额。

(2)矿物和能源储备的核算。矿物和能源储备是指位于地球表面以上或以下的，在给定的现有技术和相对价格下具有经济可开采性的矿物和能源储备。矿物和能源储备包含的内容。SNA核算的仅仅是指那些已经确立了所有权的矿物和能源储备。记录在资本账户里的矿物和能源储备交易，仅指通过交易将资产所有权由一个机构单位转让给另一个机构单位的那部分矿物和能源储备的获得或处置。以生产为目的对矿藏资源的采掘记入资产物量其他变化账户。

(3)非培育性生物资源的核算。非培育性生物资源是指那些所有者能够对其行使所有权,但其自然生长和繁殖不在机构单位的直接控制、负责和管理之下的,可能产生一次性产品也可能重复产生产品的动物、鸟类、鱼类和植物等。

(4)水资源核算。水资源是指其稀缺性已导致了行使所有权或使用权,进行市场估价和采取某些经济控制措施的地下蓄水和其他地表水。

(5)其他自然资源的核算。在 SNA 中,其他自然资源目前只包括无线电频谱。

2. 合约、租约和许可的核算

SNA 只将当某些合约、租约和许可满足以下两个条件时才可作为资产纳入核算范围:(a)合约、租约和许可规定了使用资产或提供服务的价格,并且该价格不同于缺乏合约、租约和许可时遵循的价格;(b)合约的一方必须能够合法地而且实际上实现了这个价格差异。凡是由于获得和处置合约、租约和许可而发生的所有权转移费用,都应当作为固定资本形成进行核算。

(1)可交易的经营租赁核算。可交易的经营租赁是一种与固定资产有关的第三方财产权。比如,一个房屋的租户往往通过与出租者签订一份租约,定期交纳固定数量的租金。

(2)自然资源使用许可核算。自然资源使用许可是与自然资源有关的第三方财产权。

(3)从事特定活动许可核算。一个从事特定活动许可的构成要素。

政府发放某种经营活动的许可,实际是为获取授权经营该项活动经营者创造了垄断利润,并且从这种垄断利润中索取一部分收费。

(4)货物与服务的未来排他性权利核算。货物与服务的未来排他性权利是指,已经签约在将来某一时点以固定价格购买货物或服务的一方,能够把协议第二方的义务转移给第三方。

3. 商誉和营销资产的核算

商誉是指一个企业潜在购买者准备支付给该企业超过可单独识别和估价的资产和负债净值的额外费用。商誉是一种不能与其他资产相分离的资产。估价商誉公式。

(四)资本转移核算

1. 资本转移的概念和种类

资本转移是指支付转移方通过处置现金和存货以外的资产来实现资助,或是接受转移方不得不将资助用于形成现金以外资产,或是两者都满足的一种交易,包括资本税、投资补助和其他资本转移等。

现金资本转移是指转出方通过处置一笔或几笔存货以外的资产所筹集的资金而产生的现金转移,或者期望或要求转入方获得一笔或几笔存货以外的资产而发生的现金转移。

实物资本转移是指存货和现金以外的资产所有权的转移,或债权人取消债务而没有接受任何对应物作为回报的转移。

资本转移和经常转移之间的主要区别:(1)两种转移的目的不同;(2)两种转移的资金数额存在差异;(3)两种转移的时间间隔存在不同;(4)两种转移涉及的双方所有权不同;(5)两种转移的结果不同。

当无法判断一笔现金转移是经常转移还是资本转移时,将这项转移列为经常转移。

2. 资本税的核算

资本税是指对机构单位所拥有的资产的价值或净值,或对机构单位之间作为遗产、生者之间的赠予或其他转移物所转移的资产价值,不定期或间隔相当长时间而征收的税,包括资本税和资本转移税。

3. 投资补助的核算

投资补助是政府向常住或非常住机构单位提供的,全部或部分用作获得固定资产的资金,包括现金补助和实物投资补助。

4. 其他资本转移的核算

其他资本转移是指除资本税和投资补助以外的所有资本转移。对债权人和债务人之间经共同协商对债务的取消,作为债权人对债务人的资本转移处理。对注销债务不作为资本转移,而是作为资产物量其他变化处理。

(五)资本账户

1. 单个单位、部门或经济总体资本账户的基本结构

资本账户是记录各机构单位或部门由经济交易而获得或处置的非金融资产价值以及与此有关的储蓄、资本转移活动的账户。它是积累系列账户中的第一个账户。账户的基本结构。

2. 资本账户平衡项的计算和含义

资本账户中的平衡项是净借出或净借入。该平衡项用剩余法求得。净借出(＋)或净借入(－)反映相应经济主体的资金余缺情况。

资本账户的平衡项和金融账户的平衡项数值相等。

3. 多单位、多部门资本综合账户

账户的基本结构。账户中各项指标的计算。

4. 我国的资本账户

《中国国民经济核算体系2002》资本账户的结构和内容。

二、本章的重点和难点

学习本章应抓住以下几个重点问题：

1. 掌握本章有关重要概念，主要有经济资产、非金融资产、生产资产、非生产资产、金融资产、净值、住宅、土地改良、知识产权产品、土地、商誉、资本转移、资本形成、资本账户等。

2. 掌握资本形成总额核算的内容和方法，包括固定资本形成总额核算；各类固定资产交易核算；存货变化核算和贵重物品获得减处置核算。

3. 掌握非生产非金融资产获得减处置的核算，包括自然资源核算；合约、租约和许可的核算；商誉和营销资产的核算。

4. 掌握资本转移核算，主要包括资本税核算；投资补助核算。

5. 了解资本账户的基本结构。

三、例题分析

例题1(单项选择题)

资本形成是(　　)。

A、由非金融资产交易所引起的非金融资产价值量的变化

B、由非金融资产交易所引起的金融资产价值量的变化

C、由金融交易引起的非金融资产价值量的变化

D、由金融交易引起的金融资产价值量的变化

参考答案:A

说明:根据 SNA 的定义,此题备选答案中的 A 是正确答案。B 属于广义金融交易范畴;C 显然不对,金融交易只能引起金融资产价值的变化,而不能引起非金融资产价值的变化;D 属于狭义金融交易范畴。

例题 2(多项选择题)

下列资产属于生产资产的有(　　)。

A、金银首饰　　　B、汽车库　　　C、原始森林

D、围海造田　　　E、商誉

参考答案:ABD

说明:根据生产资产和非生产资产的定义和各自所包括的内容,备选答案 A 属于贵重物品,B 属于固定资产,D 属于生产活动的产出结果,是对自然资产的改善。因此,A、B 和 D 都属于生产资产。备选答案 C 和 E 分属于非生产非金融资产次一级分类中的自然资源和商誉与营销资产。根据题意,正确答案应是 A、B 和 D,而 C 和 E 不是正确答案。

例题 3(判断题)

联合国等国际组织的 SNA 中所定义的资本形成总额就是国内平时所说的固定资产投资额。(　　)

参考答案:×

说明:SNA 定义的资本形成总额所包括的范围要比国内通常统计的固定资产投资额广泛得多,它不仅包括我们平时所说的固定资产投资额,还包括存货变化的价值和贵重物品获得减处置的价值。因此,答案应当判错。

例题 4(名词解释)

经济资产

参考答案:经济资产是指由机构单位个别地或集体所有,并在一段时期内由于持有或使用它们而获得经济利益的资产。

说明:该名词包含两个要点:一是作为一项经济资产必须有明确的所有者;二是所有者必须由于持有或使用该项资产而能获得经济利益。将上述两个要点连接起来即成为一个完整的经济资产概念。

例题 5(简答题)

简述非金融资产的两个层级分类内容。

参考答案:非金融资产两个层级分类分别包括以下内容:

(1)生产资产,包括固定资产、存货和贵重物品;

(2)非生产资产,包括自然资源,合约、租约和许可,以及外购商誉和营销资产。

说明:该题是一道简答题,只需将两种非金融资产的类型以及各自包括的内容(二级分类)答出即可。

例题6(论述题)

试述核算合约、租约和许可的原则和内容。

参考答案:合约是指当事者双方或多方在进行某项交易时,为确保各自的权利和义务而订立的共同遵守的条文。租约是指出租人和承租人为明确租赁权利和义务而签订的协议。许可是指由政府为某些从事特定活动者发放的一种允许他们从事该项活动的合法证明。

SNA只将某些满足以下两个条件的合约、租约和许可作为资产纳入核算范围:(1)合约、租约和许可规定了使用资产或提供服务的价格,并且该价格不同于缺乏合约、租约和许可时遵循的价格;(2)合约的一方必须能够合法地而且实际上实现了这个价格差异。

总体的核算原则为,凡是由于获得和处置合约、租约和许可而发生的所有权转移费用,都应当作为固定资本形成进行核算。

具体包括以下四种类型合约、租约和许可的核算:

首先,可交易的经营租赁核算。可交易的经营租赁是一种与固定资产有关的第三方财产权。比如,一个房屋的租户往往通过与出租者签订一份租约,定期交纳固定数量的租金。如果没有租约,这个租户有可能会被要求交纳更高的租金。在这种情况下,如果这个租户能够合法地且实际转租这间房屋,这样他就拥有了可交易的经营租赁这类资产。

其次,自然资源使用许可核算。自然资源使用许可是与自然资源有关的第三方财产权。比如,一个持有一个捕鱼配额的人,如果他能够合法且实际将这个配额转卖给其他人,那么,该人就拥有了自然资源使用许可这类资产。

第三,从事特定活动许可核算。一个从事特定活动许可由以下要素构成:(1)许可在数量上是有限的,所以允许持有者获取垄断利润;(2)垄断利润不是来自于使用属于许可发放方的资产;(3)许可的持有者能够合法且实际上对第三方出售许可。从事特定活动许可主要由政府发放。

最后,货物与服务的未来排他性权利核算。货物与服务的未来排他性权利是指,已经签约在将来某一时点以固定价格购买货物或服务的一方,能够把协议第二方的义务转移给第三方。比如,足球运动员的签约就属于这类资产。

例题 7(计算题)

某企业 2016 年有关资本形成统计资料如下:

(1)可支配总收入 801 万元;

(2)固定资本消耗 530.1 万元;

(3)缴纳资本税 44.6 万元;

(4)接受资本转移 81.9 万元;

(5)经与债务方协商,免去债务方 10 万元的债务;

(6)用于购买生产设备资金 814.5 万元;

(7)年初库存 32 万元;

(8)年末库存 17.6 万元。

要求:根据以上资料计算该企业当期资本形成总额,并编制资本账户。

①由于企业没有最终消费,可支配收入全部形成储蓄。

参考答案及解题说明:

(1)资本形成总额=固定资本形成总额+库存变化+贵重物品净获得

$$=814.5+(17.6-32)+0$$

$$=800.1(万元)$$

(2)资本账户

表 7-1　某企业 2016 年资本账户

单位:万元

资产变化		负债和净值变化	
资本形成总额	800.1	总储蓄	801
资本形成净额	270	固定资本消耗(一)	−530.1
固定资本形成总额	814.5	净储蓄	270.9
固定资本消耗(一)	−530.1	应收资本转移	81.9
库存变化	−14.4	应付资本转移	54.6
贵重物品获得减处置	0		
非生产和非金融资产获得减处置	0		
净贷出(+)/净借入(−)	28.2		

四、练习题

(一)单项选择题

1. 在下列四种引起资产价值量变化的活动中,资本形成是指( )。
   A、由非金融资产交易所引起的非金融资产价值量的变化
   B、由金融交易引起的金融资产价值量的变化
   C、资产物量其他变化引起的资产价值量的变化
   D、由价格变化导致的资产价值量的变化

2. 经济资产在行使其职能时必须作为一种( )。
   A、价值增值手段   B、价值贮藏手段
   C、价值保值手段   D、价值交换手段

3. 非金融资产按产生的情况分为( )。
   A、人工资产和自然资产   B、有形资产和无形资产
   C、生产资产和非生产资产   D、固定资产和流动资产

4. 金银首饰属于( )。
   A、非生产资产   B、生产资产
   C、金融资产   D、固定资产

5. SNA 将那些生产所需的,但其本身并不能被生产的资产称为( )。
   A、有形资产   B、无形资产
   C、生产资产   D、非生产资产

6. 资本形成核算的主要部分是( )。
   A、资本形成总额核算   B、固定资本消耗核算
   C、非生产非金融资产的核算 D、资本转移核算。

7. 军人获得的住宅( )。
   A、不包括在住宅核算范围内
   B、同民用住宅有区别地包括在住宅核算范围内
   C、同民用住宅一样包括在住宅核算范围内
   D、SNA 暂无定论

8. 各经济主体投资的主要资金来源是（   ）。

   A、可支配收入   B、储蓄

   C、集资   D、贷款

9. 某种知识成为资产的前提条件是该种知识（   ）。

   A、只为个别人所拥有   B、已申请了法律保护

   C、最新被获得   D、为其所有者创造了垄断利润

10. 货物出库时应当按

    A、当期的购买者价格估价   B、当期的生产者价格估价

    C、入库时购买者价格估价   D、生产时的基本价格估价

11. 纳入SNA核算范围的土地必须是（   ）。

    A、没有经过改良的土地   B、经过改良的土地

    C、具有经济价值的土地   D、具有使用价值的土地

12. 在核算水资源时，如果不能将地表水的价值和其所附属的土地分开，那么就要将两者作为一个整体归于（   ）。

    A、土地中   B、水资源中

    C、在总价值中所占比重大的那个类别中   D、另外的一个类别中

13. 可交易的经营租赁是一种与（   ）。

    A、存货有关的第三方财产权   B、固定资产有关的第三方财产权

    C、贵重物品有关的第三方财产权 D、金融资产有关的第三方财产权

14. 商誉与其他资产（   ）。

    A、可以相分离   B、必须相分离

    C、自动相分离   D、不能相分离

15. 资本转移（   ）。

    A、只能是现金转移   B、只能是实物转移

    C、既可以是现金转移，也可以是实物转移

    D、可以包括部分经常转移

16. 下列交易属于资本转移的是（   ）。

    A、甲单位将某设备出售给乙单位

    B、甲单位将一批毛毯捐赠给灾区

    C、甲单位将某设备无偿赠送给乙单位

D、甲单位向政府缴纳所得税

(二)多项选择题

1. 形成积累的主要来源有（　　）。

A、由非金融资产交易所引起的非金融资产价值量的变化

B、由金融交易引起的金融资产价值量的变化

C、资产物量其他变化引起的资产价值量的变化

D、由价格变化导致的资产价值量的变化

E、核算制度的变化

2. 下列各项中属于非生产资产的有（　　）。

A、人工培育的森林　　　　B、原始森林　　　　C、土地

D、计算机软件　　　　E、土地上面的建筑物

3. 生产资产划分为（　　）。

A、固定资产　　　　B、存货　　　　C、土地

D、贵重物品　　　　E、金融资产

4. 非生产资产包括（　　）。

A、自然资源　　　　B、金融资产　　　　C、合约、租约和许可

D、知识产权产品　　　　E、外购商誉和营销资产

5. 住宅包括（　　）。

A、完全或基本用作居住使用的房屋

B、作为住户主要居住场所的居住船只、移动设施和大篷车

C、基本可视为住宅的公共纪念物

D、军人获得的住宅　　　　E、清理建筑场地的费用

6. 知识产权产品包括（　　）。

A、研究和开发的成果　　　　B、矿藏勘探和评估

C、计算机软件和数据库　　　　D、娱乐、文学或艺术品原件

E、娱乐、文学或艺术品复制品

7. 下列属于贵重物品的有（　　）。

A、生产企业持有的打算用于生产过程中间投入的黄金

B、住户持有的不打算用于生产过程中间投入的钻石

C、已被承认为艺术品和古玩的绘画、雕塑

D、尚未被承认为艺术品和古玩的绘画、雕塑

E、用宝石和贵金属制成的珠宝和收藏品

8. 合约、租约和许可要纳入资产核算范围需满足的条件包括(　　)。

A、规定了使用资产或提供服务的价格

B、规定了不同于缺乏合约、租约和许可时遵循的,使用资产或提供服务的价格

C、合约的一方必须能够合法地实现这个价格差异

D、合约的一方必须已经实现了这个价格差异

E、合约的一方必须能够合法地而且实际上实现了这个价格差异

9. 资本转移包括(　　)。

A、资本税　　　　B、投资补助　　　　C、生产补贴

D、其他资本转移　　E、收入税

10. 在资本账户中资产的变化可以分为(　　)。

A、固定资本形成　　　　B、固定资本消耗　　　　C、存货变化

D、贵重物品的获得减处置　　E、非生产非金融资产获得减处置

(三) 判断题

1. SNA 所核算的资产是一种经济资产。(　　)

2. 单位或个人持有贵重物品的主要目的在于保值增值。(　　)

3. 非生产资产不仅有非金融资产,还有金融资产。(　　)

4. 资产所有权转移费用属于固定资本形成总额的一部分。(　　)

5. 资产所有权转移费用包括处置资产应付的一切税款。(　　)

6. 通常情况下,生产者尚未出售的新资产也作为资产记录。(　　)

7. 改良之前的土地仍属于非生产资产。(　　)

8. 土地改良属于其他建筑和构筑物核算范畴。(　　)

9. 凡是自然资源都应当作为非生产非金融资产核算。(　　)

10. 通常,土地只指地面本身,不包括与土层相连的地表水。(　　)

11. 纳入 SNA 核算范围的矿物和能源储备,只是那些位于地球表面以上或以下,在给定的现有技术和相对价格下具有经济可开采性的矿物和能源储备。

( )

12. 只有那些由于其稀缺性已导致了行使所有权或使用权的水资源才作为自然资源进行核算。( )

13. 凡是由于获得和处置合约、租约和许可而发生的所有权转移费用,都应当作为中间消耗进行核算。( )

14. 商誉一旦与其他资产分离,它将不会有任何价值。( )

15. 资本转移只能是实物资本转移。( )

16. 资本账户是积累账户的第一个账户。( )

(四)名词解释

1. 资本形成

2. 经济资产

3. 非金融资产

4. 生产资产

5. 非生产资产

6. 固定资产

7. 存货

8. 贵重物品

9. 住宅

10. 土地改良

11. 知识产权产品

12. 自然资源

13. 土地

14. 水资源

15. 合约

16. 租约

17. 许可

18. 商誉

19. 资本税

20. 资本账户

(五)简答题

1. 简述经济活动中可以引起经济主体所持有资产价值变化的主要渠道。
2. 简述经济资产的特征。
3. 资本核算包括哪些内容？
4. 简述固定资产所有权转移费用包括的内容。
5. 简述固定资产的种类。
6. 简述自然资源纳入 SNA 核算范围的条件。
7. 简述合约、租约和许可纳入 SNA 核算范围的条件。
8. 简述资本账户的基本结构。

(六)论述题

1. 试述固定资本形成总额核算的基本问题。
2. 试述自然资源核算的内容和方法。
3. 阐述资本转移和经常转移的联系与区别。
4. 试述资本账户与其他账户之间的联系。

(七)计算题

【第1题】

已知甲部门有关资产变化以及负债和净值变化资料如下：

固定资本形成总额 350 亿元；库存变化 20 亿元；固定资本消耗 100 亿元；总储蓄 780 亿元；应收资本转移 15 亿元；应付资本转移 17 亿元；贵重物品净获得和土地及其他非生产资产净购买均为 0；资本账户左右方合计为 678 亿元。

要求：计算该部门的(1)净储蓄；(2)资本形成总额；(3)净借出或净借入，并判断该部门是住户部门还是公司部门。

【第2题】

已知乙部门有关资产变化以及负债和净值变化资料如下：

资本形成总额 1200 亿元；库存变化 200 亿元；贵重物品净获得 5 亿元；非生产非金融资产净购买为 0；总储蓄 1120 亿元；净储蓄 890 亿元；应收资本转移 100 亿元；应付资本转移 80 亿元。

要求:计算该部门的(1)固定资本消耗;(2)固定资本形成总额;(3)资本账户左(右)方合计;(4)净借出或净借入,并判断该部门是公司部门还是住户部门;(5)编制该部门资本账户。

五、练习题答案

(一)单项选择题

1. A;2. B;3. C;4. B;5. D;6. A;7. C;8. B;9. D;10. A;
11. C;12. C;13. B;14. D;15. C;16. C。

(二)多项选择题

1. ABCD;2. BC;3. ABD;4. ACE;5. ABCDE;6. ABCD;
7. BCE;8. BE;9. ABD;10. ABCDE

(三)判断题

1. √;2. √;3. ×;4. √;5. √;6. ×;7. √;8. √;9. ×;10. ×;
11. √;12. √;13. ×;14. √;15. ×;16. √。

(四)名词解释

1. 资本形成是指由非金融资产交易所引起的非金融资产价值量的变化。

2. 经济资产是指由机构单位个别地或集体所有,并在一段时期内由于持有或使用它们而获得经济利益的资产。

3. 非金融资产是一种非金融性的经济资产,包括生产资产和非生产资产两种类型。

4. 生产资产是指在SNA生产范围内作为生产过程的产出而形成的非金融资产。包括固定资产、存货和贵重物品等三种类型。

5. 非生产资产是指通过生产过程以外的方式形成的非金融资产。非生产资产包括自然资源,合约、租约和许可,以及外购商誉和营销资产等三种类型。

6. 固定资产是指生产过程中被反复或连续使用一年以上的生产资产。

7. 存货是指由生产单位持有的本期或较早时期生产的货物和服务。

8. 贵重物品是指主要不用于生产或消费，而是在一段时间内作为价值贮藏手段持有的，具有相当大价值的生产性货物，包括贵金属和宝石、珠宝、艺术品等。

9. 住宅是指完全或基本用作居住使用的房屋或房屋的指定部分，包括各种附属结构。

10. 土地改良是指能够极大改良土地的数量、质量或生产率，或者防止土地退化的行为。

11. 知识产权产品是由研究、开发、调查或者创新产生的，开发者能够通过销售或使用它们来获利，并且通过法律或其他手段保护，使其使用是受到限制的成果。

12. 自然资源是指由自然界的活动而形成的资产，如具有经济价值的土地、水资源、非培育性森林和矿藏等。

13. 土地是指地面本身，包括覆盖的土层和相连的地表水，但不包括在土地上修建的房屋或其他的建筑物、任何园林及其生长中的作物、地下资产、非培育生物资源和地下水资源等。

14. 水资源是指其稀缺性已导致了行使所有权或使用权，进行市场估价和采取某些经济控制措施的地下蓄水和其他地表水。

15. 合约是指当事者双方或多方在进行某项交易时，为确保各自的权利和义务而订立的共同遵守的条文。

16. 租约是指出租人和承租人为明确租赁权利和义务而签订的协议。

17. 许可是指由政府为某些从事特定活动者发放的一种允许他们从事该项活动的合法证明。

18. 商誉是指一个企业潜在购买者准备支付给该企业超过可单独识别和估价的资产和负债净值的额外费用。

19. 资本税是指对机构单位所拥有的资产的价值或净值，或对机构单位之间作为遗产、生者之间的赠予或其他转移物所转移的资产价值，不定期或间隔相当长时间而征收的税。

20. 资本账户是记录各机构单位或部门由经济交易而获得或处置的非金融资产价值以及与此有关的储蓄、资本转移活动的账户。

(五)简答题

1. 答:经济活动中可以引起经济主体所持有资产价值变化的主要渠道有:
(1)由非金融资产交易所引起的非金融资产价值量的变化;
(2)由金融交易引起的金融资产价值量的变化;
(3)资产物量其他变化引起的资产价值量的变化;
(4)由价格变化导致的资产价值量的变化。

2. 答:经济资产的特征包括:
(1)资产必须有明确的所有者(所有权);
(2)能够给所有者由于持有或使用它们带来经济利益;
(3)必须作为一种价值贮藏手段行使职能,并由其所有者因为持有或使用它而获得的经济利益数额确定其价值。

3. 答:资本核算的内容包括:
(1)资本形成总额核算;
(2)固定资本消耗核算;
(3)非生产非金融资产的核算;
(4)资本转移核算。

4. 答:固定资产所有权转移费用包括以下几个部分内容:
(1)获得或处置资产的单位所发生的一切业务费用或佣金;
(2)由购买方承担的一切交易和运输费用;
(3)资产获得单位应缴纳的所有与资产所有权转移相关的税收;
(4)处置资产应付的一切税款;
(5)未包括在资产获得或处置价格里的所有交付、安装或卸载费用;
(6)资产寿命期末产生的一切终期费用。

5. 答:固定资产包括:
(1)住宅;
(2)其他建筑和构筑物;
(3)机器和设备;
(4)武器系统;
(5)培育性生物资源;

(7)非生产资产所有权转移费用;

(8)知识产权产品。

6. 答:自然资源要纳入 SNA 核算范围,需要满足以下的条件:

(1)所有权已经确立并已得到有效实施;

(2)在核算期给定的技术、科学知识和经济基础设施条件下,能够为其所有者带来经济利益。

7. 答:合约、租约和许可要纳入 SNA 核算范围的条件是:

(1)合约、租约和许可规定了使用资产或提供服务的价格,并且该价格不同于缺乏合约、租约和许可时遵循的价格;

(2)合约的一方必须能够合法地而且实际上实现了这个价格差异。

8. 答:资本账户的基本结构是:

(1)资本账户左方记录经济交易中各种非金融资产的当期变动量,具体包括固定资产形成、库存变化、贵重物品净获得,土地及其他非生产资产净购买等项目;

(2)账户右方记录有关资本筹集的各项目,包括储蓄和资本转移;

(3)双方相减形成净借出(+)或净借入(-),作为平衡项记录在账户左方。

(六)论述题

1. 答:固定资本形成总额是指机构单位核算期内通过经济交易在固定资产上发生的积累。它以生产者在核算期内获得的固定资产减去处置的固定资产,再加上机构单位由生产活动实现的非生产资产价值的某些增加部分的总值来计算。其核算的基本问题包括以下内容:

(1)资产获得和处置的费用问题。一项资产的获得或处置通常要发生一些费用。通常情况下,这些费用并未包括在所发生的获得或处置的固定资产价格中。SNA 认为,所有与资产获得与处置有关的费用都可以视为所有权转移费用。而所有权转移费用应当作为固定资本形成总额的一部分。

(2)资产获得和处置的记录时间问题。记录固定资产获得或处置的一般原则是,当固定资产的所有权转移到打算将其用于生产的机构单位时进行记录。按照上述原则,生产者尚未出售的新资产不能作为资产记录,而应当作为其持有的制成品存货增加进行记录;同样,进口产品只有在被打算使用它的单位获得之时,才记录为固定资本形成总额。

(3)资产获得和处置的估价。固定资产获得减处置的价值由以下几个部分构成:(a)购买的固定资产价值;(b)通过易货贸易获得的固定资产价值;(c)作为实物资本转移而接受的固定资产价值;(d)生产者留作自用的固定资产价值;减去(e)出售的现有固定资产价值;(f)在易货贸易中交付的现有固定资产价值;(g)作为实物资本转移交付的现有固定资产价值。

2. 答:自然资源是指由自然界的活动而形成的资产,如具有经济价值的土地、水资源、非培育性森林和矿藏等。

不是所有的环境资源都符合经济资产的条件。只有那些所有权已经确立并已得到有效实施,同时,在核算期给定的技术、科学知识和经济基础设施条件下,能够为其所有者带来经济利益的自然性资产,才能作为经济资产被包括在SNA核算范围内。

自然资源核算的内容和方法包括:

(1)土地交易的核算。土地是指地面本身,包括覆盖的土层和相连的地表水,但不包括在土地上修建的房屋或其他的建筑物、任何园林及其生长中的作物、地下资产、非培育生物资源和地下水资源等。一切凭借土地的获得或处置而进行的交易都是发生在常住机构单位之间。

土地的获得或处置只记录属于土地本身的价值。与土地的所有权转移有关的费用,都不包括在土地的价值里。土地购买者的所有权转移费用作为固定资本形成总额的支出记录;土地销售者负担的所有权转移费用减少了销售者负担的固定资本形成总额。因此,土地的获得或处置都记录相同的价值。同时,由于假定交易的双方都是常住单位,从经济总体看,全部土地购买的总价值必须等于全部销售的总价值,土地获得减处置的价值为零。

(2)矿物和能源储备的核算。矿物和能源储备是指位于地球表面以上或以下的,在给定的现有技术和相对价格下具有经济可开采性的矿物和能源储备。

SNA核算的仅仅是指那些已经确立了所有权的矿物和能源储备。记录在资本账户里的矿物和能源储备交易,仅指通过交易将资产所有权由一个机构单位转让给另一个机构单位的那部分矿物和能源储备的获得或处置。以生产为目的对矿藏资源的采掘会减少矿物和能源储备的已探明储量,由此造成的价值下降不属于资本交易,因此,它不记录在资本账户中,而是记入资产物量其他变化账户。

(3)非培育性生物资源的核算。非培育性生物资源是指那些所有者能够对其行使所有权,但其自然生长和繁殖不在机构单位的直接控制、负责和管理之下的,可能产生一次性产品也可能重复产生产品的动物、鸟类、鱼类和植物等。比如,在一国经济领土内的原始森林和渔场等。

(4)水资源核算。水资源是指其稀缺性已导致了行使所有权或使用权,进行市场估价和采取某些经济控制措施的地下蓄水和其他地表水。在核算水资源时,如果不能将地表水的价值和其所附属的土地分开,那么就要将两者作为一个整体归类于在总价值中所占比重较大的那个类别中。

(5)其他自然资源的核算。在 SNA 中,其他自然资源目前只包括无线电频谱。SAN 认为,借助于市场测量仪器执行环境政策的快速推进,其他自然资源中许多部分可能会逐步被视为经济资产,届时将会对这些已经转化为经济资产的其他自然资源进行核算。

3. 答:资本转移是指支付转移方通过处置现金和存货以外的资产来实现资助,或是接受转移方不得不将资助用于形成现金以外资产,或是两者都满足的一种交易。

经常转移是指一个机构单位向另一个机构单位提供货物、服务或资产,但同时又不向后者索取任何货物、服务或资产作为与之直接对应回报,并且交易的一方或双方无须获得或处置资产的一种交易。

资本转移和经常转移的联系主要表现在,二者都是一种转移,即均为转出方不要求转入方做出任何回报的单方面交易。

二者的区别区别主要表现在以下几个方面:

(1)经常转移与资产的获得和处置没有关系,而资本转移与资产的获得与处置相关联(实物转移的是资产的所有权而不是存货);

(2)经常转移会直接影响到可支配收入的水平,而资本转移与资本形成有关,它不构成收入再分配的内容;

(3)经常转移会影响到货物或服务的最终消费,而资本转移与最终消费水平无关;

(4)经常转移通常规模较小、经常并且定期发生,而资本转移一般规模大、频率低、发生无规律。

4. 答:资本账户与以下其他账户之间的联系表现在:

(1)资本账户与资产负债账户之间是变化量与存量的关系。资本账户所记录的非金融资产的原有存量,储蓄与资本转移改变了净值的期初存量。

(2)资本账户与生产账户之间是产品使用去向与产品来源的关系。忽略进出口因素,资本账户记录的非金融投资的实物内容反映了当期最终产品用于积累投资的部分。

(3)资本账户右方的储蓄将其与可支配收入使用账户连在一起,体现了收入与进一步使用的关系。

(4)金融账户解释了资本账户中非金融投资中的资金,反映了净借出的去向和净借入的来源。

(七)计算题

1. 甲部门

(1)净储蓄 680 亿元

(2)资本形成总额 370 亿元

(3)净借出(+)408 亿元,据此判断该部门为住户部门。

2. 乙部门

(1)固定资本消耗＝总储蓄－净储蓄
$$=1120-890=230(亿元)$$

(2)固定资本形成总额＝资本形成总额－库存变化－贵重物品净获得
$$=1200-200-5$$
$$=995(亿元)$$

(3)账户右方合计＝净储蓄＋应收资本转移－应付资本转移
$$=890+100-80$$
$$=910(亿元)$$

(4)净借出(+)/净借入(−)＝右方合计－(资本形成总额－固定资本消耗)
$$=910-(1200-230)=-60(亿元)$$

据此判断,该部门为公司部门。

(5)

表7-2 乙部门资本账户

单位:亿元

资产变化		负债和净值变化	
资本形成总额	1200	总储蓄	1120
固定资本形成总额	995	固定资本消耗(－)	230
库存变化	200	净储蓄	890
贵重物品净获得	5	应收资本转移	100
固定资本消耗(－)	230	应付资本转移	80
非生产非金融资产获得减处置	0		
净借出(＋)/净借入(－)	－60		

第八章

金融交易核算

学习目的和要求

学习本章的目的是了解金融资产的有关概念、核算的规则和金融交易的分类标准。掌握各项金融交易项目的核算内容和方法。

一、本章内容提要

(一)金融交易核算的基本问题

1. 金融资产的概念和种类

(1)金融资产和负债的概念。金融资产是由所有金融债权、公司股票或公司其他权益,以及被货币当局持有用作储备资产的黄金所组成的资产。负债是指一单位(债务人)承担的在特定条件下对另一单位(债权人)进行支付或系列支付的义务。SNA 不承认非金融负债,因此凡是 SNA 中所提到的负债必然是指金融负债。所有金融债权和负债都是无条件的。

(2)金融资产和负债的种类。由于金融债权与负债具有对称性,因此 SNA 将金融资产和负债都做了同样的分类。SNA 在对金融资产和负债进行分类时采用了"工具"一词,该词特指资产负债表中各个资产或负债的项目。

SNA2008 较 SNA1993 在金融资产和负债的分类方面做了很大变动与调整。表 8-1 列出来 SNA 两个版本分别对金融资产和负债的分类。

表 8-1　SNA1993 和 SNA2008 关于金融资产和负债的分类

SNA1993	SNA2008
(1)货币黄金和特别提款权	(1)货币黄金和特别提款权
(2)通货和存款	(2)通货和存款
(3)股票以外证券	(3)债务性证券
(4)贷款	(4)贷款
(5)股票和其他权益	(5)股票和投资基金份额
(6)保险专门准备金	(6)保险、养老金和标准化担保计划
(7)其他应收/应付款	(7)金融衍生工具和雇员股票期权
	(8)其他应收/应付账款

2. 金融交易及其核算规则

(1)金融交易的概念。金融交易有广义的金融交易和狭义的金融交易。广义的金融交易是指机构单位之间和机构单位与国外之间所有引起金融资产发生的交易活动,包括交易双方都是金融性的交易和一方是金融性而另一方是非金融性的交易。狭义的金融交易是单指交易双方均为金融性的交易。SNA 所阐述的金融交易指的是狭义金融交易。

(2)金融交易核算规则。记录和核算金融交易必须遵循如下规则:(a)估价规则:金融资产交易估价的总原则是,应当按照获得或转让金融资产时的价值记录。具体可以分为四种情况处理。(b)记录时间。金融交易的记录时间,总的原则是按要求交易双方在同一时点记录交易。(c)记录的基础。金融交易的记录基础是取净额和合并。

3. 金融交易的分类标准

金融交易的分类亦即金融资产的分类。分类的两个标准分别为,(1)金融资产可流动性标准,包括可流通性、可转让性、适销性和可兑换性等;(2)描述债权人与债务人基本关系形式的法律特征。

(二)金融交易项目的核算

1. 货币黄金和特别提款权的核算

(1)货币黄金交易的核算。货币黄金是由货币当局(或受货币当局有效控制的其他机构)所拥有的,并作为储备资产而持有的黄金。所有货币黄金都是储备资产,或由国际金融组织持有。作为储备资产的金块是唯一没有对应负债的金融资产。货币黄金交易是货币当局之间对黄金的买卖。货币黄金的购买记录在国内货币当局金融账户的增加方,对应项目记录在国外的资产减少方。货币黄金的出售应做相反的记录。核算货币黄金交易应注意解决好的两个问题。

(2)特别提款权的核算。特别提款权(SDR)是由国际货币基金组织(IMF)创立并分配给其成员以补充现有储备资产的国际储备资产。特别提款权交易就是 SRD 的分配和取消的过程。这些交易按总额分别记入货币当局和国外的金融账户。SRD 是有对应负债的资产。负债的承担者是 IMF 参加国的全体,而不是 IMF 本身。

2. 通货和存款交易的核算

(1)通货的核算。通货是那些由中央银行或中央政府发行或授权的,具有固定面值的纸币和硬币。只有实际流通的作为支付手段的货币才是通货。所有机构部门都持有作为资产的通货,但只有中央银行和政府才可以发行通货。通货作为发行者的负债和持有者的资产分别记入各自的金融账户。负债的数额为纸币和硬币的全部面值。

(2)可转让存款核算。可转让存款包括:(a)没有违约金或限制,按面值即期兑现的存款;(b)以支票、汇票、直接转账单、直接借/贷或其他直接支付方式等直接支付的存款。可转让存款是金融公司的负债和持有者的资产。

(3)其他存款的核算。其他存款包括除可转让存款以外的,由存款证明所代表的所有债权。其他存款通常是持有者的资产和中央银行与政府的负债。

3. 债务性证券的核算

(1)债务性证券的分类。(a)根据债务性证券内容和性质不同的分类;(b)根据债务性证券到期日长短不同的分类;(c)根据债务性证券是否上市的分类。

(2)各种债务性证券的核算。各种债务性证券是持有者的资产,获得这种证券或处置这种证券记录在金融账户的资产变化方;同时,债务性证券是发行、开具部门的负债。当它们发行、开具或还本付息时,在金融账户负债及净值变化方登记。

4. 贷款的核算

贷款包括:(1)债权人直接将资金借给债务人时产生的金融资产;(2)以不

可流通票据作为凭证的金融资产。

贷款作为贷出机构单位的资产记录在金融账户的资产变化方。同时，接受贷款的单位作为负债在金融账户的负债和净值变化方做同一笔登记。

5. 股权和投资基金份额的核算

（1）股权核算。股权代表机构单位中持有者的资金。它包括证明对清偿了债权人全部债权后的公司或准法人公司的剩余价值有索取权的所有票据和记录。股权是发行机构单位的负债。股权可以进一步细分为上市股票、非上市股票和其他股权三种类型。其中，上市股票、非上市股票都是权益性证券。其他股权包括在准法人机构（如分支机构、信托公司等）、非法人基金、房地产所有权的名义单位和其他自然资源上的权益。SNA 主要记录的三种不同类型的股权交易。

（2）投资基金份额或基金单位核算。投资基金是将投资者的资金集中起来投资于金融或非金融资产的集体投资。投资基金包括共同基金和单位信托基金。投资基金采用公司结构时发行基金份额；采用信托结构时发行基金单位。SNA 进一步将投资基金份额或基金区分为货币市场投资基金份额或基金单位和其他投资基金份额或基金单位两种类型。各种类型基金的含义。

6. 保险、养老金和标准化担保计划的核算

（1）非寿险专门准备金核算。非寿险专门准备金包括预付的用于非寿险未决索赔的保费和准备金净额。记入金融账户非寿险专门准备金交易的内容则为对其应计的调整。

（2）寿险和年金权益核算。寿险和年金权益反映的是投保人对提供寿险或年金的单位所拥有的金融债权。记入金融账户寿险和年金权益交易的内容为应收保费净额与应付索赔之间的差额。

（3）养老金权益核算。养老金权益反映的是现有和未来领取养老金的雇员对其雇主或雇主指定的养老基金所拥有的金融债权。核算时，将应缴款净额与应付保险金之间的差额记入金融账户。

（4）养老金经理人的养老基金债权。养老金经理人是指那些在与第三方签订合约情况下，一直对养老金计划的条款有决定权，并负责基金的亏损，保留基金盈余的雇主。在养老金经理人指导下进行工作的单位称为养老金代管人。如果雇主将基金的风险与亏损责任，以及享有基金盈余的权利全部交给第三

方,则第三方既是养老金经理人又是养老金代管人;当养老金经理人与养老金代管人不是同一单位时,亏损责任与盈余权利都属于养老金经理人。

(5)标准化担保代偿准备金核算。标准化担保代偿准备金包括预付的用于标准化担保未付代偿的费用和准备金净额。此项交易的记录内容包括预收费用和未结算的代偿。

7. 金融衍生工具和雇员股票期权核算

(1)金融衍生工具核算。金融衍生工具是与某种特定金融工具,或特定指标,或特定商品挂钩的金融工具。通过金融衍生工具,特定的金融风险本身就可以在金融市场上交易。金融衍生工具的价值取决于标的项目的价格,即参考价格。只有金融衍生工具能够从其挂钩的标的项目中独立出来进行单独估价,才能将其视为金融资产。相反,则就不应该将其视为金融资产。金融衍生工具交易通常有独立于标的项目和与标的项目相联系两种。前者一般在商品期货等场内交易合约到期之前,就以净现金支付的方式进行结算。后者则以资产的现行价格记录,现行价格与实际支付价格之差(乘以资产数量)即为金融衍生工具交易的数额。

(2)雇员股票期权(ESO)核算。雇员股票期权是雇主与雇员之间在某日(授权日)签订的一种,在未来约定时间(含权日)或紧接着的一段时间(行权期)内,雇员能以约定价格(执行价格)购买约定数量的雇主股票的协议。雇员股票期权交易按股票期权的价值记入金融账户。该核算项目的对应方则为雇员报酬。

8. 其他应收/应付账款的核算

(1)商业信用和预付款核算。商业信用和预付款包括:(a)直接提供给公司、政府、为住户服务的非营利机构、住户和国外的货物和服务的商业信用;(b)对在建工程或拟建工程的预付款。在核算商业信用和预付款时,应当将其进一步区分为短期商业信用和预付款与长期商业信用和预付款。

(2)其他(应收/应付账款)核算。其他包括除上述类别以外,与税、红利、证券买卖、租金、工资和薪金、社会缴款等有关的应收和应付款。提供信用、预付款和持有应收账款的机构单位将相关金额记录在金融账户的资产方;享受信用、预收款和持有应付账款的机构单位则在负债和净值变化方记录这些有关金额。

(三)金融账户

1. 金融账户的含义和基本表式

金融账户是记录所有发生在机构单位之间以及机构单位与国外之间由金融交易引起的金融资产和负债变动的账户。它是处理积累的第二个账户,也是记录机构单位之间交易的最后一个账户。

金融账户没有可以结转到另一个账户的平衡项。该账户的净差额与资本账户的平衡项数值相等,但要放在与资本账户平衡项相反的一方。

金融账户的基本结构。金融账户中各项目之间的平衡关系。

2. 多单位、多部门金融综合账户

3. 我国的金融账户

(1)我国金融资产的分类。(a)通货;(b)存款;(c)贷款;(d)证券(不含股票);(e)股票及其他股权;(f)保险准备金;(g)其他金融资产;(h)国外直接投资;(i)其他对外债权债务;(j)储备资产。

(2)我国金融账户的基本结构。

(四)资金流量表

资金流量表作为资金流量核算的有效手段,是专门用于核算和分析资金流动状况的数表。

1. 资金流量核算的基本问题

(1)资金流量核算的产生与发展。资金流量核算的产生与发展是与商品经济及金融市场的发展密切相关的。20世纪30年代的那场经济大危机使人们越来越认识到,经济中的问题单靠财政政策是无法彻底解决的,于是开始转向对货币政策的研究,进而产生了对资金流量核算的要求。资金流量核算在20世纪40年代取得了突破性的进展。理论研究的需要从实践中产生,反过来又指导实践。美国联邦储备委员会最早(1948年)开展资金流量核算工作。接着日本、英国、加拿大等市场经济国家也开始实行。目前,绝大多数国家都开展了资金流量核算工作。1968年联合国在对SNA进行修订时,通过设置资本筹集账户把资金流量核算纳入其中。SNA1993又对资金流量核算做了进一步充实和完善,把它置于更重要的位置。SNA2008对其做了一定的修订。

(2)资金流量核算的范围。目前,世界组织和各国资金流量核算的范围大致有以下三种:(a)只包括金融交易的资金流量核算;(b)除包括金融交易,还包括总储蓄和实物投资的资金流量核算;(c)以国内生产总值为初始流量,包括收入分配与金融交易的资金流量核算。

(3)资金流量核算的内容。资金流量核算范围决定了其核算的内容。我国的资金流量核算是以收入分配和社会资金运动为对象的核算。生产活动形成的结果是资金流量核算的起点,经过对生产成果的初次分配形成初次分配收入,然后通过对初次分配收入的再分配形成可支配收入。可支配收入扣除最终消费后形成储蓄。各部门储蓄和资本转移净收入之和与非金融投资之间会有一定的差额。这个差额需要经过金融交易来调剂。资金流量核算完整地反映了上述资金运动的全过程。

(4)资金流量核算原则。资金流量核算的原则包括机构部门分类原则、交易项目分类原则、整体性原则、系统性原则、平衡原则和市场原则等。此外,它还应该遵循自身的一些特殊原则,如"权责发生制"和"收付实现制"相结合原则和资金流量的计价原则等。

(5)资金流量核算的作用。

2. 联合国 SNA1993 详细的资金流量表

联合国 SNA1993 认为,金融账户尽管对弄清净借入部门为其资金短缺融资所用的金融资产和净借出部门为配置其富余资金所用的资产提供了非常有价值的信息,但是它却不能回答谁为谁提供了资金,或谁向谁借入了资金的问题。为了全面认识金融流量及其在经济中的作用,就有必要了解更详细的部门之间的金融联系,以及这种联系据以发生的金融资产。为实现上述目的,联合国 SNA1993 按资金流量核算范围的第三种类型设计了两张详细的资金流量表。

研究和阅读资金流量表,需要明确以下三个问题:

(1)有关为何将资金流量表设计成两张表的问题。

(2)关于机构部门划分问题。资金流量表作为 SNA 的有机组成部分,在机构部门的划分上完全遵循中心框架的分类原则,但更为突出金融公司的子部门在金融交易中所起的特殊作用。

(3)关于资金流量表的作用。(a)各项数据能够用来分析和描述当前的经济活动及其发展趋势;(b)能够为编制经济计划做辅助预测,或用来评估当前经济政策或其变化对未来经济发展的影响;(c)还可以用于有关课题研究;(d)通过将资本账户与资金流量表结合起来,追踪储蓄经过各种金融机构和各种资产形式流入最终借入者的渠道,为研究储蓄——投资过程提供了方便。

3. 联合国 SNA2008 详细的资金流量表

联合国 SNA2008 将详细的资金流量表从原先的核算中心框架移至"第 27 章 与货币统计和资金流量的联系"中。如此处理资金流量表,一方面使金融账户中的内容更为简练,另一方面也使与金融账户有关的货币统计、金融统计和资金流量核算等合成一体,共同与金融账户建立起密切的联系。

4. 我国资金流量表

(1)资金流量表—实物交易部分。我国历年的《中国统计年鉴》在第三部分"国民经济核算"中都包括资金流量表的实物交易部分和金融交易部分。各种交易项目的内容。各种项目之间的平衡关系。各机构部门之间的平衡关系。

(2)资金流量表—金融交易部分。表的基本结构。各交易项目的内容及平衡关系。各机构部门之间的的平衡关系。

二、本章重点和难点

学习本章要抓住以下重点问题:

1. 掌握金融资产的概念和分类,了解金融交易核算规则和分类标准。
2. 掌握各种金融交易项目的核算方法和金融账户的基本结构。
3. 了解资金流量表的产生与发展,以及核算范围,掌握联合国资金流量表的基本表式和内容。

三、例题分析

例题 1(单项选择题)

在所有的金融资产中,没有对应负债的是(　　)。

A、货币黄金和特别提款权　　　B、货币黄金

C、特别提款权　　　　　　　　D、股票和投资基金份额

参考答案:B

说明:SNA1993在阐述金融资产时,指明在当时所划分的七种类型金融资产中,除货币黄金和特别提款权没有对应负债外,其余六种类型的金融资产都有对应的负债。SNA2008在对金融资产类型做了重新划分基础上,又明确指出在所有的金融资产中,只有货币黄金没有对应负债,而将特别提款权认定为有对应的负债。由此,此题的正确答案自然就是B了。

例题 2(多项选择题)

SNA中有关金融资产可流动性标准具体包括(　　)。

A、可流通性　　　B、可贮藏性　　　C、可转让性

D、适销性　　　　E、可兑换性

参考答案:ACDE

说明:划分金融资产类型的可流动性标准,主要是针对不同类型金融资产在流通领域的特点制定的。此题备选答案中的B显然不属于这一范畴,而其余的四个特点则反映的是金融资产流动性的特征。

例题 3(判断题)

获得或转让金融资产的价格,不仅包含金融资产本身的价格,还包括手续费、佣金等。(　　)

参考答案:×

说明:根据SNA有关金融交易估价规则之规定,获得或转让金融资产的价格只是金融资产本身的价格,不包括手续费、佣金、对交易当中所提供服务的付款和金融交易税等。有关在金融交易中所发生的手续费、佣金和对交易当中所提供服务的付款,对于公司和政府则作为中间消耗处理,对于住户则作为最终消费支出处理;有关税收则作为生产税处理。因此,该题的正确答案应当是×。

例题 4(名词解释)

金融衍生工具

参考答案:金融衍生工具是与某种特定金融工具,或特定指标,或特定商品挂钩的金融工具。通过金融衍生工具,特定的金融风险本身就可以在金融市场上交易。

说明:此名词包含两个要点:第一个要点是首先指出金融衍生工具是什么,第二个要点指出这种金融工具的特性,即通过金融衍生工具,特定的金融风险

本身就可以在金融市场上交易。如果根据惯例只答出一个概念是什么,对于此名词就不大好理解。因此,应当将第二个要点也包括在名词解释中。

例题 5(简答题)

简述负债的概念和种类。

参考答案:负债是指一单位(债务人)承担的在特定条件下对另一单位(债权人)进行支付或系列支付的义务。

负债有根据合约无条件付款的负债和推定负债两种类型。其中,最常见的负债是根据合约无条件付款的负债。

说明:根据国民核算原理,SNA 不承认非金融负债,因此凡是 SNA 中所提到的负债都是指金融负债。由此,负债的定义也是根据这一原则界定的。负债的种类只回答两种具体类型即可,不需要对每种类型做具体解释。

例题 6(论述题)

试述金融交易的概念及核算规则。

参考答案:金融交易有广义的金融交易和狭义的金融交易。广义的金融交易是指机构单位之间和机构单位与国外之间所有引起金融资产发生的交易活动,包括交易双方都是金融性的交易和一方是金融性而另一方是非金融性的交易。狭义的金融交易是单指交易双方均为金融性的交易。SNA 所阐述的金融交易指的是狭义金融交易。

金融交易核算规则包括估价规则、记录时间规则和记录基础规则。具体如下:

1. 估价规则:

金融资产交易估价的总原则是,应当按照获得或转让金融资产时的价值记录。具体可以分为以下四种情况处理:(1)获得或转让金融资产的价格只是资产本身的价格,不包括手续费、佣金、对交易当中所提供服务的付款和金融交易税等;(2)当金融交易涉及新发生的负债时,债权人和债务人均应当按照新发生的负债额来记录交易,不包括任何手续费、佣金、服务费和税金等;(3)当证券折价发行时,记入金融账户的是发行者出售证券的收入,而不是票面的价值。发行价格与票面价值之间的差额作为该证券有效期内发行的利息处理;(4)当证券由发行人通过证券承包商或其他中介机构以高出证券票面价值的价格出售给最终投资者时,应当按照最终投资者支付的价值记录。投资者支付的数额与发行人收取的数额之间的差额作为发行人对证券承销商的服务付款处理。

2. 记录时间规则：

记录金融交易时间的总原则是，按要求交易双方在同一时点记录交易。具体说：(1)如果金融账户某笔登录的对应登录是非金融性的，记录金融债权的时间要与本体系其他账户记录引起该金融债权的交易时间保持一致；(2)当与交易有关的所有登录只属于金融账户时，它们应当在资产所有权发生转移时记录，在负债的发生或偿还时记录。

3. 记录的基础规则：

金融交易的记录基础是取净额和合并。所谓取净额是指将同一交易项目和同一机构单位账户两方的登录相互抵消的过程。SNA 的金融交易是按照资产的净获得和负债的净发生记录。金融账户中的合并是指把某一组机构单位的资产交易与同一组机构单位的负债交易相互抵消的过程。合并能够在经济总体、机构部门和子部门的层次上进行。不同层次的合并将适合于不同类型的分析。

说明：此论述题包含的内容较多。在回答此题时，学生可以根据教科书的内容予以取舍。例如，其中有关取净额的内容就比较多，可以将有关取净额几个不同程度的内容删掉。

例题 7(计算题)

假设有以下资料：某地区非金融公司部门当期发行股票 600 亿元，发行债券 500 亿元，从银行获得贷款 450 亿元，在银行存款 200 亿元；住户部门当期在股市上购买股票 80 亿元，购买各种债券 60 亿元，从银行获得贷款 35 亿元，在银行存款 1000 亿元。非金融公司部门、金融公司部门和住户部门的其他类型金融资产为 0。

要求根据以上资料计算：

(1)非金融公司部门的负债总额；

(2)住户部门的金融资产总额；

(3)金融公司部门的金融资产净获得。

参考答案：

(1)非金融公司部门的负债总额＝600＋500＋450＝1550(亿元)

(2)住户部门的金融资产总额＝80＋60＋1000＝11409(亿元)

(3) 金融公司部门的金融资产净获得 ＝ 金融资产 － 负债
＝ 450 ＋ 35 － 200 － 1000
＝ －715（亿元）

四、练习题

(一) 单项选择题

1. SNA 所指的负债（　　）。

   A、都是金融负债　　　　B、都是非金融负债

   C、大部分是金融负债，也有少部分非金融负债

   D、大部分是非金融负债，也有少部分金融负债

2. 下列金融资产中没有对应负债的是（　　）。

   A、货币黄金和特别提款权　　B、货币黄金

   C、通货　　　　　　　　　　D、存款

3. 在记录金融交易时，获得或转让金融资产的价格（　　）。

   A、只是金融资产本身的价格　B、包括资产价格和手续费

   C、包括资产价格和各种佣金　D、包括资产价格和各种佣金和税金

4. 记录金融交易的基础是（　　）。

   A、取净值　　　　　　　　B、合并

   C、取净值和合并　　　　　D、汇总

5. 货币黄金的金块含金量至少为（　　）。

   A、98.0％　　　　　　　　B、98.5％

   C、99.0％　　　　　　　　D、99.5％

6. SRD 负债的承担者是（　　）。

   A、IMF　　　　　　　　　B、IMF 部分参加国

   C、IMF 参加国全体　　　　D、IMF 参加国和非参加国

7. 生产纸币和硬币的成本应当记录为（　　）。

   A、政府的支出　　　　　　B、非金融公司的支出

   C、金融公司的支出　　　　D、为住户服务的非营利机构支出

8. 资产支持证券和抵押债务凭证也称为( )。

A、货币化 B、证券化
C、资本化 D、金融化

9. 股权和投资基金份额的显著特征是持有者对发行单位的( )。

A、生产经营有决策权 B、资产有索取权
C、资产有剩余索取权 D、负债有偿债权

10. 保险、养老金和标准化担保计划是金融机构进行( )。

A、收入初次分配的形式 B、收入再分配的形式
C、财富调节的形式 D、财富调节或收入再分配的形式

11. 养老金权益是雇主与雇员之间所签订的( )。

A、雇员报酬协议的一部分 B、社会缴款的一部分
C、社会福利的一部分 D、有偿服务的一部分

12. 金融衍生工具的价值取决于( )。

A、金融衍生工具本身的价格 B、特定风险的价格
C、标的项目的价格 D、全部金融衍生工具平均价格

13. 雇员股票期权交易核算的对应方是雇员的( )。

A、雇员报酬 B、金融资产
C、财产收入 D、社会福利

14. 金融账户是积累的( )。

A、第一个账户 B、第二个账户
C、第三个账户 D、第四个账户

15. 金融账户的左方记录金融资产( )。

A、获得的总额 B、处置的总额
C、获得减处置后的总额 D、获得减处置后的净额

16. 在金融账户中,各机构内部金融资产净获得等于( )。

A、负债净发生 B、负债净发生＋净借出
C、负债净发生＋净借入 D、负债净发生＋净借出/净借入

17. 在国际上,研究资金流量核算的先驱是( )。

A、柯普兰 B、米切尔
C、列昂惕夫 D、库兹涅茨

18. 联合国等国际组织 SNA2008 的资金流量表是一张（　　）。

A、只包括金融交易的流量表

B、除包括金融交易，还包括总储蓄和实物投资的流量表

C、以国内生产总值为初始流量，包括收入分配与金融交易的流量表

D、以货物与服务为初始流量，包括 GDP、收入分配与金融交易的流量表

(二)多项选择题

1. 下列项目中，组成金融资产的有（　　）。

A、金融债权　　B、公司股票　　C、公司其他权益

D、货币当局持有货币黄金　　E、住户持有的黄金

2. SNA 所定义的负债通常有（　　）。

A、根据合约有条件的付款　　B、根据合约无条件的付款

C、推定负债　　D、非金融负债

E、非金融非生产负债

3. 在所有金融资产中，没有对其他特定机构单位的确定债权的资产包括（　　）。

A、货币当局持有的货币黄金　　B、通货和存款

C、股票　　D、其他公司权益

E、融资参股

4. 下列属于金融交易项目的有（　　）。

A、某人向保险公司预付了一笔保险费

B、某户居民购买了 2.5 万元的国债

C、某企业向银行贷款 200 万元

D、财政部门向民政部门拨救济款 3000 万元

E、金融机构的业务支出

5. 可转让存款包括（　　）。

A、定期存款

B、没有违约金或限制，按面值即期兑现的存款

C、由储蓄和贷款协会、房屋互助协会、信用合作社和类似机构发行的股票或类似的存款单

D、以支票、汇票、直接转账单、直接借/贷或其他直接支付方式等直接支付的存款

E、与期权或远期合同有关的保证金付款

6. 债务性证券按内容和性质不同可以分为(　　)。

　　A、票据　　　　　　　　　　B、债券和债权证

　　C、资产支持证券和抵押债务凭证　　D、银行承兑汇票；

　　E、拆分证券和与指数挂钩的证券

7. 在所有公司的股权中,属于权益性证券的有(　　)。

　　A、在准法人机构的权益　　　B、在非法人基金的权益

　　C、在其他自然资源上的权益　　D、上市股票

　　E、非上市股票

8. 保险、养老金和标准化担保计划适用的准备金包括(　　)。

　　A、非寿险专门准备金　　　　B、寿险和年金权益

　　C、养老金权益　　　　　　　D、养老金经理人的养老基金债权

　　E、标准化担保代偿准备金

9. 使用金融衍生工具的目的是为了(　　)。

　　A、风险管理　　B、套期保值　　C、转让资产

　　D、在市场间套利　　E、投机

10. 在金融账户中(　　)。

　　A、左方记录由交易获得的金融资产总额

　　B、左方记录由交易获得的金融资产净额

　　C、右方记录由交易获得的金融负债总额

　　D、右方记录由交易获得的金融负债净额

　　E、资金净借入或净借出是金融资产净额与金融负债净额之差

11. 目前,世界组织和各国资金流量核算的范围大致有(　　)。

　　A、只包括金融交易

　　B、除金融交易,还包括总储蓄和实物投资交易

　　C、以 GDP 为初始流量,包括收入分配与金融交易

　　D、以 GDP 为初始流量,包括 GDP、收入分配、金融交易和资产负债

　　E、以货物与服务为初始流量,包括 GDP、收入分配与金融交易

12. 我国资金流量核算实物交易部分的内容包括（　　）。

A、收入形成环节资金流量的核算

B、收入初次分配环节资金流量的核算

C、收入再分配环节的资金流量核算

D、可支配收入使用核算

E、资本筹集与非金融投资核算

(三)判断题

1. 经济活动中,大部分金融资产都是金融债权。（　　）
2. 负债通常有根据合约无条件付款的负债和推定负债两种类型。（　　）
3. 不是所有金融债权和负债都是无条件的。（　　）
4. 金融账户中的合并只能在经济总体层次上进行。（　　）
5. 只有作为金融资产和外汇储备组成部分而持有的黄金才是货币黄金。（　　）
6. 无论是黄金的货币化或非货币化都不在金融账户上登录。（　　）
7. 只有实际流通的作为支付手段的货币才是通货。（　　）
8. 当一笔贷款一经转让,则该笔贷款就成为债务性证券。（　　）
9. 股权和投资基金份额的显著特征为,持有者对发行单位的资产有索取权。（　　）
10. 保险、养老金和标准化担保计划是政府机构进行财富调节或收入再分配的形式。（　　）
11. 养老金权益是雇主与雇员之间所签订的雇员报酬协议的一部分。（　　）
12. 通过金融衍生工具,所有的金融风险都可以在金融市场上交易。（　　）
13. 金融账户是记录机构单位之间交易的最后一个账户。（　　）
14. 金融账户与其他账户一样,也有一个可以结转到另一个账户的平衡项。（　　）
15. 在金融账户中,从各种金融资产类型自身的平衡关系看,资产净获得等于负债净发生。（　　）
16. 美国柯普兰教授的专著《美国货币流量研究》的出版,标志着资金流量核算作为一门独立的学科的产生。（　　）

(四)名词解释

1. 金融资产
2. 负债
3. 金融债权
4. 或有资产
5. 货币黄金
6. 特别提款权
7. 通货
8. 债务性证券
9. 票据
10. 债券和债权证
11. 投资基金
12. 货币市场基金
13. 养老金权益
14. 金融衍生工具
15. 雇员股票期权
16. 资金流量表

(五)简答题

1. 简述 SNA2008 金融资产的种类。
2. 简述金融交易的分类标准。
3. 可转让存款包括哪些种类?
4. 简述其他存款的种类。
5. 简要回答债务性证券所包括的内容。
6. 简述保险、养老金和标准化担保计划适用的准备金类型。
7. 简要说明资金流量核算的范围。
8. 简述资金流量核算的作用。

(六) 论述题

1. 试述如何做好金融交易的鉴别工作。
2. 试述如何做好货币黄金交易核算。
3. 试述通货核算的内容和方法。
4. 试述保险、养老金和标准化担保计划的性质和核算方法。
5. 阐述关于金融衍生工具和雇员股票期权(ESO)的核算。
6. 阐述金融账户的基本结构、内容及其平衡关系。

(七) 计算题

【第1题】

某国核算期发生的各项金融交易金额如下（单位：亿美元）

货币黄金	200
通货和存款	68000
债务性证券	1300
其中：在国外发行	250
贷款	73000
其中：国外净贷款	800
股票和投资基金份额	9500
保险、养老金和标准化担保计划	5980
金融衍生工具和雇员股票期权	1000
其他应收账款	450
其他应付账款	300

要求：根据以上资料计算该国本期的国内金融资产和金融负债。

【第2题】

某地区报告期住户部门可支配收入4800亿元，当期用于最终消费支出2950亿元，资本形成总额1000亿元，银行存款660亿元，购买股票和债券300亿元，向社会保险机构缴款80亿元。

计算：(1)住户部门报告期的净金融投资额；
(2)住户部门报告期的金融负债额。

【第3题】

某地区非金融公司部门核算期的金融交易资料如下：

(1)核算期初,各项金融资产和负债分别为(见表8-2)：

表8-2　某地区非金融公司部门核算期初金融资料

单位：亿元

资　　产		负债和净值	
通货和存款	2500	债务性证券	630
债务性证券	90	贷款	7100
股权和投资基金份额	120	股权和投资基金份额	500
保险、养老金和标准化担保计划	10	金融衍生工具和雇员股票期权	5
金融衍生工具和雇员股票期权	3	其他应付款	39
其他应收款	12		

(2)核算期内各项金融交易分别为：银行存款减少200亿元；购买债务性证券10亿元；新增股权和投资基金份额30亿元；新增其他应收款3亿元。新发行公司债20亿元；用现金偿还到期的公司债30亿元；从银行新增贷款400亿元；上市公司发行股票300亿元；偿还其他应付款9亿元。

要求：计算该地区非金融公司部门核算期的资金余缺额，并编制金融账户。

【第4题】

某地非金融公司部门核算期发行股票5000亿元，债券1300亿元，其中住户部门购买股票560亿元，债券650亿元；非金融公司部门在银行存款970亿元，住户部门在银行存款8500亿元；住户部门购买国库券1500亿元；银行购买国库券3000亿元，贷款给企业6000亿元。

计算：(1)非金融公司部门的金融资产总额和负债总额；

(2)住户部门的金融资产总额；

(3)金融公司部门的金融资产总额和负债总额；

(4)指出哪些部门是资金净借入部门，哪些部门是资金净借出部门。

五、练习题答案

(一)单项选择题

1. A；2. B；3. A；4. C；5. D；6. C；7. A；8. B；9. C；10. D；

11. A;12. C;13. A;14. B;15. D;16. D;17. A;18. A。

(二)多项选择题

1. ABCD;2. BC;3. ACDE;4. ABC;5. BD;6. ABCDE;
7. DE;8. ABCDE;9. ABDE;10. BDE;11. ABC;12. ABCDE。

(三)判断题

1. √;2. √;3. ×;4. ×;5. √;6. √;7. √;8. √;9. ×;10. ×;11. √;
12. ×;13. √;14. ×;15. √;16. √。

(四)名词解释

1. 金融资产是由所有金融债权、公司股票或公司其他权益,以及被货币当局持有用作储备资产的黄金所组成的资产。

2. 负债是指一单位(债务人)承担的在特定条件下对另一单位(债权人)进行支付或系列支付的义务。

3. 金融债权是指债权人应得的由债务人根据债务条款进行的支付或系列支付。

4. 或有资产是指机构单位之间的契约性金融协议。

5. 货币黄金是由货币当局(或受货币当局有效控制的其他机构)所拥有的,并作为储备资产而持有的黄金。

6. 特别提款权是由国际货币基金组织(IMF)创立并分配给其成员以补充现有储备资产的国际储备资产。

7. 通货是那些由中央银行或中央政府发行或授权的,具有固定面值的纸币和硬币。

8. 债务性证券是作为债务证明的可转让工具。

9. 票据是赋予持有者在约定日期收取预先声明的固定金额的无条件权利的证券。

10. 债券和债权证是赋予持有者收取固定付款或合约规定的可变付款的无条件权利的证券。

11. 投资基金是将投资者的资金集中起来投资于金融或非金融资产的集体

投资。

12. 货币市场基金是指仅投资或主要投资于国库券、存款证明和商业票据等短期货币市场证券的投资基金。

13. 养老金权益反映的是现有和未来领取养老金的雇员对其雇主或雇主指定的养老基金所拥有的金融债权。

14. 金融衍生工具是与某种特定金融工具，或特定指标，或特定商品挂钩的金融工具。通过金融衍生工具，特定的金融风险本身就可以在金融市场上交易。

15. 雇员股票期权是雇主与雇员之间在某日（授权日）签订的一种，在未来约定时间（含权日）或紧接着的一段时间（行权期）内，雇员能以约定价格（执行价格）购买约定数量的雇主股票的协议。

16. 资金流量表作为资金流量核算的有效手段，是专门用于核算和分析资金流动状况的数表。

(五)简答题

1. 答：SNA2008 金融资产的种类包括：
(1)货币黄金和特别提款权；
(2)通货和存款；
(3)债务性证券；
(4)贷款；
(5)股票和投资基金份额；
(6)保险、养老金和标准化担保计划；
(7)金融衍生工具和雇员股票期权；
(8)其他应收/应付账款。

2. 答：金融交易的分类标准有：
(1)金融资产可流动性标准，包括可流通性、可转让性、适销性和可兑换性等；
(2)描述债权人与债务人基本关系形式的法律特征。

3. 答：可转让存款包括：
(1)没有违约金或限制，按面值即期兑现的存款；

(2)以支票、汇票、直接转账单、直接借/贷或其他直接支付方式等直接支付的存款。

4. 答:其他存款包括:

(1)不可转让储蓄存款;

(2)定期存款;

(3)以外币标价的不可转让存款;

(4)由储蓄和贷款协会、房屋互助协会、信用合作社和类似机构发行的股票或类似的存款单;

(5)作为国际储备组成部分、不以贷款为凭证的对国际货币基金组织的债权;

(6)与期权或远期合同有关的保证金付款。

5. 答:债务性证券的内容包括:

(1)票据;

(2)债券和债权证;

(3)资产支持证券和抵押债务凭证;

(4)银行承兑汇票;

(5)拆分证券;

(6)与指数挂钩的证券。

6. 答:保险、养老金和标准化担保计划适用的准备金类型有:

(1)非寿险专门准备金;

(2)寿险和年金权益;

(3)养老金权益;

(4)养老金经理人的养老基金债权;

(5)标准化担保代偿准备金。

7. 答:目前,世界组织和各国资金流量核算的范围大致有:

(1)只包括金融交易的资金流量核算;

(2)除包括金融交易,还包括总储蓄和实物投资的资金流量核算;

(3)以国内生产总值为初始流量,包括收入分配与金融交易的资金流量核算。

8. 答:资金流量核算有以下重要作用:

(1)描述了当期生产成果在价值上的分配过程,揭示了各部门收入形成过程及其特点,为分析各环节上的收入分配格局及各种分配方式的作用提供了依据,是制定分配政策和进行宏观经济理论研究不可缺少的工具;

(2)反映了各部门可支配收入的使用去向,可据此分析研究各部门及经济总体的最终消费与储蓄比例,以及资本形成与储蓄的平衡关系;

(3)描述了金融交易中各部门资金余缺的调剂过程以及各类金融资产的交易数额,有利于分析和研究金融部门在资金运动中的中介作用和各类金融资产对金融交易的贡献份额。

(4)从总体上看,资金流量核算是国民经济核算体系的五大核算之一,在国民经济核算体系中具有重要的地位。

(六)论述题

1. 答:金融交易核算是关于金融资产和负债交易活动的核算。要做好此项核算工作,首先必须对一项交易是否属于金融交易进行鉴别。鉴别的内容和方法包括:

首先,应当把金融资产与非金融资产区分开。金融资产的最大特点是,除货币黄金外,其余所有金融资产都有相应的负债。而非金融资产不存在对应的负债。

其次,应当把金融交易和影响金融资产的存在、物量和价值的其他变化区别开。货币黄金的产生或消失、特别提款权的产生或消失不属于金融交易。它们在物量其他变化账户反映。此外,价格变化或汇率变化造成的金融资产价值变化记入重估价账户。

最后,把金融资产交易与涉及或有金融资产而非实际金融资产运作区分开。所谓或有资产是指机构单位之间的契约性金融协议。这些协议本身不具有可转让的经济价值,它们不是现期金融资产,所以不作为金融交易记录。

2. 答:货币黄金是由货币当局(或受货币当局有效控制的其他机构)所拥有的,并作为储备资产而持有的黄金。

货币黄金是中央银行或中央政府的金融资产。而且是唯一没有对应负债的金融资产。

货币黄金交易是货币当局之间对黄金的买卖。货币黄金的购买记录在国内货币当局金融账户的增加方,对应项目记录在国外的资产减少方。货币黄金的出售应做相反的记录。

货币黄金交易,应注意解决好如下两个问题:

第一,关于其他黄金的交易,包括货币当局持有的非储备资产的黄金和除中央银行以外的金融机构持有的所有黄金的交易不是金融交易。如果这种交易的唯一目的是为了储藏财富,则作为贵重物品获得减处置核算;在其他情况下,或作为最终消费、中间消耗、存货变动、出口或进口处理。

第二,关于黄金的货币化与非货币化问题。无论是黄金的货币化或非货币化都不在金融账户上登录。当货币当局获得黄金时,在资本账户的贵重物品获得减处置或存货变化下登录,对应登录记入提供黄金的机构单位的账户或国外账户。资产负债表上的存量变化,由资产物量其他变化账户,把存货黄金或作为贵重物品的黄金重新分类划为货币黄金来说明。对黄金的非货币化则做对称记录。

3. 答:通货是那些由中央银行或中央政府发行或授权的,具有固定面值的纸币和硬币。只有实际流通的作为支付手段的货币才是通货。那些未实际流通的纪念币,以及未发行或停止使用的通货不包括在通货的范围内。

在核算通货时,要做好以下工作:

(1)要区分本币和外币。本币通货是中央银行、其他银行和中央政府等常住单位的负债;外币通货是国外中央银行、其他银行和政府等非常住单位的负债。

所有机构部门都持有作为资产的通货,但只有中央银行和政府才可以发行通货。

(2)通货作为发行者的负债和持有者的资产分别记入各自的金融账户。负债的数额为纸币和硬币的全部面值。

(3)生产纸币和硬币的成本应当记录为政府支出,不要从发行通货的收入中抵扣。

4. 答:保险、养老金和标准化担保计划是金融机构进行财富调节或收入再分配的形式。这种再分配可能发生在同一时期各种不同机构单位之间,或同一机构单位不同时期之间,或者两种情况的结合。

这种再分配的过程为,参与保险、养老金和标准化担保计划的机构单位向有关计划单位缴款,并在同期或以后时期领取保险金(或得到赔付)。参加者持有资金,而保险公司代表它们用这些资金进行投资。保险公司将投资收入作为财产收入分配给参与者,并将其中一部分作为额外缴款予以返回。

SNA记录在金融账户上的是,参加者向这些计划支付的缴款净额或保费净额与这些计划支付的保险金和赔付之间的差额。其中,

缴款净额或保费净额＝实际缴款或保费＋分配的财产收入
　　　　　　　　　　－金融机构服务费用

具体核算内容和方法包括:

(1)非寿险专门准备金核算

非寿险专门准备金包括预付的用于非寿险未决索赔的保费和准备金净额。记入金融账户非寿险专门准备金交易的内容则为对其应计的调整。

(2)寿险和年金权益核算

寿险和年金权益反映的是投保人对提供寿险或年金的单位所拥有的金融债权。记入金融账户寿险和年金权益交易的内容为应收保费净额与应付索赔之间的差额。

(3)养老金权益核算

养老金权益反映的是现有和未来领取养老金的雇员对其雇主或雇主指定的养老基金所拥有的金融债权。它是雇主与雇员之间所签订的雇员报酬协议的一部分。核算养老金权益交易时,应当将应缴款净额与应付保险金之间的差额记入金融账户。

(4)养老金经理人的养老基金债权核算

所谓养老金经理人是指那些在与第三方签订合约情况下,一直对养老金计划的条款有决定权,并负责基金的亏损,保留基金盈余的雇主。在养老金经理人指导下进行工作的单位称为养老金代管人。如果雇主与第三方的协议是雇主将基金的风险与亏损责任,以及享有基金盈余的权利全部交给第三方,此时的第三方既是养老金经理人又是养老金代管人。

当养老金经理人与养老金代管人不是同一单位时,亏损责任与盈余权利都属于养老金经理人。养老金经理人的养老基金债权就在此项进行记录。

(5)标准化担保代偿准备金核算

标准化担保代偿准备金包括预付的用于标准化担保未付代偿的费用和准

备金净额。此项交易的记录与非寿险准备金类似,包括预收费用和未结算的代偿。

5. 答:(1)关于金融衍生工具核算

金融衍生工具是与某种特定金融工具,或特定指标,或特定商品挂钩的金融工具。通过金融衍生工具,特定的金融风险本身就可以在金融市场上交易。

金融衍生工具的价值取决于标的项目的价格,即参考价格。参考价格有可能涉及到商品、金融资产、利率、汇率、其他衍生工具,以及两个价格的差价等。

如何确定标的项目可观测的市场价格或指数,是正确计算金融衍生工具价值的关键。只有金融衍生工具能够从其挂钩的标的项目中独立出来进行单独估价,才能将其视为金融资产。相反,如果金融衍生工具因标的项目缺乏现行市场价格或指数而无法估价,则就不应该将其视为金融资产。

金融衍生工具交易通常有独立于标的项目和与标的项目相联系两种。前者一般在商品期货等场内交易合约到期之前,就以净现金支付的方式进行结算。后者则以资产的现行价格记录,现行价格与实际支付价格之差(乘以资产数量)即为金融衍生工具交易的数额。

(2)关于雇员股票期权(ESO)核算

雇员股票期权是雇主与雇员之间在某日(授权日)签订的一种,在未来约定时间(含权日)或紧接着的一段时间(行权期)内,雇员能以约定价格(执行价格)购买约定数量的雇主股票的协议。

雇员股票期权交易按股票期权的价值记入金融账户。该核算项目的对应方则为雇员报酬。

6. 答:金融账户是记录所有发生在机构单位之间以及机构单位与国外之间由金融交易引起的金融资产和负债变动的账户。它是处理积累的第二个账户,也是记录机构单位之间交易的最后一个账户。金融账户的基本结构和内容如下(见表8-3):

金融账户中各项指标之间存在着如下平衡关系:

首先,从各机构内部的平衡关系看,

金融资产净获得=负债净发生+净借出(+)/净借入(-)

其次,从各种金融资产类型自身的平衡关系看,

资产净获得=负债净发生

表 8-3　金融账户

资产变化	负债和净值变化
金融资产净获得	净借出(＋)/净借入(一)
货币黄金和特别提款权	负债净发生
通货和存款	通货和存款
债务性证券	债务性证券
贷款	贷款
股权和投资基金份额	股权和投资基金份额
保险、养老金和标准化担保计划	保险、养老金和标准化担保计划
金融衍生工具和雇员股票期权	金融衍生工具和雇员股票期权
其他应收账款	其他应付账款

(七)计算题

【第1题】

(1)国内金融资产＝200＋68000＋1050＋72200＋9500＋5980＋1000＋450
　　　　　　　＝158380(亿元)

(2)国内金融负债＝68000＋1300＋73000＋9500＋5980＋1000＋300
　　　　　　　＝159080(亿元)

【第2题】

(1)住户部门报告期的净金融投资为 850 亿元；

(2)住户部门报告期的金融负债为 190 亿元。

【第3题】

表 8-4　某地区非金融公司部门核算期金融账户

单位:亿元

资产变化		负债和净值变化	
金融资产净获得	2548	净借入(一)	－6407
通货和存款	2270	负债净发生	8955
债务性证券	100	债务性证券	620
股权和投资基金份额	150	贷款	7500
保险、养老金和标准化担保计划	10	股权和投资基金份额	800
金融衍生工具和雇员股票期权	3	金融衍生工具和雇员股票期权	5
其他应收账款	15	其他应付账款	30

【第 4 题】

(1) 非金融公司部门金融资产 970 亿元，负债 12300 亿元；

(2) 住户部门的金融资产 7320 亿元；

(3) 金融公司部门的金融资产 9000 亿元，负债 9470 亿元；

(4) 非金融公司部门和金融公司部门是资金净借入部门，住户部门是资金净借出部门。

第九章
资产负债核算

学习目的和要求

学习本章的目的是了解国民资产负债核算的有关概念和核算原则。掌握资产负债其他变动核算和存量核算的内容和方法。

一、本章内容提要

(一)国民资产负债核算理论

1. 资产的定义及其分类

资产是一种价值储备,代表经济所有者在一定时期内通过持有或使用某实体所产生的一次性或连续性经济利益。SNA中所有的资产均为经济资产。资产的分类。

2. 国民资产负债核算的历史沿革

国民资产负债核算自产生之日起发展至今,大约经历了近400年的发展演进过程。

国民资产负债核算的起源最早可以追溯到17世纪英国对国民财富所进行的估算。17世纪初,英国海关总监曾在《大不列颠商人》上发表了关于1600年英国国民财富估算结果。此后,W·配第和G·金于17世纪中叶也对英国的国民财富进行了估算。从17世纪初到19世纪末,国民财富的估算一直受到多国政府的重视。

1936年,美国学者迪金森和伊金在其共同发表的《国民经济资产负债表》一文中,首次提出把企业资产负债表的技术应用于国民经济的构想。此后,美国许多学者发表了有关资产负债的研究成果。

1953年,当联合国颁布《国民经济核算及其辅助表》,即SNA1953时,就提出将分部门资产负债表纳入到完整的国民经济核算体系的设想,并于1968年修订SNA时,正式将国民资产负债核算纳入整个国民经济核算体系。SNA1993又将核算资产负债变动的内容纳入到国民经济核算体系中来,并为此设立了资产其他变化账户。SNA2008仍保持了SNA1993的核算框架。

3. 国民资产负债核算在SNA中的地位

首先,将经济交易流量核算和存量核算结合起来,可以使核算体系既反映经济运行过程,也反映经济运行结果,使核算体系得以完整。

其次,国民资产负债核算与生产核算、收入分配和使用核算、积累核算、国外核算等在资料上相互衔接和联系,可以相互利用、补充和验证。

因此,国民资产负债核算在SNA中占有十分重要的地位,是国民经济核算体系不可或缺的重要组成部分。

4. 国民资产负债核算的内容

资产负债核算既包括存量核算,也包括流量核算。资产负债存量核算主要是对国民经济在某一时点上所拥有的资产和所承担的负债进行核算,通过编制期初和期末两张资产负债表进行。资产负债流量核算是对经济主体在两个不同时点之间所拥有资产与所承担负债的变动情况所进行的核算。内容包括由交易流量引起的资产负债流量核算和由非交易流量引起的资产负债流量核算。前者主要通过编制资本账户和金融账户进行,后者主要通过编制资产物量其他变化账户和重估价账户进行。

(二)资产负债其他变动核算

1. 资产负债其他变动的种类和核算内容

由非交易流量引起的核算期间资产、负债和净值价值的变化通常可以区分为两大类,即一类是由于诸如地下资源的发现或耗减、战争或其他政治事件的破坏或自然灾害的破坏等因素引起的变化。这种类型的变化实际上改变了资产的物量,在SNA中由资产物量其他变化账户反映。另一类是由于价格的水平和结构变化引起的资产、负债和净值的变化。这类变化实际上反映了持有损益,在SNA中由重估价账户反映。

资产负债其他变动的核算包括两方面内容,一种是对资产物量其他变化的核算,另一种是对持有损益的核算。

2. 资产物量其他变化核算

(1)资产物量其他变化的核算内容。资产物量其他变化是指由于机构单位无法控制的外生变量或意外事件而引起的资产、负债和净值的变化。资产物量其他变化核算能反映某些不通过交易进入和退出SNA的资产数量变化情况。SNA将不通过交易而进入资产负债表的行为称为经济出现(简称"出现"),将不通过交易而退出资产负债表的行为称为经济消失(简称"消失")。

资产物量其他变化核算内容包括:(a)非交易资产的出现和消失,包括:与生产资产识别有关的项目、与自然资源进入和退出资产范围有关的项目、与合约、租约和许可证有关的项目、商誉和营销资产价值的变化和与金融资产有关的项目;(b)外部事件对资产价值的影响,包括:巨灾损失、无偿没收和未另分类的物量其他变化;(c)分类变化,包括:部门分类和结构的变化、资产和负债分类的变化。

(2)资产物量其他变化的核算方法。(a)对于经济出现类的资产物量其他变化,可以按以下两种不同情况分别用不同方法估价:如果一项经济出现与一笔交易有关,就用该笔交易来估价该项经济出现的价值;对于其他情况下的经济出现,可以按该项资产的预期未来收益流量的现值或贴现值估价。(b)对于经济消失的资产物量其他变化,如果经济消失的是某项资产的全部,资产物量其他变化就按其最近的资产负债表中的总额估价;如果消失的是某项资产的一部分,那么就按该项资产损失的一定百分比估价。

(3)资产物量其他变化账户的结构及功能。资产物量其他变化账户的基本结构。资产物量其他变化账户的功能:(a)该账户允许某些资产在正常情况下进入和退出国民经济核算体系;(b)该账户还记录通过对资产(相对应负债)进而对经济利益产生影响的那些意外的不可预测事件的后果;(c)该账户还记录了由于机构单位和资产分类的变化以及机构单位结构的变化引起的资产的变化。同时,为正在出现的环境附属账户提供了联结。

3. 持有收益核算

持有收益是指由于价格的变化引起的资产、负债和净值变化的价值。持有收益根据界定的标准不同可分为名义持有收益、中性持有收益和实际持有收益。

(1)名义持有收益核算的一般问题。一笔特定数量资产的名义持有收益是指该笔资产的货币价值随着时间的推移而发生变化为其所有者带来利益的价值。名义持有收益取决于一段时间内(通常为一年)其货币价值的变化。

核算名义持有收益需要注意以下几个问题:(a)名义持有收益的测算是根据假定核算期间资产和负债在质量和数量上保持不变的情况下进行的;(b)某些生产受季节影响的货物的价值提高不应算作持有收益;(c)为充分发挥名义持有收益核算的作用,有必要对核算期已实现的名义持有收益和未实现的名义持有收益做出区分;(d)应根据产生名义持有收益的四种不同情况对其进行估价。

(2)中性持有收益核算的一般问题。中性持有收益(损失)是指在不发生交易和资产物量其他变化的情况下,一笔资产为保持其能够交换到与期初相同数量的货物或服务而增加(减少)的价值。它是当资产的价格随时间的推移按与一般物价水平同样幅度变化所形成的持有收益。为了计算一笔资产的中性持有收益,最好应该选用一种能覆盖尽可能多的货物、服务和资产的综合物价指数。SNA建议可以通过利用消费者物价指数在一个较广的基本指数范围内进行内推或外延的范围来计算中性持有收益。

(3)实际持有收益核算的基本问题。实际持有收益(损失)是指一段时期内,在不发生交易和资产物量其他变化的情况下,一笔资产价值增加(降低)超过中性持有收益的量。一笔特定数量资产的实际持有收益是该笔资产的名义持有收益和中性持有收益之差。

(4)持有收益的计算。

(5)重估价账户。重估价账户是记录金融和非金融资产的所有者在核算期内发生的正值或负值持有收益的账户。账户的基本结构。

(三)资产负债存量核算

资产负债存量核算是指对经济主体在一定时点上(通常为期初或期末)所

拥有的资产和负债的核算。

1. 资产负债存量核算的地位和作用

资产负债存量核算是国民经济核算体系的重要组成部分,是对一个完整经济循环过程两端的核算。

资产负债存量核算的作用主要体现在以下几个方面:

(1)就机构单位或机构部门而言,资产负债存量核算用净值概括反映了供其支配的非金融资源和金融资源;就整个经济总体而言,资产负债存量核算反映了一国的国民财产状况。

(2)期末资产负债存量核算使整个核算过程得以终结。

(3)将资产负债存量核算结果与流量核算结果结合在一起,可以为分析人员在监测和评价经济、金融条件和行为时提供更多的信息。

2. 资产负债存量核算的估价原则和方法

估价资产负债存量价值的总原则是,按编制资产负债表时的现行市场价格来估价资产、负债和净值,而且交易双方按同一价格估价。

获得现行市场价格的方法:

(1)最理想的是能够得到与所核算的同类资产和负债的可观察的市场价格。

(2)当所要核算的资产负债因近期市场上未有同类资产交易而无法得到可观察的市场价格时,可以设法通过计算该类资产市场交易的平均价格来估算。

(3)除上述两种方法外,在某些情况下还可以采取以下两种方法得到近似的现期价格:(a)通过对所核算的资产有效期内累加和重估价该资产的获得减处置;(b)根据给定资产的预计的未来经济利益的贴现价值来获得该类资产近似的市场价格。

3. 资产负债表和资产账户

(1)资产负债表的概念和种类。资产负债表是在特定时点编制的,记录一个机构单位或一组机构单位所拥有的资产价值和承担的负债价值的报表。资产负债表按编表的主体范围不同,可以分为机构单位资产负债表、机构部门资产负债表和经济总体资产负债表;按编表的时间不同,可以分为期初资产负债表、资产负债变化表和期末资产负债表。

(2)资产负债表的基本结构。

(3)包含资产变化的期初、期末资产负债表。

(4)资产账户。SNA2008除了编制资产负债表外,还设计了一个资产账户,用以反映经济中所有机构单位所持有的单一类资产或负债的价值。资产账户的结构。

4. 资产负债表中的登记

(1)生产资产的登记。固定资产的登记;存货的登记;贵重物品的登记。

(2)非生产资产的登记。自然资源的登记;合约、租约和许可的登记;商誉和营销资产的登记。

(3)金融资产和负债的登记。对于金融资产和负债,一旦它们在有组织的金融市场上进行经常性交易,在资产负债表上登记时就按其现期的市场价格来估价,不在有组织的金融市场上交易的金融债权,应当按债务人为清偿债务必须向债权人支付的金额估价。无论是登记债权还是登记债务,它们的价格都不包括交易时对服务所支付的服务收费、酬金、委托金和其他类似费用等。

(4)净值的登记。资产负债表中所登记的净值,就是编制资产负债表当日所有金融资产和非金融资产与所有负债的差额。

5. 我国资产负债表

(1)资产负债表的基本结构。

(2)资产负债表中的主要平衡关系。

二、本章重点和难点

学习本章要抓住以下重点问题:

1. 国民资产负债的分类及其各类别中所包含的内容,国民资产负债核算在SNA中的地位,如何从宏观和微观两个角度认识国民资产负债核算。

2. 资产负债其他变动的种类,核算内容和方法,各种持有收益之间的关系及其计算方法。资产物量其他变化账户和重估价账户。

3. 资产负债存量核算的估价原则和方法。资产负债表的基本结构和内容。期初资产负债表、资产负债变化表和期末资产负债表之间的联系。资产负债表中各项目的登记。

三、例题分析

例题1(单项选择题)

在资产负债估价中,就一笔特定资产来讲,交易者双方应采用( )估价。

1、同一价格　　　　　B、不同价格

C、各自价格　　　　　D、有的同一价格,有的不同价格

参考答案:A

说明:此题可以根据国民经济核算体系的统一性、一致性和协调性等原则要求,交易双方不可能采用不同的价格,故应当选取 A 为正确答案。

例题2(多项选择题)

下列项目属于资产物量其他变化核算的内容有( )。

A、某地区将原先的一片荒地开发成经济林

B、某单位因火灾造成厂房、机器设备报废等上亿元的经济损失。

C、某商场新扩大经营面积 1000 多平方米

D、某企业有一批设备因技术更新而提前报废

E、某大学由于合并了另一所大学,从而使固定资产增加

参考答案:A B D E

说明:备选答案 A 属于资产物量其他变化的第 1 项内容范围;B 属于第 4 项内容范围;D 属于第 5 项内容范围;E 属于第 7 项内容范围。故应将 ABDE 都选为正确答案,而 C 属于资本形成核算范畴,不应作为资产物量其他变化的核算内容。

例题3(判断题)

联合国早在 1953 年就将国民资产负债核算纳入到 SNA。

参考答案:×

说明:联合国将国民资产负债核算纳入到 SNA 的时间是 1968 年,而 1953 年当联合国颁布《国民经济核算及其辅助表》时,只是提出将分部门资产负债表纳入到完整的国民经济核算体系这样一种设想。所以正确答案应当是×。

例题4(名词解释)

名义持有收益

参考答案：名义持有收益是指一笔资产的货币价值随着时间的推移而发生变化为其所有者带来利益的价值。

说明：该名词的要点在于强调这种收益是一种由于货币价值变化而带来的收益。学生在答题时注意这一点。

例题 5(简答题)

简述资产物量其他变化核算的内容。

参考答案：资产物量其他变化核算的内容包括：

(1)非交易资产的出现和消失核算；

(2)外部事件对资产价值影响的核算；

(3)分类变化核算。

说明：此题根据教科书有关资产物量其他变化核算内容的三个标题回答即可。

例题 6(论述题)

试述国民资产负债核算在 SNA 中的地位。

参考答案：国民资产负债状况是国民财富的重要组成部分。SNA 引入资产负债核算内容既是经济发展的必然，也是构成完整国民经济核算体系所必需。

首先，从内容上看，将经济交易流量核算、非交易流量核算和资产负债存量核算结合起来，可以使核算体系既反映经济运行过程，也反映经济运行结果，使核算体系得以完整。

其次，从核算方法看，国民资产负债核算与生产核算、收入分配和使用核算、积累核算、国外核算等在资料上相互衔接和联系，可以相互利用、补充和验证。

因此，国民资产负债核算在 SNA 中占有十分重要的地位，是国民经济核算体系不可或缺的重要组成部分。

说明：此题主要根据教科书内容，从核算内容和核算方法两个方面来阐述资产负债核算的重要作用，并由此推理出其在 SNA 中的重要地位。

例题 7(计算题)

已知某企业在核算期内持有的甲种设备的价格数量资料如下：

(1)由期初直至期末一直持有的设备为 100 台；

(2)期间分两批购进了 20 台设备,每批分别为 10 台;

(3)该种类设备期初价格为 15000 元/台,期末价格为 16000/台;

(4)期间购进的设备,第一批价格为 15500 元/台;第二批价格为 15600 元/台;

要求:根据以上资料计算该企业持有的甲种资产在核算期内的名义持有收益。

参考答案:109000 元

解题步骤说明:

设:G:名义持有资产收益;P_n:期末甲种设备的单价;P_0:期初甲种设备的单价;Q_0:整个核算期都持有的资产数量;D_t:期间各批购进设备的数量(t=1,2);P_t:期间购进各批设备的单价(t=1,2)。

解:$G = (P_n - P_0)Q_0 + \sum_{t=1}^{n}(P_n - P_t)D_t$

$= (16000 - 15000) \times 100 + (16000 - 15500) \times 10$

$+ (16000 - 15600) \times 10$

$= 100000 + 5000 + 4000$

$= 109000(元)$

答:该企业持有的甲种资产名义持有收益为 109000 元。

四、练习题

(一)单项选择题

1. 对于国民财富的估算最早可以追溯到( )。

A、16 世纪　　　B、17 世纪　　　C、18 世纪　　　D、19 世纪

2. 联合国将国民资产负债表纳入整个国民经济核算体系是( )。

A、SNA1953　　　　　B、SNA1968

C、SNA1993　　　　　D、SNA2008

3. SNA 中的资产是指( )。

A、经济资产　　　　　B、非经济资产

C、大部分为经济资产,少部分为非经济资产

D、大部分为非经济资产,少部分为经济资产

4. 资产负债核算(　　)。

　　A、只有存量核算　　　　　　C、只有流量核算

　　C、既有存量也有流量核算　　D、既有经济又有非经济核算

5. 反映交易流量引起的资产、负债和净值的变化的账户是(　　)。

　　A、生产账户和收入分配账户　　B、收入分配账户和收入使用账户

　　C、收入使用账户和资本账户　　D、资本账户和金融账户

6. 资产物量其他变化核算可以反映(　　)。

　　A、某些通过交易进入 SNA 的资产数量变化情况

　　B、某些通过交易退出 SNA 的资产数量变化情况

　　C、某些不通过交易进入和退出 SNA 的资产数量变化情况

　　D、某些不通过交易进入和退出 SNA 的资产数量存量

7. 当公共纪念物和贵重物品首次被认可时,应当记录在(　　)。

　　A、生产账户　　　　　　　　B、资本账户

　　C、资产物量其他变化账户　　D、资产负债账户

8. SNA 将处于荒废状态的土地(　　)。

　　A、全部未列入资产的范围　　B、全部列入资产的范围

　　C、部分未列入资产的范围　　D、部分列入资产的范围

9. SNA 只将被出售的商誉和营销资产视为资产,而且将其价值记录在(　　)。

　　A、资本账户　　　　　　　　B、金融账户

　　C、资产物量其他变化账户　　D、重估价账户

10. 一些自然资产向经济活动的转移应记入(　　)。

　　A、生产账户　　　　　　　　B、资产负债账户

　　C、资产物量其他变化账户　　D、重估价账户

11. 某些生产受季节影响的货物的价值提高(　　)。

　　A、应算作持有收益　　　　　B、不应算作持有收益

　　C、应将部分算作持有收益　　D、SNA 未明确是否算作持有收益

12. 当资产的价格随时间的推移按与一般物价水平同样幅度变化所形成的持有收益属于(　　)。

　　A、名义持有收益　　　　　　B、中性持有收益

C、实际持有收益　　　　　　　D、超额持有收益

13. 实际持有收益是名义持有收益与中性持有收益(　　)。
    A、之乘积　　　B、之比值　　　C、之和　　　D、之差

14. 资产负债账户的右方列示(　　)。
    A、资产　　　B、负债　　　C、资产和净值　　　D、负债和净值

15. 一国的国民财产(　　)。
    A、只能等于该国的非金融资产　　　B、只能大于该国的非金融资产
    C、只能小于该国的非金融资产
    D、可能大于,也可能等于或小于该国的非金融资产

16. 进行资产负债核算时总的原则应采用(　　)估价。
    A、现行市场价格　　　　　　　B、固定价格
    C、虚拟价格　　　　　　　　　D、不同资产平均价格

17. 国民资产负债表的宾栏是(　　)。
    A、产业部门分类　　　　　　　B、机构部门分类
    C、三次产业分类　　　　　　　D、资产负债项目分类

18. 若已知资产负债表中,非金融公司部门非金融资产总值5000亿元,金融资产总值2000亿元,该部门的金融负债2200亿元,则该部门净值为(　　)亿元。
    A、4000　　　B、4800　　　C、6000　　　D、6200

(二)多项选择题

1. 资产负债流量核算的内容包括(　　)。
    A、收入分配核算　　　B、资本形成核算　　　C、金融交易核算
    D、资产物量其他变化核算　　　E、重估价核算

2. 反映由交易流量引起的资产负债流量核算内容的账户有(　　)。
    A、资产负债账户　　　B、资本账户　　　C、金融账户
    D、资产物量其他变化账户　　　　　　　E、重估价账户

3. 描述由非交易流量引起的资产负债流量核算内容的账户有(　　)。
    A、资产负债账户　　　B、资本账户　　　C、金融账户
    D、资产物量其他变化账户　　　　　　　E、重估价账户

4. 资产物量其他变化的核算内容包括（　　）。

A、非交易资产的出现和消失　　B、外部事件对资产价值的影响

C、外部事件对资产数量的影响　　D、分类变化　　E、结构变化

5. 名义持有收益可以分解为（　　）。

A、中性持有收益　　B、临时持有收益　　C、长期持有收益

D、实际持有收益　　E、不变持有收益

6. 估价资产负债存量价值应遵循的一般原则包括（　　）。

A、按现行市场价格估价　　B、交易双方同一估价

C、按固定价格估价　　D、对个别资产要用特定价格估价

E、按同类资产最高价格估价

7. 资产负债表按编表的主体范围不同可以分为（　　）。

A、基层单位资产负债表　　B、机构单位资产负债表

C、机构部门资产负债表　　D、经济总体资产负债表

E、国外部门资产负债表

8. 资产负债变化表引起净值变化的项目包括（　　）。

A、储蓄和资本转移　　B、金融资产和负债　　C、资产物量其他变化

D、名义持有收益　　E、国外净金融资产

9. 下列表述正确的有（　　）。

A、资产负债表中国内各机构部门和经济总体列的全部资产与金融负债之差是它们各自的自有资产

B、经济总体净值反映了一个国家所拥有的国民财富

C、经济总体净值反映了一个国家所拥有的国民财产

D、对国外部门不核算其非金融资产，只核算其金融资产和负债

E、国内各机构部门金融资产和负债通常都是相等的

10. 下列需要记入资产物量其他变化账户的项目有（　　）。

A、某地区由于修公路占用耕地 100 公顷

B、某地区将一批沙漠荒地建设成经济林

C、某单位因遭遇特大水灾造成重大经济损失

D、某单位由于债务人破产而无法追回债务人所欠债务

E、某单位由于价格变化，使其所持有的资产增值 200 万元

11. 多部门资产负债综合表的宾栏包括( )。

A、非金融公司部门　　B、金融公司部门　　C、政府部门

D、住户部门　　　　　E、国外部门

12. 多部门资产负债综合表中的数量平衡关系包括( )。

A、各部门非金融资产合计＝经济总体非金融资产总额

B、部门非金融资产＝国内金融负债总和

C、国内金融资产总和＝国内金融负债总和

D、国内各部门国外金融资产总和＝国外部门负债

E、净值＝资产总计－负债总计

(三)判断题

1. 资产是一种价值储备。( )

2. 国民资产负债核算最早可以追溯到17世纪英国对国民财富所进行的估算。( )

3. 首次提出把企业资产负债表的技术应用于国民经济的学者是W·配第和G·金。( )

4. 联合国早在1953年就将资产负债核算纳入到SNA。( )

5. 国民财富就是一个国家或地区在一定时点上所拥有的自然资源、人力资源和国民资产负债的总和。( )

6. 资产负债核算只是对资产负债的存量核算。( )

7. SNA中积累核算的内容是由交易流量和非交易流量引起的资产负债变化核算共同构成的。( )

8. 只有公共纪念物和贵重物品的首次被认可,才能作为与生产资产识别有关的项目记入资产物量其他变化账户。( )

9. SNA规定,一旦土地从荒芜状态转变为可以确定所有权和可用于经济目的状态,就将其作为经济出现处理。( )

10. 不管是只从天然泉眼取水,还是大量地采集地下水,都不将这些地下水资源纳入资产范围。( )

11. 一个购买者在购买一个企业时,其所支付的价格与该企业所有资产减去其负债的差额,就是该企业的外购商誉和营销资产。( )

12. 政府或其他机构单位的罚、没款应当作为没收单位资产的增加和被没收单位资产的减少在资产物量其他变化账户反映。（　）

13. 一笔特定数量资产的名义持有收益就是该笔资产的货币价值随着时间的推移而发生变化为其所有者带来利益的价值。（　）

14. 纯粹以货币标价的资产和负债的名义持有收益始终大于0。（　）

15. 中性持有收益是需要始终保持资产的实际价值不变的名义持有收益。（　）

16. 期初资产负债表中各项指标数值加上资产负债变化表中各相应指标数值，一定大于期末资产负债表中各相应指标数值。（　）

17. 在资产负债表中登录固定资产的一般原则是，应当按照相同技术规格和年龄的资产在市场中的通行价格进行估价。（　）

18. 在资产负债表中登录土地的价值时，原则上应当包括土地改良的价值和建在土地之上的建筑物的价值。（　）

(四)名词解释

1. 资产
2. 国民财富
3. 资产物量其他变化
4. 经济出现
5. 经济消失
6. 持有收益
7. 名义持有收益
8. 中性持有收益
9. 实际持有收益
10. 重估价账户
11. 资产负债表

(五)简答题

1. 简述国民资产负债核算的内容。
2. 简要说明造成资产减值或完全消失的三种因素。

3. 简述资产物量其他变化账户的功能。
4. 简述核算名义持有收益需要注意的几个问题。
5. 简述资产负债存量核算的作用。

(六)论述题

1. 试述资产物量其他变化核算的内容。
2. 试述对资产负债表中生产资产登录的内容和方法。
3. 试述对资产负债表中非生产资产登录的内容和方法。
4. 试述对资产负债表中金融资产和负债登录的内容和方法。

(七)计算题

【第1题】

某地区一家非金融公司核算期初库存甲种产品的数量为1000件,价格为2元/件。该批产品期末仍未售出,其价格为2.5元/件。根据当地统计部门公布的数据,该地区同期物价指数下跌了3%。

要求:(1)计算该公司由于库存甲种产品而获得的名义持有收益、中性持有收益和实际持有收益。

(2)该笔名义持有收益是否已经实现?

【第2题】

已知某国有如下资产负债简表:

表9-1 某国多个部门期末资产负债综合表

单位:亿元

资产						资产/负债的存量	负债和净值					
国外	经济总体	住户	一般政府	金融公司	非金融公司		非金融公司	金融公司	一般政府	住户	经济总体	国外
		2500	600	50	10500	非金融资产						
130		1400	100	3100	1100	金融资产/负债	3350	2300	40	10		270
						净值						

计算:(1)该国的非金融资产数量;

(2)该国的对国外金融资产净额;

(3)该国家的国民财产;

(4)将上表需要填充数值的空格填上适当的数据。

【第3题】

已知某机构部门核算期的有关资产负债资料如下(单位:万元):

(1)期初资料:

非金融资产	2000
金融资产	
通货和存款	300
债务性证券	400
其他金融资产	300
负债	
长期贷款	800
股权和投资基金份额	600
其他负债	400

(2)期内流量资料:

A、交易流量

非金融资产	
生产性非金融资产	190
非生产性非金融资产	10
金融资产	
通货和存款	1600
债务性证券	100
其他金融资产	200
负债	
贷款	1000
其他负债	200

B、非交易流量

a. 资产物量其他变化

| 非金融非生产资产经济出现 | 10 |

b. 重估价资料(名义持有收益)

| 非金融资产 | 220 |
| 金融资产 | 200 |

要求：根据上述资料编制该部门的期末资产负债表。

五、练习题答案

(一)单项选择题

1. B；2. B；3. A；4. C；5. D；6. C；7. C；8. A；9. C；10. C；11 B；12. B；13. D；14. D；15. D；16. A；17. B；18. B。

(二)多项选择题

1. B C D E；2. B C；3. D E；4. A B D；5. A D；6. A B；7. B C D；8. A C D；9. A C D；10. B C D；11. A B C D E；12. A C D E；

(三)判断题

1. √；2. √；3. ×；4. ×；5. √；6. ×；7. √；8. √；9. √；10. ×；11. √；12. √；13. √；14. ×；15. √；16. ×；17. √；18. ×。

(四)名词解释

1. 资产是一种价值储备，代表经济所有者在一定时期内通过持有或使用某实体所产生的一次性或连续性经济利益。它是价值从一个核算期向另一个核算期结转的载体。

2. 国民财富是指一个国家或地区在一定时点上所拥有的自然资源、人力资源和国民资产负债的总和。

3. 资产物量其他变化是指由于机构单位无法控制的外生变量或意外事件而引起的资产、负债和净值的变化。

4. 经济出现(简称"出现")，是指不通过交易而进入资产负债表的行为。

5. 经济消失(简称"消失"),是指不通过交易而退出资产负债表的行为。

6. 持有收益是指由于价格的变化引起的资产、负债和净值变化的价值。

7. 名义持有收益是指一笔资产的货币价值随着时间的推移而发生变化为其所有者带来利益的价值。

8. 中性持有收益是指在不发生交易和资产物量其他变化的情况下,一笔资产为保持其能够交换到与期初相同数量的货物或服务而增加(减少)的价值。

9. 实际持有收益是指,一段时期内,在不发生交易和资产物量其他变化的情况下,一笔资产价值增加(降低)超过中性持有收益的量。

10. 重估价账户是记录金融和非金融资产的所有者在核算期内发生的正值或负值持有收益的账户。

11. 资产负债表是在特定时点编制的,记录一个机构单位或一组机构单位所拥有的资产价值和承担的负债价值的报表。

(五)简答题

1. 答:资产负债核算包括存量核算和流量核算。

(1)资产负债存量核算是对国民经济在某一时点上所拥有的资产和所承担的负债进行核算,主要通过编制期初和期末两张资产负债表进行。

(2)资产负债流量核算是对经济主体在两个不同时点之间所拥有资产与所承担负债的变动情况所进行的核算,内容包括由交易流量引起的资产负债流量核算和由非交易流量引起的资产负债流量核算。前者通过编制资本账户和金融账户进行,后者通过编制资产物量其他变化账户和重估价账户进行。

2. 答:(1)巨灾损失;

(2)无偿没收;

(3)未另分类的物量其他变化。

3. 答:(1)该账户允许某些资产在正常情况下进入和退出国民经济核算体系;

(2)该账户还记录通过对资产(相对应负债)进而对经济利益产生影响的那些意外的不可预测事件的后果;

(3)该账户还记录了由于机构单位和资产分类的变化以及机构单位结构的变化引起的资产的变化。

4.答:(1)名义持有收益的测算是根据假定核算期间资产和负债在质量和数量上保持不变的情况下进行的;

(2)某些生产受季节影响的货物的价值提高不应算作持有收益;

(3)为充分发挥名义持有收益核算的作用,有必要对核算期已实现的名义持有收益和未实现的名义持有收益做出区分;

(4)应根据产生名义持有收益的四种不同情况对其进行估价。

5.答:(1)为经济主体提供了经济状况指标,即用净值概括反映了供其支配的非金融资源和金融资源;

(2)期末资产负债存量核算使整个核算过程得以终结;

(3)将资产负债存量核算结果与流量核算结果结合在一起,可以为分析人员在监测和评价经济、金融条件和行为时提供更多的信息。

(六)论述题

1.答:资产物量其他变化核算就是反映某些不通过交易进入和退出 SNA 的资产数量变化情况,其内容包括:

(1)非交易资产出现和消失的核算。主要对(a)与生产资产识别有关项目的核算,包括公共纪念物和贵重物品的首次被认可;(b)与自然资源进入和退出资产范围有关项目的核算,进入资产范围的项目包括地下资源的发现和重估价上调、非培育性生物资源的自然增长、其他自然资源向经济活动的转移和经济用途变化引起的自然资源质量变化等;退出资产范围的项目包括地下资源的开采和价值下调、非培育性生物资源的收获、其他自然资源从经济活动的退出和经济用途变化引起的自然资源质量变化等。(c)与合约、租约和许可证有关的项目的核算;(d)商誉和营销资产价值变化的核算;(e)与金融资产有关项目的核算。

(2)外部事件对资产价值影响的核算。包括对巨灾损失、无偿没收和未另分类的物量其他变化的核算。

(3)分类变化的核算。主要对部门分类与结构变化的核算,以及金融资产和负债分类变化的核算。

2.答:资产负债表中对生产资产登录的内容与方法有:

(1)固定资产的登录

登录固定资产的一般原则是,应当按照相同技术规格和年龄的资产在市场中的通行价格进行估价。在实际中,如果无法获得所登录固定资产的详细信息,必须求助于其他方法进行估价。

具体到以下各项重点核算内容,应当分别做到:

(a)固定资本消耗价值的计算。在计算固定资本消耗价值时,一是要对该资产价格的下降进行假设,并应当用部分信息检查该假设是否与此相一致;二是将与这些资产有关的所有权转移之购买者成本的价值下降包括在内。

(b)住宅和其他建筑物、构筑物的估价。对于住宅的估价,需要用从新住宅销售和现有房屋销售中所获得的信息来进行。

(c)土地改良价值的估算。对于土地改良的价值,应当按最初实施改良的价值记录,并要对其进行适当的重估价。

(d)现有汽车、飞机及其他运输工具价值的估算。对现有汽车、飞机及其他运输工具的价值,可以根据从市场上搜集有足够的代表性的价格对这些存量进行估价。

(e)生产中被连续使用的牲畜和培育树木的估价。对于那些在生产中年复一年被连续使用的牲畜,应当以某一年度该动物的购买者现价为基础进行估价;对于那些培育的树木(包括灌木)等资产的价值,应当以累积资本形成的经过减记后的现行价值进行记录。

(f)研发支出的估价。如果是根据合同实施的研发支出,则以合同价格进行估价;如果是自行开展的研发,就要按照累计成本进行估价。

(g)矿藏勘探和评估的估价。对于根据合同所进行的藏勘探和评估,要以合同支付给其他机构单位的总额为基础进行估价;如果是自己进行的勘探,就以所发生的费用为基础进行估价。

(h)知识产权产品的估价。对于知识产权产品的原作,应当基于其最初成本的经减记的价值,以现期价格进行重估价。如果不能采用这一方法,可以通过原作之未来收益的净现值进行估算。

(2)存货的登录

对资产负债表中存货价值的登录,通常是用资产负债表编表日期的价格进行估价。具体分为以下几种情况:

(a)材料和用品存货按购买者价格估价;

(b)制成品和在制品存货按基本价格估价;

(c)批发商和零售商准备转销,不再加工的货物存货按购买它们的价格,剔除批发商和零售商的运输费用后进行估价;

(d)估价正在生长的林木的方法是在扣除把林木培育成熟、伐木等的费用后,把未来销售林木的收益折算成现期价值。其他庄稼和牲畜可以参考此类产品的市场价格估价。

(3)贵重物品的登录

对于诸如艺术品、古董、宝石等珍贵物品在资产负债表中的登录,应按资产负债表有关日期的实际购买价格,包括代理人的手续费或佣金来估价。

3.答:SNA对资产负债表中非生产资产登录的内容和方法主要包括:

(1)对自然资源的登录。主要有:

(a)对土地价值的登录,原则上不包括土地改良的价值和建在土地之上的建筑物的价值,而且应按与资产负债表时间有关的土地新所有者支付的价格估价。按照惯例,这种价格不包括所有权转移费用。

(b)对矿产和能源储备的登录,通常由该资产的商业性开发的预计净收益的当前价值来决定。

(c)对非培育性生物资源、水资源及其他自然资源的登录,通常是通过预期未来收益的现值进行估价。

(2)合约、租约和许可的登录。SNA建议只在资产价值较大且可以认定、并有必要的合适市场价格时才进行记录。一旦超出合同协议时间,该资产便不复存在,因此,其价值应该随着合同剩余期限的缩短而下降。

(3)对商誉和营销资产的登录。记录在资产负债表的是企业被接收或营销资产被出售时出现在金融账户上的摊销后价值,并且,对这些记录不进行重估价。

4.答:SNA对资产负债表中金融资产和负债登录的内容和方法主要包括:

(1)对货币黄金和特别提款权的登录。货币黄金按在有组织的市场上形成的价格或中央银行之间双边协议确立的价格进行估价和登录。特别提款权的价值根据国际货币基金组织货币篮子每日决定的情况估价,并且通过从外汇市场价格中获得的对本币的汇率进行登录。

(2)对通货和存款的登录。对于通货,应当按其名义价值或面值进行估价。对于存款,则按债权人和债务人资产负债表中记录的价值登录。

(3)对债务性证券的登录。无论是短期证券,还是长期证券或是指数化债务证券,都应按照其当期的市场价值进行估价。

(4)对贷款的登录。登录在资产负债表中的贷款价值,既包括未偿付的本金数额,也包括已产生但未付的利息,以及间接测算的由该项债务所承担的已产生但未付的服务费用的数额(银行利息与 SNA 利息的差)等。

(5)股权和投资基金的登录。(a)股权的登录。对于上市股票,应当以现期价格进行登录;对于未上市股票,在无法获得其市场价值时,可以根据不同情况选择近期交易价格法、净资产价值法、现值/市盈率法、统计人员根据宏观信息调整企业账面价值法、自有资金账面价值法和摊销全球价值法等其中一种适宜的方法进行估算;对于其他股权,应当用资产的价值减去负债后的净值进行估价。(b)投资基金份额/单位的登录。对于上市基金份额,应当采用基金份额的市场价格估价;未上市基金份额则可从上述未上市股权估价方法中选择某一种方法进行估价。

(6)对保险、年金、养老金、以及标准化担保计划的登录。(a)非寿险专门准备金的登录,包括编制资产负债表当日未满期保费和为弥补未决赔款而留出的数额;(b)对寿险和年金权益的登录,包括所有预期索赔的现期价值。(c)登录养老金权益时,对于养老金数额是事先商定的,应当采用养老金提供者负债的精算估计值登录;对于养老金数额由从未来养老金缴款中获得金融资产的投资绩效决定的,应当按未来收益人的养老金持有金融资产的市场价值登录。(d)对标准化担保下代偿准备金的登录,应当按现有担保索赔的预期水平减去任何预期收回后所得的数额估价。

(7)对金融衍生工具的登录,原则上按其市场价值进行估价。当无法得到市场价值时,可以采用诸如期权模型或现值等方法估价。

(8)对其他应收/应付款的登录,无论是债权人还是债务人,都应按债务清偿时债务人有合同义务向债权人支付的本金额估价。

(七)计算题

【第 1 题】

(1)

a. 名义持有收益:

$$G = (p_n - p_0)q_0 + \sum(p_n - p_t)d_t$$
$$= (2.5 - 2.0) \times 1000 + 0$$
$$= 500(元)$$

b. 中性持有收益：
$$NG = (r_n p_0 q_n - p_0 q_0) - \sum r_t p_0 d_t$$
$$= (0.97 \times 2.0 \times 1000) - 2000$$
$$= 1940 - 2000$$
$$= -60(元)$$

c. 实际持有收益：
$$RG = G - NG$$
$$= 500 - (-60) = 560(元)$$

(2)该笔名义持有收益尚未实现。

【第2题】

(1)该国的非金融资产数量=2500+600+50+10500=13650(亿元)

(2)该国的对国外金融资产净额=207-130=140(亿元)

(3)该国家的国民财产=13790(亿元)

(4)填表：

表9-2 该国多个部门期末资产负债综合表

单位：亿元

资产						负债和净值					
国外	经济总体	住户	一般政府	金融公司	非金融公司	资产/负债的存量	非金融公司	金融公司	一般政府	住户	经济总体	国外
	13650	2500	600	50	10500	非金融资产						
130	5700	1400	100	3100	1100	金融资产/负债	3350	2300	40	10	5700	270
						净值	8250	850	660	3890	13650	-140

【第3题】

表9-3 该部门期末资产负债表

单位：万元

资产		负债和净值	
非金融资产	2410	负债	3000
非金融生产资产	2400		
非金融非生产资产	10		
金融资产	3120		
		净值	2530

第十章

对外交易和资产负债核算

学习目的和要求

学习本章的目的就是要求学员了解对外经济核算的基本理论和方法,重点掌握国外账户和国际收支平衡表这两种核算手段所包含的结构、内容和方法。

一、本章内容提要

(一)对外交易核算的基本问题

1. 国外和对外交易的含义

国外是指一国经济领土之外,所有那些在本国没有经济利益中心的交易主体的统称,即全部非常住机构单位。

对外交易是指一国与其经济领土之外全部非常住机构单位之间发生的货物与服务、收入与经常转移、资本转移和金融交易等全部经济往来。

对外交易核算又称国际收支核算,是从国外的角度来反映常住单位与所有非常住单位之间一切经济交往的核算,它是国民经济核算体系的重要组成部分。对外交易核算除个别变化外,基本上遵循国民经济核算的一般原则,并且用一套完整的账户系列来反映整个经济与国外之间发生的全部交易。

2. 对外交易核算的原则

(1)估价原则。在对外交易核算中,关于货物和服务(流量)、收入分配和再分配、金融资产和负债的交易,以及关于资产和负债的存量都以市场价格作为估价的基础。具体说,各种交易均按照交易者之间所协商的实际价格估价,而资产和负债的存量则按照与资产负债表有关时间的现价估价。具体在进行估价时,可以根据不同的估价内容分别采用不同的方法进行。

(2)记录时间原则。对外交易核算的记录时间需要遵循权责发生制原则,即在经济价值所有权的产生、转换、交换、转移或消失时进行记录。

(3)取净值原则。在对外经济交往的核算中,除了金融资产和负债的交易记录之外,其他交易一般不主张取净值。并且,只有当同类资产的获得和处置,或同类负债的发生和偿还才可以取净值。而在资产和负债之间则不取净值。

(4)记账单位原则。对于采用不同货币或其他价值标准表示的价值,都要折算成标准记账单位,即编制国外账户的国家所采用的货币。将一种交易货币单位折算成一种记账单位的适当汇率是交易日期的通行汇率。如果没有此项汇率,则采用最短时期的平均汇率。

(二)对外交易核算的内容和账户

1. 国外账户的功能和特点

国外账户是从国外的角度反映一个经济体与国外所有非常住单位之间经济关系的账户体系。

国外账户的特点:(1)从国外的角度编制账户,即一个经济体的国外资源恰是该经济体的使用;反之,该经济体国外的使用则构成它的资源。对于一个经济体国外账户的平衡项,正值表示国外部门的盈余和该经济体的赤字;负值则表示国外部门的赤字和该经济体的盈余。(2)采用通用的核算结构,包括除了生产账户和收入形成账户以外所有类别的账户。(3)国外账户与经济体内各机构部门之间有着对应关系。

2. 对外经常交易核算和账户

常住单位与国外的经常交易包括货物和服务的进出口交易、对外收入初次分配交易、对外收入二次分配交易等。因此,上述的对外交易内容便构成了国民经济核算体系对外经常交易核算的内容。

(1)对外货物和服务的核算与账户。(a)货物进出口核算。核算进出口货物需要注意处理好以下几个问题。(b)服务进出口核算。核算服务进出口时需重点关注的几种主要服务类型。(c)对外货物和服务账户。

(2)对外收入初次分配核算及账户。(a)对外收入初次分配核算包括的内容有雇员报酬、财产收入和生产进口税减生产进口补贴等。(b)对外收入初次分配账户。

(3)对外收入再分配核算和账户。对外收入再分配核算的内容只包括对外经常转移。常住单位对外获得的经常转移收入记录在国外账户的使用方；常住单位对外支付的经常转移记录在国外账户的来源方。对外收入再分配账户。

(4)对外经常交易账户。将常住单位对非常住单位之间所发生的货物与服务交易、收入初次分配交易和收入二次分配交易的有关内容汇总在一个账户，即形成常住单位的对外经常交易账户。

2. 对外积累核算和账户

(1)对外资本账户。对外资本账户的结构和内容。

(2)对外金融账户。对外金融账户的结构和内容。

(3)对外资产其他变化账户。(a)对外资产物量其他变化账户和(b)对外重估价账户的内容和结构。

(4)对外积累账户。将对外资本账户、对外金融账户和对外资产其他变化账户等三组账户结合在一起构成一个对外积累账户，即可完整地反映经济体和国外之间所发生的积累过程和结果。

4. 对外资产负债核算和账户

(1)对外资产负债核算。对外资产负债核算包括期初国外资产和负债的存量核算、对外交易和积累所带来的对外金融资产和负债净值的变化核算，以及期末对外资产负债存量的核算等内容。这些核算内容完全由金融资产和负债构成。

(2)对外资产负债账户。对外资产负债账户是由期初对外资产负债表、对外资产负债变化表和期末对外资产负债表等一组账户构成。账户的基本结构和内容。

(三)国际收支平衡表和国际账户

1. 国际收支的概念及其演变

国际收支有狭义和广义之分。狭义的国际收支是指一个国家对外的外汇资金的收支。广义的国际收支是指一个国家与世界其他国家(或地区)之间由于进行各种经济往来而发生的收入和支付。它既包括涉及外汇收支的国际经济往来，也包括不涉及外汇收支的国际经济往来。

国际收支的概念最早可以追溯到公元17世纪。第二次世界大战以后，为适应国际交往这一形势发展的需要，国际收支概念也随之有了新的扩展，即人们普遍采用了一种广义的国际收支概念。目前各国通用的是广义国际收支的概念，其核算范围也是包括所有对外经济往来的收支活动。

2. 国际收支核算的地位和作用

国际收支核算是国民经济核算体系的一个重要组成部分。在开放的市场经济条件下，完整的国民经济核算体系是不能没有国际收支核算的。因此，它作为专门以对外经济往来为对象的一种独立核算，构成国民经济核算体系五大核算中一个重要组成部分。同时它又与其他核算密切联系，相互依存，相互补充，从而使整个国民经济核算成为一个有机的整体。

国际收支核算把所有的对外经济往来集中在一起进行全面、系统的核算，综合反映一国的国际收支规模和结构以及平衡状况，为分析对外经济往来的种类、与国内经济发展的联系、国际收支平衡状况以及制定对外经济政策等提供依据。

3. BPM6的国际收支平衡表

国际收支平衡表是指一个国家通过对一定时期内的国际收支内容进行整理记录和编排，采用复式薄记表式的统计表。

(1) BPM6国际收支平衡表的基本结构及其内容。国际账户的内容和结构。国际账户与SNA国外账户的区别。

(2) 国际账户中的功能分类。

(3) BPM6的国际账户与SNA账户系列的比较。BPM6较以前版本的很大改进是，也引进了一套与SNA系列账户非常相似的，被统称为国际账户的新账户。这些账户的内容和结构。

(4) 国际投资头寸概览。

5. 我国SNA中的国际收支平衡表

(1) 国际收支平衡表的基本结构。中国国民经济核算体系2002的国际收支平衡表，基本上采用了BPM6以前国际货币基金组织规定的标准项目和格式。具体表式结构。

(2)国际收支平衡表主要内容。(a)经常项目。是国际收支平衡表中最重要的项目,它是对涉及货物、劳务、收入、单方面转移等非金融性对外交易所产生的经济价值的记录,反映了一国与它国之间实际资源的流动情况。经常项目之下通常设有货物和服务、收益和经常转移等三个二级项目。(b)资本和金融项目。此项目从资本和金融角度记录除储备资产以外的所有对外资本和金融资产与负债的交易,反映了资本和金融资产在一国与它国之间的流动情况。(c)储备资产。是指一国货币当局所持有的可直接用于国际支付的国际货币存量,包括货币黄金、外汇、特别提款权和在基金组织的储备头寸。储备资产的主要作用是弥补经常项目和资本往来项目收支差额,保证国际收支的平衡。(d)净误差与遗漏。是指编制国际收支平衡表时,因资料不完整、统计时间和计价标准不一致以及货币换算等因素所造成的差错和遗漏。

(3)国际收支平衡表的登录规则。(a)国际收支平衡表的记账原则:凡是引起本国外汇增加的交易,其数值都记录在贷方,凡是引起本国外汇减少的交易,其数值都记入借方;凡是引起外汇供给的交易都记入贷方;凡是引起外汇需求的交易都记录在借方。(b)国际收支平衡表的登录交易时间。采用了所有权变更原则,即将货物或服务的所有权发生变更的时间作为登录一笔交易的标准时间。(c)国际收支平衡表中有关项目的估价。一笔进出口交易,对于出口国往往是以离岸价格来计算,而进口国则以到岸价格来核算。为了统一估价口径,避免全世界范围内核算的不一致,国际货币基金组织建议进出口均按离岸价格计算。保险费和运输费用列为劳务收支。

(4)国际收支差额。局部国际收支差额与国际收支总差额。

5. 国外账户与国际收支平衡表之间的联系与区别

(1)国外账户与国际收支平衡表之间的联系。(a)国际收支平衡表是编制国外账户的基础。(b)有关概念的界定、估价和交易的记录时间、货币的折算方法、核算范围等,国际收支平衡表与国外账户是一致的。(c)国际收支平衡表中的经常项目与 SNA 的经常账户相一致;资本和金融项目与 SNA 的对外积累账户相一致。

(2)国外账户与国际收支平衡表之间的区别。(a)二者核算的角度不同。(b)国际收支平衡表只核算了当期的对外交易流量,并不反映对外经济的存量,而国外账户不仅反映对外交易的流量,还包括对外关系的存量。

二、本章重点和难点

学习本章应抓住以下重点问题：

1. 掌握对外交易和资产负债核算中几个重要概念，包括非常住单位、国外、对外交易、国际收支、国际收支平衡表等。
2. 了解对外交易核算的原则和国外账户的特点。
3. 掌握整个国外账户序列所核算的内容及各种账户的结构。
4. 掌握国际收支平衡表的基本结构和内容，了解其与国外账户的联系与区别。

三、例题分析

例题1(单项选择题)

国外账户中某平衡项为正值，表示( )。

A、国内盈余或顺差　　　　　　B、国外盈余或顺差

C、国外亏损或逆差　　　　　　D、国内盈余国外顺差

参考答案：B

说明：此题要选出正确答案，首先可以采用排除法原则从四个备选答案中除掉最不具备正确条件的答案。显然，C 和 D 应予以排除。理由是，D 说国内盈余国外顺差不符合逻辑；C 与 A 说明的是同一内容，单项选择题不可能有两个正确答案。接下来，排除了 C 也就意味着 A 也应属被排除之列。剩下的 B 便为正确答案了。再从国外账户的立足点也可看出，国外账户是立足国外反映经济交易状况的，正值恰好反映国外的盈余或顺差，故答案也应为 B。

例题2(多项选择题)

准确核算某一时期货物进出口总额，必须明确的问题有( )。

A、判断交易是否应作为货物进出口核算，要视货物是否跨越国界而定

B、判断交易是否应作为货物进出口核算，应视货物所有权是否发生变更而定

C、出口货物按离岸价格估价

D、进口货物按到岸价格估价

E、无论是出口货物,或是进口货物都按离岸价格估价

参考答案:BCE

说明:在五个备选答案中,A 和 B 说的是判断货物进出口的标准问题。根据 SNA 的权责发生制原则,确定货物是否出口,不以货物是否跨跃国界为标准,而是要看货物是否在常住单位和非常住单位之间发生所有权变更,所以 B 为正确答案。

C、D、E 说的是进出口货物的计价问题。SNA 为保持全世界核算的统一性,规定无论是出口货物,或是进口货物一律按离岸价格计价,所以 C、E 是正确的。

最后,整个题的正确答案有 BCE。

例题 3(判断题)

SNA 中的货物进出口,出口货物按离岸价格估价,进口货物按到岸价格估价。( )

参考答案:×

说明:SNA 在对外交易核算原则中明确规定,无论是出口货物还是进口货物一律都按离岸价格进行估价。

例题 4(名词解释)

国外

参考答案:国外是国民经济核算体系的专门术语,是指与一国常住单位进行交易的所有非常住单位。

说明:在解释"国外"一词时,应强调两点,一是它是国民经济核算体系的特定用语,二是强调它是所有与一国常住单位进行交易的非常住单位的集合体。

例题 5(简答题)

简述国际收支平衡表概览包括的项目。

参考答案:国际收支平衡表概览包括以下项目:

(1)经常账户,具体包括货物和服务账户、初次收入账户、二次收入账户三部分;

(2)资本账户;

(3)金融账户(按功能分类);

(4)净误差与遗漏。

说明:该题只要求答出各项的题目,其中有些项目只解释出第二层次所包含的内容即可。

例题6(论述题)

试述对外交易核算的原则。

参考答案:对外交易核算又称国际收支核算,是从国外的角度来反映常住单位与所有非常住单位之间一切经济交往的核算。对外交易核算的原则包括估价原则、记录时间原则、取净值原则和记录单位原则等。

(1)估价原则。在对外交易核算中,关于货物和服务(流量)、收入分配和再分配、金融资产和负债的交易,以及关于资产和负债的存量都以市场价格作为估价的基础。具体说,各种交易均按照交易者之间所协商的实际价格估价,而资产和负债的存量则按照与资产负债表有关时间的现价估价。具体在进行估价时,可以根据不同的估价内容分别采用不同的方法进行。

(2)记录时间原则。对外交易核算的记录时间要遵循权责发生制这个一般原则,即在经济价值所有权的产生、转换、交换、转移或消失时进行记录。

(3)取净值原则。在对外经济交往的核算中,除了金融资产和负债的交易记录之外,其他交易一般不主张取净值。并且,只有当同类资产的获得和处置,或同类负债的发生和偿还才可以取净值。而在资产和负债之间则不取净值。

(4)记账单位原则。在进行对外交易核算时,对于采用不同货币或其他价值标准表示的价值,都要折算成标准记账单位,即编制国外账户的国家所采用的货币。将一种交易货币单位折算成一种记账单位的适当汇率是交易日期的通行汇率。如果没有此项汇率,则采用最短时期的平均汇率。

说明:有关对外交易核算的原则内容较多,但大部分跟国内交易核算应当遵循的原则相同。学员在阐述这一问题时,可以将教科书中最核心的主要内容回答出来即可。

例题7(计算题)

已知A国某年货物和服务进出口项目如下:

(1)向国外销售货物900亿元。其中有一批价值10亿元的货物,协议规定,只有该批货物由出口国负责运抵进口国办完交货手续后,方变更货物所有权。当该批货物运抵进口国后发现损失了2亿元。

从国外购买货物700亿元。

(2)以融资租赁方式向国外出租各种设备6亿元。

以同样方式从国外承租各种设备9亿元。

(3)国内企业向其在国外的分公司运送货物3亿元。

国外公司向其在该国的分公司运送货物5.5亿元。

(4)国内经营者在国外市场上购买货物25亿元,其中有20亿元货物核算期内又在国外市场销售,获利3亿元。其余5亿元货物核算期内尚未销售。

(5)送往国外加工的货物15亿元。其中有10亿元的货物要进行深度加工,并于同期返回。按合同规定,返回时的价值为12亿元。其余5亿元货物为不改变原有形态的一般加工,加工费为6000万元,也于同期返回国内。

(6)来自国外的实物转移5亿元。

向国外转移实物3.5亿元。

(7)在国外承包工程建设项目和安装项目获得25亿元。

(8)向国外提供运输服务13.8亿元。

国外向国内提供的运输服务8.5亿元。

(9)旅游收入7亿元。其中,国外游客直接从国内购买的货物3亿元。

旅游支出3亿元,其中,国内游客从国外直接购买货物1.5亿元。

(10)向国外非常住单位提供保险和金融服务收入为3亿元。

向国外支付的保险及金融服务费用2亿元。

要求:根据以上交易记录,试对A国该年的货物和服务进行核算,并编制对外货物和服务账户。

参考答案(该题需根据对外货物与服务进出口核算规则进行):1^0 计算货物的出口:

(1)898亿元(2亿元丢失不包括在出口中);

(2)6亿元;

(3)3亿元;

(5)10亿元;(只计算送往国外做深度加工,并同期返回的货物)

(6)3.5亿元;

货物出口的合计数额为920.5亿元。

2^0 计算服务的出口：

(4)3亿元(从国外购买又转卖给国外，其销售收入与购买费用之间的差额作服务出口处理)；

(7)25亿元；

(8)13.8亿元；

(9)7亿元(旅游一切收入，包括国外游客从国内购买货物均作服务收入处理)；

(10)3亿元

服务出口的合计数额为51.8亿元

货物和服务的出口合计为972.3亿元。

3^0 计算货物的进口：

(1)700亿元；

(2)9亿元；

(3)5.5亿元

(4)5亿元(从国外购买打算再售给国外，但本期尚未销售的货物做存货中持有货物进口处理)；

(5)10亿元(送往国外做深度加工的货物，送出时做出口处理，接回时按进口处理)；

(6)5亿元。

货物进口合计数为734.5亿元。

4^0 计算服务的进口：

(5)2+0.6=2.6亿元(深度加工的附加值和一般加工的加工费作服务进口处理)；

(8)8.5亿元；

(9)3亿元；

(10)2亿元。

服务进口合计为16.1亿元。

货物和服务进口合计为750.6亿元。

将上述核算结果编制成对外货物和服务账户如表10-1所示：

表 10-1 A 国某年对外货物和服务账户

单位:亿元

使用		资源	
货物和服务的出口	972.3	货物和服务的进口	750.6
货物的出口	920.5	货物的进口	734.5
劳务的出口	51.8	服务的进口	16.1
货物和劳务的对外差额	−221.7		

四、练习题

(一)单项选择题

1. 国外账户的资源(　　)。

A、恰是经济总体的资源　　　　B、恰是经济总体的使用

C、恰是国外的使用　　　　　　D、恰是国外的盈余

2. 对外交易核算中货物和服务流量的估价原则是(　　)

A、出口货物和服务按离岸价格估价,进口货物和服务按到岸价格估价

B、出口货物和服务按到岸价格估价,进口货物和服务按离岸价格估价

C、出口与进口货物和服务都按离岸价格估价

D、出口与进口货物和服务都按到岸价格估价

3. 在进行对外交易核算时,对于采用不同货币或其他价值标准表示的价值(　　)。

A、都要折算成编制国外账户的国家所采用的货币表示

B、不需要折算成编制国外账户的国家所采用的货币表示

C、都要折算成美元表示

D、都要折算成国际货币基金组织一篮子货币表示

4. 对外核算中,用以将交易货币单位折算成本国记账单位的适当汇率应是(　　)。

1、交易日上的通行汇率　　　　B、交易日前一日的通行汇率

C、交易日后一日的通行汇率　　D、近一年的平均汇率

5. A 国的一个建筑公司在 B 国得到一个大型建筑合同,记录从 A 国到 B 国的出口价值,包含在最终建筑物内的(　　)
   A、全部货物　　　　　　　　B、全部服务
   C、全部货物和服务　　　　　D、由 A 国提供的货物和服务

6. 旅游进出口核算(　　)。
   A、只包括为私人目的在国外旅行时所购买的各种货物
   B、只包括为私人目的在国外旅行时所购买的各种服务
   C、只包括为私人目的在国外旅行时所购买的各种货物和服务
   D、包括为商务或私人目的在国外旅行时所购买的各种货物和服务。

7. 国际收支的概念最早产生于(　　)。
   A、16 世纪　　B、17 世纪　　C、18 世纪　　D、19 世纪

8. 目前世界各国应用的国际收支平衡表是由(　　)。
   A、联合国提出的　　　　　　B、世界银行提出的
   C、国际货币基金组织提出的　D、各国政府提出的

9. 组成国际收支平衡表的项目有(　　)。
   A、两个　　B、三个　　C、四个　　D、五个

10. 国际间债权人的一笔贷款无法收回,应当记录在(　　)。
    A、对外资本账户　　　　　　B、对外资产物量其他变化帐户
    C、对外金融账户　　　　　　D、对外资产负债账户

11. 向国外出口货物和从国外购买证券应分别记入国际收支平衡表的(　　)。
    A、借方　　　　　　　　　　B、贷方
    C、前者为借方,后者为贷方　D、前者为贷方,后者为借方

12. 国际账户中的金融资产是按(　　)。
    A、金融资产的功能分类的　　B、金融工具的类别分类的
    C、金融资产的国别分类的　　D、金融资产的时间长短分类的

13. 储备资产是货币当局为了满足平衡国际收支资金的需要和其他目的,随时可以利用并控制的(　　)。
    A、全部非金融资产　　　　　B、全部金融资产
    C、全部非金融资产和金融资产　D、外部资产

14. 一般各国总是(　　)。

A、同时编制国际收支平衡表和国外账户

B、先编制国外账户,然后将其纳入国际收支平衡表

C、先编制国际收支平衡表,然后将其纳入国外账户

D、在国际收支平衡表与国外账户二者中选择一种编制

15. 实践中评价一国国际收支平衡与否最常用的差额指标是(　　)。

A、货物与服务进出口差额　　　B、经常收支差额

C、国际收支基本差额　　　　　D、国际收支总差额

(二)多项选择题

1. 对外交易核算的原则包括(　　)。

A、估价原则　　　B、记录时间原则　　　C、取净值原则

D、常住性原则　　E、记账单位原则

2. 国外账户的特点主要表现在(　　)。

A、从国内角度编制账户　　　B、从国外角度编制账户

C、采用通用的核算结构　　　D、独立自成体系

E、与经济体内各机构部门之间有着对应关系

3. 常住单位与国外的经常交易包括(　　)。

A、货物和服务的进出口交易　　B、对外生产交易

C、对外收入初次分配交易　　　D、对外收入二次分配交易

E、对外收入使用交易

4. 金融服务进出口核算中,直接计算和收取的佣金和服务费有(　　)。

A、金融中介服务费

B、与证券交易有关的佣金和其他费用

C、商品期货交易者的佣金

D、与资产管理、股票管理和其他金融市场交易有关的服务费

E、有关国际货币基金组织资源的购买服务费

5. 对外财产收入中最常见的有(　　)。

A、利息　　　　B、地租　　　　C、股息

D、直接投资收入　　　　　E、其他财产收入

6. 对外积累账户包括(　　)。

A、对外收入分配账户　　　　　B、对外资本账户

C、对外金融账户　　　　　　　D、对外资产其他变化账户

E、对外资产负债账户

7. 构成一个国家国民净财产的项目有（　　）。

A、该国的非金融资产存量　　　B、该国的非生产非金融资产

C、对外金融资产　　　　D、对外净债权　　　　E、净值

8. 国际账户中金融资产按功能分类包括（　　）。

A、直接投资　　　　　　　　　　　　B、证券投资

C、金融衍生品（除储备外）和雇员股票期权　D、其他投资

E、储备资产

9. 货币当局持有储备资产的目的在于（　　）。

A、满足平衡国际收支资金的需要　　B、满足对外援助需要

C、为了干预外汇市场　　　　　　　D、为了稳定国内物价

E、为了实现其他目的

10. 下列项目中，国际账户不具有描述功能的有（　　）。

A、生产　　　　　B、收入初次分配　　　C、收入再分配

D、最终消费　　　E、资本转移

11. 我国目前应用的国际收支平衡表包括的项目有（　　）。

A、经常项目　　　　B、资本往来项目　　　C、资本和金融项目

D、净误差与遗漏项目　　E、储备资产

12. 分析一国国际收支的平衡状况，主要看经常项目、资本和金融项目以及储备资产增减额项目三者之间的组合状况（　　）。

A、经常项目顺差，资本和金融项目也是顺差，储备资产有很大增加

B、经常项目顺差，资本和金融项目递差，但数额小于前者，储备资产略有增加

C、经常项目逆差，资本和金融项目顺差，但数额前者大于后者，储备资产略有减少

D、经常项目逆差，资本和金融项目顺差，但数额前者大于后者，储备资产减少很多

E、经常项目逆差，资本和金融项目也逆差，储备资产减少很多

(三)判断题

1. 国外就是一国之外的所有那些在本国没有经济利益中心的交易主体的统称。(   )

2. 对外交易核算是从国外的角度来反映常住单位与所有非常住单位之间一切经济交往的核算。(   )

3. 货物的出口和进口应在同一估价的地点按市场价格记录。(   )

4. 在对外交易核算中,金融项目的估价应当包括任何服务费、手续费、佣金或收入等。(   )

5. 在进行对外交易核算时,对于采用不同货币或其他价值标准表示的价值,都要折算成编制国外账户的国家所采用的货币。(   )

6. 商业旅行者的支出应当作为生产者中间消耗的一部分进行核算。(   )

7. 国外大使馆或领事馆给当地工作人员所发的报酬不应当作为对外雇员报酬进行核算。(   )

8. 对非常住单位走私货物的无偿没收应当在对外资产其他变化账户中记录。(   )

9. 一个经济体对外的净金融债权与该经济体的非金融资产存量合计便构成了该经济总体的净财产。(   )

10. 狭义的国际收支是指一个国家对外的外汇资金的收支。(   )

11. 受重商主义者的影响,国际收支的概念最早出现于公元十七世纪。(   )

12. 在常住单位与非常住单位之间,即使那些所有权没有发生改变的经济往来也要包括在国际收支核算范围内。(   )

13. 如同 SNA 的国外账户一样,BPM6 的国际账户也是站在国外角度编制的。(   )

14. 储备资产必须是那些能够在完全无条件方式下很容易获得的资产。(   )

15. 国际账户中的资本账户所记录的内容主要包括非生产非金融资产的获得和处置、资本转移,以及生产资产的资本形成。(   )

16. 综合国际投资头寸表概览实质上是将 SNA 三张对外资产负债表合并成的一张表。（　）

(四) 名词解释

1. 国外
2. 对外交易
3. 离岸价格
4. 到岸价格
5. 国外账户
6. 国际收支
7. 国际收支核算
8. 国际收支平衡表
9. 经常项目
10. 储备资产
11. 国际收支基本差额
12. 国际收支总差额

(五) 简答题

1. 简述对外交易核算的原则。
2. 国外账户有哪些特点？
3. 简述对外经常交易包括的内容。
4. 对外积累账户包括哪些账户？
5. 国际收支平衡表概览的金融账户中包括哪些种类？
6. 国际收支平衡表包括哪些项目？
7. 简要说明国际收支平衡表与国外账户的关系。

(六) 论述题

1. 试述核算几种主要服务类型进出口时应当注意的问题。
2. 阐述国际收支平衡表的编制原理。

(七)计算题

【第1题】

已知A国某年对外经济交易中,有关货物和服务进出口、收入初次分配和经常转移的交易项目记录如下:

(1)向国外出口机器设备300亿元,原油200亿元;对国外提供的建筑服务和安装工程服务120亿元,旅游服务80亿元,其他服务100亿元。

同期从国外进口服装70亿元,钢材50亿元,其他货物150亿元;从国外进口的服务308.3亿元。

(2)由劳务输出从国外常住单位获得的现金工资、实物工资、薪金和其他报酬合计为150亿元。

同期向国外支付同类劳动报酬75亿元。

(3)国外雇主以所雇佣的国内雇员的名义向社会保障计划或私人保险或养恤基金缴款2.5亿元。

(4)国内居民受雇于外国驻本国大使馆获得报酬1亿元。

同期支付给本国驻国外大使馆当地工作人员的报酬2.5亿元

(5)从国际组织获得的雇员报酬为0.8亿元。

(6)国内从国外得到的利息和股息收入合计为8亿元。

同期支付给国外的利息和股息为13亿元。

(7)从国外得到的所得和财产等经常税3亿元。

同期支付给国外的所得和财产等经常税1.5亿元。

(8)国内从国外获得的其他经常转移为3亿元。

同期支付给国外的其他经常转移为3.2亿元。

要求:试根据以上所记录的交易项目编制该国的

(1)对外货物和服务账户;

(2)对外收入初次分配账户;

(3)对外收入再分配核算账户;

(4)对外经常交易账户。

【第2题】

已知A国某年对外经济中,发生的对外经常差额为-294.8亿元。因对外

经济交易和非经济交易引起的对外资产、负债和净值变化情况记录如下:

(1)国外使领馆从国内购买土地共花费 7 亿元;国外同期向国内出售土地共 10 亿元。

(2)国外取消对国内的债权 3 亿元;国内取消对国外债权 2 亿元。

(3)国外向国内的实物资本转移 15 亿元;国内向国外实物资本转移 12 亿元。

(4)国内向国外现金资本转移 7 亿元;国外向国内现金资本转移 5 亿元。

(5)国外从国内购买货币黄金 2 亿元。

(6)国外从国内获得的通货 50 亿元;同时,接受国内存款 37 亿元;国内常住单位从国外获得的通货 75 亿元;接受国外存款 20 亿元。

(7)国内向国外发行债务性证券 8 亿元;国内购买国外发售的债务性证券 135 亿元。

(8)国外向国内贷款 46 亿元;国内贷给国外的款项是 92.5 亿元。

(9)国外购买国内股权和投资基金份额 5.5 亿元;国内购买国外股权和投资基金份额 46.3 亿元。

(10)国外其他应收款 18.5 亿元;其他应付款 58 亿元。

(11)国外无偿没收国内非法盗版软件 1.5 亿元。

(12)国外对国内注销一笔 0.5 亿元的坏账。

(13)国外名义持有资产收益 154 亿元。其中,中性持有资产收益 120 亿元。

(14)国外名义持有负债收益 167 亿元,其中,中性持有负债收益 132 亿元。

要求:试根据上述记录的项目,编制该国某年的

(1)对外资本账户;

(2)对外金融账户;

(3)对外资产其他变化账户;

(4)对外积累账户。

【第 3 题】

已知 A 国某年底对外金融资产为 2850 亿元;对外金融负债为 1760 亿元。其他相关资料如第 1 题和第 2 题所述。

要求:试根据已有资料编制该国某年对外资产负债账户。

【第 4 题】

根据第 1~3 题资料和计算结果编制 A 国某年国际收支平衡表。

四、练习题答案

(一)单项选择题

1. B；2. C；3. A；4. A；5. D；6. D；7. B；8. C；9. C；10. B；11. D；12. A；13. D；14. C；15. D。

(二)多项选择题

1. A B C E；2. B C E；3. A C D；4. A B D E；5. A C；6. B C D；7. A C；8. A B C D E；9. A C E；10. A D；11. A C D E；12. A B C E。

(三)判断题

1. ×；2. √；3. √；4. ×；5. √；6. √；7. ×；8. √；9. √；10. √；11. √；12. ×；13. ×；14. √；15. ×；16. √。

(四)名词解释

1. 国外是指一国经济领土之外，所有那些在本国没有经济利益中心的交易主体的统称，即全部非常住机构单位。

2. 对外交易是指一国与其经济领土之外全部非常住机构单位之间发生的货物与服务、收入与经常转移、资本转移和金融交易等全部经济往来。

3. 离岸价格是指货物在出口国边境，为货物支付了任何出口税或获得任何退税后，货物被装载到进口者自己的运载工具或其他运载工具后由进口者为收取货物所支付的购买者价格。

4. 到岸价格是指在边境支付任何进口关税或其他税之前，由进口者在其边境为接受货物交付应支付的购买者价格。

5. 国外账户是从国外的角度反映一个经济体与国外所有非常住单位之间经济关系的账户体系。

6. 国际收支有狭义和广义之分。狭义的国际收支是指一个国家对外的外汇资金的收支。广义的国际收支是指一个国家与世界其他国家(或地区)之间由于进行各种经济往来而发生的收入和支付。它既包括涉及外汇收支的国际经济往来,也包括不涉及外汇收支的国际经济往来。

7. 国际收支核算是采用复式记账原理,并通过国际收支平衡表,对一定时期一国与其他国家(或地区)之间发生的贸易、非贸易和资金往来以及该国储备资产的增减变化所做的系统记录。

8. 国际收支平衡表是指一个国家通过对一定时期内的国际收支内容进行整理记录和编排,采用复式簿记表式的统计表。

9. 经常项目是国际收支平衡表中最重要的项目,它是对涉及货物、劳务、收入、单方面转移等非金融性对外交易所产生的经济价值的记录,反映了一国与它国之间实际资源的流动情况。

10. 储备资产指一国货币当局所持有的可直接用于国际支付的国际货币存量,包括货币黄金、外汇、特别提款权和在基金组织的储备头寸。

11. 国际收支基本差额是将国际收支平衡表中经常项目与长期资本和金融项目作为线上项目所求得的借贷差额。

12. 国际收支总差额是将国际收支平衡表中经常项目、资本和金融项目以及误差与遗漏项目作为线上项目而求得的借贷差额,正值表示国际收支顺差,负值表示国际收支逆差。

(五)简答题

1. 答:对外交易核算的原则包括:
(1)估价原则;
(2)记录时间原则;
(3)取净值原则;
(4)记账单位原则。

2. 答:国外账户有以下特点:
(1)从国外的角度编制账户;
(2)采用 SNA 通用的核算结构;
(3)国外账户与经济体内各机构部门之间有着对应关系。

3. 答：对外经常交易包括如下内容：

(1) 对外货物和服务进出口交易；

(2) 对外收入初次分配交易；

(3) 对外收入再分配交易。

4. 答：对外积累账户包括：

(1) 对外资本账户；

(2) 对外金融账户；

(3) 对外资产其他变化账户。

5. 答：国际收支平衡表概览的金融账户中按功能分类包括如下种类：

(1) 直接投资；

(2) 证券投资；

(3) 金融衍生品（除储备外）和雇员股票期权；

(4) 其他投资；

(5) 储备资产。

6. 答：国际收支平衡表包括的项目有：

(1) 经常账户，包括货物和服务账户、初次收入账户、二次收入账户；

(2) 资本账户；

(3) 金融账户（按功能分类）；

(4) 净误差和遗漏。

7. 答：国际收支平衡表与国外账户之间既有联系，又有区别。二者之间的联系表现在：

(1) 二者关于国外和对外交易的定义、核算原则等方面的规定具有一致性；

(2) 国际收支平衡表是编制国外账户的基础；

(3) 二者在核算层次上具有一定对应关系；

(4) 二者的作用基本相同。

二者之间的区别表现在：

(1) 二者编制的立足点不同；

(2) 二者核算的范围不同；

(3) 个别分类上存在差别。

(六)论述题

1. 答:在核算服务进出口时,应当对以下几种主要的服务类型予以特别注意:

(1)建筑服务进出口的核算。一个国家的一个建筑公司从国外得到一个大型建筑合同,只将包含在最终建筑物内的由该国提供的货物和服务记录在国外账户的建筑服务进出口中。

(2)安装工程服务的进出口核算。该项目的核算如同运输费用一样。

(3)运输服务进出口核算。运输服务包括由一个经济体常住单位为另一个经济体常住单位完成的所有海、陆、空运输方式,涉及货物的流动或旅客的载送,以及相关的辅助和附属性服务。

对于货物运输,货物直到出口国关境的运输费用应记入货物在该地点的离岸价格。如果运输服务是由出口者或出口国的其他常住单位提供,运输服务就不应该同时记录为服务的出口;如果是进口者或进口国的其他常住单位负责将货物从国外生产者工厂运输到出口国边境,则该运输费用就必须加到外国生产者得到的价格上,以形成离岸价格。

对于旅客运输核算,出口包括由常住承运人承担非常住单位的国际运输,而不包括其在本国内对非常住单位提供的服务;进口包括由非常住承运人承担常住单位的国际运输和其在常住国内承担常住单位的运输。旅客运输中包括食物、饮料或其他货物和向旅客提供的任何附加服务。

(4)旅游进出口的核算。旅游进出口包括为商务或私人目的在国外旅行时所购买的各种货物和服务。为准确核算商务旅行支出和私人旅行支出,有必要对旅游支出和旅客服务做进一步细分。因为商业旅行者的支出是生产者中间消耗的一部分;而私人旅行者的支出是住户最终消费支出的一部分。

(5)保险服务进出口的核算。保险服务的出口包括常住保险企业向非常住者提供的保险。而保险服务的进口则包括非常住保险企业向常住者提供的保险。国际保险的计算或估价是通过含在所获取的保险费总额中的服务费用来进行的,而不是通过保险费总额本身来进行。

(6)许可费服务的核算。许可费包括常住单位和非常住单位之间与授权使用无形非生产非金融资产和所有权有关的收入(出口)和支付(进口),这些无形非生产非金融资产和所有权包括专利权、版权、商标、工业工艺、特许权等,以及通过许可协议使用生产的原件或原型,如手稿、胶片等。

(7)金融服务进出口核算。金融服务的进出口是在常住单位与非常住单位之间实行的金融中介和附属服务。金融服务费包括直接计算的金融中介机构收取的服务费和间接计算的金融中介服务费。

2.答:国际收支平衡表是指一个国家通过对一定时期内的国际收支内容进行整理记录和编排,采用复式薄记表式的统计表。其编制原理如下:

(1)借方记录支出性经济行为、金融资产增加和负债减少,三者分别如进口、购买国外证券和归还借款等;

(2)贷方记录收入性经济行为、金融资产减少和负债增加。三者分别如出口、出售所持国外证券和对外发行证券等。

(七)计算题

【第1题】

该国某年的对外货物和服务账户、对外收入初次分配账户、对外收入再分配账户和对外经常交易账户分别如下:

(1)该国某年的对外货物和服务账户

表 10-2　该国某年的对外货物和服务账户

单位:亿元

使　　用		资　　源	
货物和服务的出口	800.0	货物和服务的进口	578.3
货物的出口	500.0	货物的进口	270.0
劳务的出口	300.0	服务的进口	308.3
货物和劳务的对外差额	−221.7		

(2)该国某年的对外收入初次分配账户

表 10-3　该国某年的对外收入初次分配账户

单位:亿元

使　　用		资　　源	
雇员报酬	154.3	雇员报酬	77.5
生产税	0.0	生产税	0.0
减:生产补贴(−)	0.0	减:生产补贴(−)	0.0
财产收入	8.0	财产收入	13.0
对外初始收入差额	−71.8		

(3) 该国某年的对外收入再分配账户

表10-4 该国某年的对外收入再分配账户

单位：亿元

使　　用		资　　源	
经常转移	6.0	经常转移	4.7
所得、财产等经常税	3.0	所得、财产等经常税	1.5
社会缴款	0.0	社会缴款	0.0
社会福利	0.0	社会福利	0.0
其他经常转移	3.0	其他经常转移	3.2
对外收入二次分配差额	−1.3		

(4) 该国某年的对外经常交易账户

表10-5 该国某年的对外经常交易账户

单位：亿元

使　　用		资　　源	
货物和服务账户			
货物和服务出口	800.0	货物和服务进口	578.3
对外货物和服务差额	−221.7		
收入初次分配账户		要素收入	90.5
要素收入	162.3		
初始收入	−71.8	经常转移	4.7
对外货物、服务和初始收入差额	−293.5		
收入二次分配账户			
经常转移	6.0		
对外收入二次分配差额	−1.3		
养老金权益变化调整	0.0		
对外经常交易差额	−294.8		

【第2题】

该国某年对外资本账户、对外金融账户、对外资产其他变化账户和对外积累账户分别如下：

(1) 该国某年对外资本账户

表 10-6　该国某年的对外资本账户

单位：亿元

资产的变化		负债和净值的变化	
非生产非金融资产的获得减处置	−3.0	对外经常差额	−294.8
		应收的资本转移	21.0
		应付的资本转移	23.0
净借出(＋)/净借入(−)	−293.8	储蓄和资本转移引起的净值变化	−296.8

(2)该国某年对外金融账户

表 10-7　该国某年的对外金融账户

单位：亿元

资产的变化		负债和净值的变化	
金融资产净获得	150.0	净借出(＋)/净借入(−)	−293.8
货币黄金和特别提款权	2.0	负债净发生	443.8
通货和存款	70.0	通货和存款	112.0
债务性证券	8.0	债务性证券	135.0
贷款	46.0	贷款	92.5
股权和投资基金份额/单位	5.5	股权和投资基金份额/单位	46.3
保险、养老金和标准化担保计划	0.0	保险、养老金和标准化担保计划	0.0
金融衍生工具和雇员股票期权	0.0	金融衍生工具和雇员股票期权	0.0
其他应收款	18.5	其他应付款	58.0

(3)该国某年对外资产其他变化账户

(a)

表 10-8　该国某年的对外资产物量其他变化账户

单位：亿元

资产的变化		负债和净值的变化	
资产的经济出现	0.0	负债	0.0
非金融非生产资产	0.0	灾害损失	0.0
非金融非生产资产的经济消失	1.5	无偿没收	0.0
无偿没收	1.5	未另分类金融资产/负债其他物量的变化	0.0
分类变化	0.0	分类变化	0.0
金融资产	−0.5	金融资产	0.0
		对外资产物量其他变化引起的净值变化	1.0

(b)

表 10-9 该国某年的对外重估价账户

单位:亿元

资产的变化		负债和净值的变化	
金融资产		负债	
名义持有收益(+)/损失(−)	154.0	名义持有收益(+)/损失(−)	167.0
中性持有收益(+)/损失(−)	120.0	中性持有收益(+)/损失(−)	132.0
实际持有收益(+)/损失(−)	34.0	实际持有收益(+)/损失(−)	35.0
		由名义持有损益引起的净值变化	−13.0
		由中性持有损益引起的净值变化	−12.0
		由实际持有损益引起的净值变化	−1.0

(4) 该国某年对外积累账户

表 10-10 该国某年的对外积累账户

单位:亿元

资产的变化		负债和净值的变化	
资本账户		对外经常差额	−294.8
非生产非金融资产的获得减处置	−3.0	应收的资本转移	21.0
		应付的资本转移	23.0
		储蓄和资本转移引起的净值变化	−296.8
净借出(+)/净借入(−)	−293.8		
		净借出(+)/净借入(−)	−293.8
金融账户		负债净发生	443.8
金融资产净获得	150.0		
对外资产其他变化账户			
对外资产物量其他变化账户		对外资产物量其他变化引起的净值变化	1.0
对外重估价账户			
金融资产		负债	
名义持有收益(+)/损失(−)	154.0	名义持有收益(+)/损失(−)	167.0
中性持有收益(+)/损失(−)	120.0	中性持有收益(+)/损失(−)	132.0
实际持有收益(+)/损失(−)	34.0	实际持有收益(+)/损失(−)	35.0
		由名义持有损益引起的净值变化	−13.0
		由中性持有损益引起的净值变化	−12.0
		由实际持有损益引起的净值变化	−1.0
		对外积累净值变化总量	−305.8

第十章 对外交易和资产负债核算

【第3题】

该国某年对外资产负债账户

(1) 该国某年期初对外资产负债账户

表10-11 该国某年期初对外资产负债账户

单位：亿元

资产		负债和净值	
资产总计	1760.0		
非金融资产	0.0	负债	2850.0
金融资产	1760.0	净值	−1090.0

(2) 该国某年对外资产负债变化账户

表10-12 该国某年对外资产负债变化账户

单位：亿元

资产变化		负债和净值变化	
资产变化总计	305.0		
非金融资产	1.5		
金融资产	303.5	负债变化总计	610.8
		净值变化总计	−305.8
		储蓄、对外经常差额引起的净值变化	−293.8
		资产物量其他变化引起的净值变化	1.0
		名义持有损益引起的净值变化	−13.0
		中性持有损益引起的净值变化	−12.0
		实际持有损益引起的净值变化	−1.0

(3) 该国某年期末对外资产负债账户

表10-13 该国某年期末对外资产负债账户

单位：亿元

资产		负债和净值	
资产总计	2065.0		
非金融资产	1.5	负债	3460.8
金融资产	2063.5	净值	−1395.8

【第4题】

该国某年国际收支平衡表如下:

表 10-14　该国某年国际收支平衡表

单位:亿元

国际收支	贷方	借方	差额
经常账户			
货物和服务账户			
货物	500	270	
服务	300	308.3	
货物和服务	800	578.3	221.7
初次收入账户			
雇员报酬	154.3	77.5	
财产收入	8.0	13.0	
初始收入	162.3	90.5	71.8
货物、服务和初始收入	962.3	668.8	293.5
二次收入账户			
对收入、财产等经常税	0	0	
非寿险保费净额	0	0	
非寿险债权	0	0	
经常性国际转移	0	0	
其他经常转移	6.0	4.7	
二次收入	6.0	4.7	1.3
经常账户平衡差额			294.8
资本账户			
非生产资产的获得或处置	0	3.0	
资本转移	23.0	21.0	
资本账户平衡差额			-1.0
净借出(+)/净借入(-)			293.8
金融账户(按功能分类)			
直接投资			
证券投资			
金融衍生品(除储备外)和ESOs			
其他投资			
储备资产			
资产/负债总变化	443.8	150.0	
净借出(+)/净借入(-)			293.8
净误差和遗漏			0

第十一章

物量和物价核算

学习目的和要求

学习本章的目的是了解物量和物价核算的基本问题、价格和物量的国际比较,重点掌握物量指数和物价指数的编制方法、生产法GDP和支出法GDP的物量测度方法,以及经济总体实际收入的测度方法等。

一、本章内容提要

(一)物量和物价核算的基本问题

1. 物量和物价的含义

(1)单一货物或服务的数量、价格和价值。从单一的货物或服务角度考察,数量这一概念只有对单一的同质产品才有意义;价格是某种单一货物或服务的单位价值;价值是某种单一货物或服务每单位的价格与数量个数的乘积。

(2)多种货物或服务的物量和价格。多种货物或服务的物量和价格是若干种货物或服务的综合。这种综合是在前者剔除了价格变动因素,后者剔除了数量变动因素以后的可比概念。国民经济核算体系有关货物或服务量的研究,对单一同质货物或服务强调用"数量"一词,而对多种货物或服务使用的是"物量"一词。

2. 物量和价格核算的目的和作用

(1)国民经济核算体系核算物量和价格的目的是:(a)建立一个国民经济动

态核算体系,全面描述主要总量的价格变化和物量变化;(b)汇集一套相互依存的价格和物量值,以便对通货膨胀和经济增长与波动做出系统、详细的分析。

(2)核算物量和价格的作用:(a)可以从整体上检验物量值和价格在数值方面的一致性和可靠性;(b)可以推导出某些重要平衡项的价格和物量值,这对研究经济的增长与波动十分有用;(c)可以用来比较不同地区或国家在同一时期内的价格和物量水平。

(二)物量指数和价格指数

1. 物量指数

物量指数是一组特定的货物或服务的数量在两个时期之间均匀变化的平均值。

(1)拉氏物量指数。

$$L_q = \sum \left(\frac{q_i^t}{q_i^0}\right) s_i^0 = \frac{\sum q_i^t p_i^0}{\sum q_i^0 p_i^0}$$

(2)帕氏物量指数。

$$P_q = \left[\sum \left(\frac{q_i^t}{q_i^0}\right)^{-1} s_i^0\right]^{-1} = \frac{\sum q_i^t p_i^t}{\sum q_i^0 p_i^t}$$

2. 价格指数

价格指数是一组特定货物和服务的价格在两个时期之间均匀变化的平均值。

(1)拉氏价格指数。

$$L_p = \sum \left(\frac{p_i^t}{p_i^0}\right) s_i^0 = \frac{\sum \left(\frac{p_i^t}{p_i^0}\right) p_i^0 q_i^0}{\sum p_i^0 q_i^0} = \frac{\sum p_i^t q_i^0}{p_i^0 q_i^0}$$

(2)帕氏价格指数。

$$P_p = \left[\sum \left(\frac{p_i^t}{p_i^0}\right)^{-1} s_i^t\right]^{-1} = \frac{\sum p_i^t q_i^t}{\sum p_i^0 q_i^t}$$

上述每个公式的含义,公式中每个符号的含义。

3. 拉氏指数与帕氏指数之间的关系

(1)两种指数之间存在着对称性。由于帕氏指数和拉氏指数之间互为倒数,所以它们之间存在着重要的对称性。

(2)拉氏指数记录的增长幅度大于帕氏指数。一般情况下,一个拉氏指数记录的随时间推移的增长幅度往往大于帕氏指数。

4. 其他指数公式

费希尔理想指数(F),另一种是唐克维斯特指数(T)。

5. 链式指数

年度链式拉氏指数和链式帕氏指数。

(三)国民经济核算中的物量测度

1. 生产法 GDP 物量值的测度

(1)产出的测度。市场产出的测度,原则上可以对所有市场产出通过编制 PPI 来缩减当期价值,以获得不变价的估计值;对于由政府和 $NPISH_s$ 生产的非市场货物和服务的产出,可以通过虚拟产出价格指数法、产出物量法和投入法等三种方法测度它们的物量估计值;对于许多为自身最终使用的产出,可以采用虚拟产出价格指数的方法测度其物量值。

(2)中间消耗的测度。测度中间消耗的物量值可以在不变价的供给使用表框架内进行。如果已经编制了投入的 PPI,可以直接将其用于缩减中间消耗。如果没有编制投入 PPI,则可以用产出 PPI 代替。

(3)总增加值和国内生产总值的测度。对于一个基层单位、机构单位、产业部门或机构部门应采用双重紧缩法计算它们的总增加值。为避免利用双紧缩法测度总增加值时可能会出现的一些问题,对于某些行业,国民经济核算体系还推荐使用一种被称为"单指标法"的测度方法。将所有产业经过双缩减法或单指标法测度的不变价总增加值加以汇总,即可得到生产法 GDP 的物量值。

2. 支出法 GDP 物量值的测度

(1)最终消费支出的物量测度。住户最终消费支出的物量值应当在尽可能细分水平上,利用 CPI 进行缩减,并确保所使用的 CPI 范围与缩减的消费支出类别相匹配。对于政府和 $NPISH_s$ 最终消费支出的物量测度,每个项目都要以物量的形式单独计算。

(2)资本形成总额的物量测度。在利用价格指数对固定资本形成总额进行缩减时,应当依据不同的资产类别分别进行。在测度存货变化的物量值时,不能直接得到一个链式指数,需要先获得期初存货和期末存货的连锁物量估计值,然后通过计算它们的差,以得到存货变化的连锁物量估计值。对贵重物品的物量值进行测度,应当使用可得到的最适当的价格指数对其主要成分进行缩减。

(3)出口和进口的物量测度。为了测度货物、服务出口和进口的物量值,需要在细分的水平下编制 XPI 和 MPI。

支出法 GDP 的物量值就是通过对上述最终消费支出、资本形成总额和进出口分别进行缩减后,将所得到的各种成分物量值相加后所得到的物量值的总和。

(四)经济总体实际收入的测度

1. 实际收入的概念

国民经济核算体系中的任何收入流量,包括诸如储蓄一类的平衡项,都可以用某一价格指数来缩减,以便衡量有关项目对一组充当定值标准的货物和服务的购买力。国民经济核算理论将经过这种方法缩减的收入称为"实际收入"。

将某年通过缩减的实际收入与基年的实际收入相比,便可计算出实际购买力增减了多少。

从经济总体层面考察,实际国内总收入(实际 GDI)就是用以衡量国内生产所形成的总收入的购买力。

2. 外贸损益的核算

按不变价计算的国内生产总值受进口额的影响。常住者从国内生产中得到的实际收入总额还取决于对外贸易条件。所谓对外贸易条件,就是出口价格与进口价格的比率。对外贸易条件的改善使得常住者在一定国内生产水平上所形成的收入购买货物和服务的物量有可能增加。由此可见,按不变价计算的国内生产总值的变动与实际国内总收入的变动之间的差异,是随着对外贸易条件的变化而变化的。二者之间的差别被称为"贸易收益(或损失),简称贸易损益。贸易损益的计算。

3. GDP 物量值与实际收入总量的关系

(五)价格和物量的国际比较

1. 价格和物量国际比较的基本问题

利用价格和物量指数对某一时期国与国之间 GDP 及其构成部分进行国际比较的通用方法是,通过用汇率调整国民经济账户的价值,使其能够用共同的货币表示。如果用户只需要了解某一国家在国际上的相对支付能力排名,采用这种方法足以达到目的。但是,如果用户还要在国际间进行生产率和生活水平的比较,仅用汇率来调整国民经济账户的价值就不够了。因为它没有对国家之间价格水平的差别进行调整,不能度量各国生产货物服务物量的相对规模。

如果要对不同国家之间的 GDP 及其支出成分进行比较,就需要将购买力平价作为缩减因子,测度出用于比较的各国 GDP 及其支出成分的物量值。

购买力评价(PPP)的概念和选择用于计算 PPP 的定价产品的方法。

2. 两国间的比较

(1)两国间价格指数。在两国间进行一组特定货物或服务的价格比较,可采用以 A 国为基础的 B 国的拉氏价格指数和帕氏价格指数。

(2)两国间物量指数。两国间物量的比较,既可以以 A 国为基础求出 B 国的拉氏物量指数,也可以以 A 国为基础求出 B 国的帕氏物量指数。

3. 多国间的比较

(1)开展多边比较的条件。开展多边比较的条件是,在被比较的每一对国与国之间其物量指数具有传递性。这就要求在进行多边比较时,寻找一种多边方法,以便生成一组可传递的价格和物量值。

(2)集团法。集团法是用集团内部的平均价格来计算多边物量指数,以获得传递性的方法。

(3)双边法。双边法是从所有可能的 n(n−1)/2 对国家的双边比较研究开始,利用费希尔指数,按最小平方标准从一组(n−1)个可传递指数中导出使原费希尔指数与所求可传递指数之间偏差最小的一种方法。EKS 指数的方法与特征。

二、本章重点和难点

学习本章应抓住以下重点和难点问题:

1. 掌握物量指数和物价指数的编制方法。
2. 掌握对生产法 GDP 和支出法 GDP 物量测度方法,以及经济总体实际收入的测度方法。
3. 掌握价格和物量的国际比较方法。

三、例题分析

例题 1(单项选择题)

SNA 认为,从单一的货物或服务角度考察,数量这一概念只有对下列( )才有意义。

A、单一的同质货物　　　　B、单一的同质服务
C、单一的同质产品　　　　D、单一的异质产品

参考答案:C

说明:此题可以根据排除法做出选择。首先,由于不同产品的数量是不能同度量的,所以备选答案 D 应当被排除掉。其次,备选答案 A 和 B 尽管可以作为正确项,但在单项选择题中不可能同时出现两个以上正确答案,而备选答案 C 用产品概括了货物和服务。故 C 应该作为正确答案。

例题 2(多项选择题)

物量指数最常用的两种指数是( )。

A、拉氏物量指数　　　　B、帕氏物量指数
C、费希尔理想物量指数　　D、唐克维斯特物量指数
E、链式物量指数

参考答案:A B

说明:在上述五个备选答案中,C 和 D 尽管从理论上讲比 A 和 B 优越,但由于存在着诸如不易被理解、其计算数据要求齐全而增加费用等缺陷,而不被国民经济核算常用。E 是一种用于测度较长时间序列物量变化的指数,除非在研究时间序列分析时才用到。因此,答案应当是 A 和 B。

例题 3(判断题)

对于市场产出,原则上可以对所有市场产出通过编制 CPI 来缩减当期价值,以获得不变价的估计值。( )

参考答案:×

说明:产出是生产的成果,对它的不变价估计值的测度需要用 PPI 而不是 CPI 来缩减,而 CPI 只能用来缩减消费品的当其值,以获得消费品不变价的估计值。因此,该题的答案应当为×。

例题 4(名词解释)

对外贸易条件

参考答案:对外贸易条件就是出口价格与进口价格的比率。

说明:此答案根据教科书所给的定义回答即可。

例题 5(简答题)

简述 SNA 核算物量和价格的目的。

参考答案:SNA 核算物量和价格的目的有:

(1)建立一个国民经济动态核算体系,全面描述主要总量的价格变化和物量变化;

(2)汇集一套相互依存的价格和物量值,以便对通货膨胀和经济增长与波动做出系统、详细的分析。

说明:此简答题只需根据教科书所阐述的内容回答即可,不需对其展开论述。

例题 6(论述题)

试述物量和价格核算的作用

参考答案:多种货物或服务的物量和价格是若干种货物或服务剔除了价格变动因素(对于物量)或数量变动因素(对于价格)的综合。国民经济核算体系通过编制物量指数和物价指数对物量和价格进行核算,具有以下几个方面重要作用:

(1)可以从整体上检验物量值和价格在数值方面的一致性和可靠性。

(2)可以推导出某些重要平衡项的价格和物量值,尤其是可以用"双紧缩法",即从不变价格的产出中减去按不变价格计算的中间消耗,得出不变价格的总增加值。这对研究经济的增长与波动十分有用。

(3)可以用来比较不同地区或国家在同一时期内的价格和物量水平,以便能够比较不同国家或地区的生活水平、经济发展水平或生产率水平以及通过汇率换算后不同国家的价格水平。

例题 7(计算题)

已知某地区 2016 年的地区生产总值为 2766.6 亿元,其中,住户部门最终消费支出 1792.8 亿元,物价比上一年上涨 5.3%;政府部门最终消费支出 585.0 亿元,物价上涨 7.6%;地区内资本形成总额 373.5 亿元,物价上涨 5.8%;净流出 15.3 亿元,物价上涨 6.0%。

要求:试根据以上资料,采用紧缩法编制该地区生产总值的综合物价指数。

参考答案及解题步骤:

$$\text{地区生产总值物价指数} = \frac{2766.6}{\frac{1792.8}{105.3\%} + \frac{585.0}{107.6\%} + \frac{373.5}{105.8\%} + \frac{15.3}{106.0\%}}$$

$$= \frac{2766.6}{1702.6 + 543.7 + 353.0 + 14.4}$$

$$= 1.059 \text{ 或 } 105.9\%$$

四、练习题

(一)单项选择题

1. SNA 对于多种货物或服务强调使用的术语是( )。

   A、数量　　　B、物量　　　C、数据　　　D、数值

2. 物量指数是一组特定的货物或服务的数量在( )。

   A、两个时期之间变化的平均值　　B、两个时期之间均匀变化的平均值
   C、多个时期之间变化的平均值　　D、多个时期之间均匀变化的平均值

3. 物量指数最常用的两种指数是( )。

   A、拉氏指数和帕氏指数　　　　　B、拉氏指数和费希尔理想指数
   C、帕氏指数和费希尔理想指数　　D、费希尔理想指数和唐克维斯特指数

4. 下列四个指数公式中,属于拉氏物量指数的是( )。

   A、$\dfrac{\sum q_i^t p_i^t}{\sum q_i^0 p_i^t}$　　B、$\dfrac{\sum p_i^0 q_i^0}{p_i^0 q_i^0}$　　C、$\dfrac{\sum q_i^t p_i^0}{\sum q_i^0 p_i^0}$　　D、$\dfrac{\sum p_i^t q_i^t}{\sum p_i^0 q_i^t}$

5. 费希尔理想指数就是( )。

A、拉氏指数和帕氏指数的调和平均值

B、拉氏指数和帕氏指数的算术平均值

C、拉氏指数和唐克维斯特指数的几何平均值

D、拉氏指数和帕氏指数的几何平均值

6. 拉氏物量指数是按（　　）加权。

A、基期价格　　　　　　　　B、基期数量

C、报告期价格　　　　　　　D、报告期数量

7. 帕氏物价指数是按（　　）加权。

A、基期价格　　　　　　　　B、基期数量

C 报告期价格　　　　　　　D、报告期数量

8. 一般情况下，拉氏指数和帕氏指数所做的估计与现实都会有一定偏差，具体表现为（　　）。

A、两种指数都会做出偏高估计

B、两种指数都会做出偏低估计

C、前者做出偏高，后者做出偏低估计

D、前者做出偏低，后者做出偏高估计

9. 计算总增加值应当采用的方法是（　　）。

A、简单算术平均法　　　　　B、加权算术平均法

C、单紧缩法　　　　　　　　D、双紧缩法

10. 已知某国家 2016 年度国内生产总值指数为 121%，国内生产总值价格指数为 110%，则该国 GDP 物量指数为（　　）。

A、110%　　　B、111%　　　C、115%　　　D、121%

11. 住户最终消费支出的物量值应当在尽可能细分水平上，利用（　　）进行缩减。

A、PPI　　　B、CPI　　　C、XPI_s　　　D、MPI_s

12. 用以衡量国内生产所形成的总收入购买力的指标是（　　）。

A、国内生产总值　　　　　　B、国民总收入

C、国民可支配总收入　　　　D、实际国内总收入

13. 对外贸易条件就是（　　）。

A、出口价格与进口价格的比率　　B、进口价格与出口价格的比率

C、出口数量与进口数量的比率　　　D、进口数量与出口数量的比率

14、购买力平价是不同国家间可比较项目(　　)。

A、绝对价格的简单平均数　　　　B、绝对价格的加权平均数

C、相对价格的加权平均数　　　　D、相对价格的几何平均数

(二)多项选择题

1、单一货物或服务价格的特点有(　　)。

A、价格的变化与选定计量单位的大小有直接关系

B、价格的变化与选定计量单位的大小没有直接关系

C、对不同货物或服务的价格不能相加

D、对不同货物或服务的价格可以相加

E、不同货物或服务的价格平均值不具有经济意义

2、拉氏指数与帕氏指数之间的关系表现在(　　)。

A、两种指数之间存在着互换性

B、两种指数之间存在着对称性

C、两种指数记录的增长幅度相同

D、拉氏指数记录的增长幅度大于帕氏指数

E、拉氏指数记录的增长幅度小于帕氏指数

3、在国民经济核算中,可以用来推导物量值的价格指数主要有(　　)。

A、消费者价格指数　　　B、生产者价格指数　　　C、出口价格指数

D、进口价格指数　　　　E、投资价格指数

4、测度政府和$NPISH_s$生产的非市场货物和服务产出物量值的方法有(　　)。

A、虚拟产出价格指数法　B、产出物量法　　　　C、投入法

D、产出法　　　　　　　E、估算法

5、在选择用于计算PPP的定价产品时,应当严格遵循的关键标准有(　　)。

A、全面性　　　　　　　B、相关性　　　　　　C、代表性

D、可得性　　　　　　　E、可比性

6、在下列方法中,可以用来进行多边比较的方法有(　　)。

A、集团法　　　　　　　B、相关法　　　　　　C、回归法

D、双边法　　　　　　　E、多边链接法

(三)判断题

1. 货物服务流量的价值变化可以直接分解为反映相关货物服务的价格变化和物量变化两个组成部分。（　　）

2. 从单一的货物或服务角度考察，数量这一概念不仅仅是对单一的同质产品才有意义。（　　）

3. 物量指数是一组特定的货物或服务的数量在两个时期之间变化的平均值。（　　）。

4. 大多数物量指数都是若干种特定产品量比的加权平均值。（　　）

5. 帕氏价格指数是利用时期 t 的价值作为权数的价比算术平均数。（　　）

6. 一个拉氏物量（价格）指数和对应的帕氏价格（物量）指数的乘积等于所涉及的货物或服务流量总价值指数。（　　）

7. 对于为自身最终使用的产出，可以采用虚拟产出价格指数的方法测度其物量值。（　　）

8. 国民经济核算体系建议，对于一个基层单位、机构单位、产业部门或机构部门应采用单紧缩法计算它们的总增加值。（　　）

9. 对于新住宅，适合采用 CPI 对其价格进行缩减，以得到其物量估计值。（　　）

10. 实际国内总收入就是用以衡量国内生产所形成的总收入的购买力。（　　）

11. 按不变价计算的国内生产总值的变动与实际国内总收入的变动之间的差异，是随着对外贸易条件的变化而变化的。（　　）

12. 两国间物量的比较，必须以 A 国为基础求出 B 国的拉氏物量指数。（　　）

(四)名词解释

1. 物量指数
2. 量比
3. 拉氏物量指数
4. 帕氏物量指数

5. 价格指数

6. 价比

7. 拉氏价格指数

8. 帕氏价格指数

9. 货币价值变化指数

10. 指数体系

11. 价格缩减法

12. 物量序列

13. 费希尔理想指数

14. 唐克维斯特指数

15. 双重紧缩法

16. 单指标法

17. 实际收入

18. 实际国内总收入

19. 对外贸易条件

20. 贸易收益(或损失)

21. 购买力平价

(五)简答题

1. 简述拉氏指数和帕氏指数之间的关系。
2. 简述利用双紧缩法测度不变价总增加值的步骤。
3. 简要说明 GDP 物量值与实际收入总量的关系。
4. 简述利用 GK 集团法进行多边比较的优越性。

(六)论述题

1. 试述对生产法 GDP 物量值的测度。
2. 试述对支出法 GDP 物量值的测度。

(七)计算题

【第1题】

已知某地区 2016 年度 GDP 使用构成及价格指数资料如表 11-1 所示：

表 11-1　某地区 2016 年度 GDP 使用及价格指数

项目	现价值（亿元）	价格指数（%）
1. 最终消费支出	1251	106.92
2. 资本形成总额	524	104.80
3. 出口	95	103.26
4. 进口	46	104.45

要求：

(1)根据以上资料编制该地区 2016 年度 GDP 价格指数。

(2)利用价格指数缩减法测度该地区 2016 年度 GDP 物量值。

【第 2 题】

某地区按当年价格计算的第一产业、第二产业和第三产业的增加值分别是 167.5 亿元、285.1 亿元和 108.7 亿元，与上年比较三种产业的增加值价格指数分别是 112.7%、115.8%、和 116.5%。

要求：根据以上资料编制该地区当年 GDP 价格指数。

四、练习题答案

(一)单项选择题

1. B; 2. B; 3. A; 4. C; 5. D; 6. A; 7. D; 8. C; 9. D; 10. A;
11. B; 12. D; 13. A; 14. C。

(二)多项选择题

1. A C E; 2. B D; 3. A B C D; 4. A B C; 5. C E; 6. A C D E。

(三)判断题

1. √; 2. ×; 3. ×; 4. √; 5. ×; 6. √; 7. √; 8. ×; 9. √; 10. √; 11. √; 12. ×。

(四)名词解释

1. 物量指数是一组特定的货物或服务的数量在两个时期之间均匀变化的平均值。

2. 量比是一种特定产品在时期 t 的数量与同一种产品在时期 0 的数量的比率。

3. 拉氏物量指数以时期 0 的价值份额作为权数的量比加权算数平均数,即

$$L_q = \sum \left(\frac{q_i^t}{q_i^0}\right) s_i^0 = \frac{\sum q_i^t p_i^0}{\sum q_i^0 p_i^0}。$$

4. 帕氏物量指数是利用时期 t(报告期)的价值作为权数,并采用量比的调和平均数的指数,即

$$P_q = \left[\sum \left(\frac{q_i^t}{q_i^0}\right)^{-1} s_i^0\right]^{-1} = \frac{\sum q_i^t p_i^t}{\sum q_i^0 p_i^t}。$$

5. 价格指数是一组特定货物或服务的价格在两个时期之间均匀变化的平均值。

6. 价比是一种特定产品在时期 t 的价格与该种产品在时期 0 的价格的比率。

7. 拉氏价格指数是以时期 0 的价值份额作为权数的价比加权算术平均数。即

$$L_p = \sum \left(\frac{p_i^t}{p_i^0}\right) s_i^0 = \frac{\sum \left(\frac{p_i^t}{p_i^0}\right) p_i^0 q_i^0}{\sum p_i^0 q_i^0} = \frac{\sum p_i^t q_i^0}{p_i^0 q_i^0}。$$

8. 帕氏价格指数是利用时期 t 的价值作为权数的价比调和平均数,即

$$P_p = \left[\sum \left(\frac{p_i^t}{p_i^0}\right)^{-1} s_i^t\right]^{-1} = \frac{\sum p_i^t q_i^t}{\sum p_i^0 q_i^t}。$$

9. 货币价值变化指数是反映从基期到报告期之间价格和数量变化混合效应的指数。

10. 指数体系是由两个或两个以上在经济上相互联系,在运算上可以相互换算的指数所构成的体系。

11. 价格缩减法是用帕氏价格指数去除货币价值变化指数来间接求出的拉氏物量指数的方法。

12. 物量序列是指按不变价格计算的货物服务货币价值时间数列。

13. 费希尔理想指数是拉氏指数和帕氏指数的几何平均值,即
$$F_q = (L_q \cdot P_q)^{\frac{1}{2}} \text{ 和 } F_p = (L_p \cdot P_p)^{\frac{1}{2}}。$$

14. 唐克维斯特指数是用两个量比(价比)的加权几何平均数,所用的权数是两个时期价值份额的平均值,即
$$T_q = \prod \left(\frac{q_i^t}{q_i^0}\right)^{\frac{(s_i^0+s_i^t)}{2}} \text{ 和 } T_p = \prod \left(\frac{p_i^t}{p_i^0}\right)^{\frac{(s_i^0+s_i^t)}{2}}。$$

15. 双重紧缩法是指先按不变价格计算出总产出,再按不变价格计算出中间消耗,然后用不变价的总产出减去中间消耗,由此得出不变价总增加值的方法。

16. 单指标法是在产出相应水平上按物量变化的比例外推出增加值的一种测度方法。

17. 实际收入是指经过价格指数缩减的收入。

18. 实际国内总收入是用以衡量国内生产所形成的总收入的购买力。

19. 对外贸易条件就是出口价格与进口价格的比率。

20. 贸易收益(或损失),简称贸易损益,是按不变价计算的国内生产总值的变动与实际国内总收入的变动之间的差异。

21. 购买力平价(PPP)是指1个A国货币单位在A国购买的某种货物或服务,在B国购买相同货物或服务所需要B国的货币单位数。

(五)简答题

1. 答:拉氏指数和帕氏指数之间的关系表现为:
(1)两种指数之间存在着对称性;
(2)拉氏指数记录的增长幅度大于帕氏指数。

2. 答:利用双紧缩法测度不变价总增加值的步骤是:
(1)按不变价格计算出总产出;
(2)按不变价格计算出中间消耗;
(3)用不变价的总产出减去不变价中间消耗得出不变价总增加值。

3. 答:GDP物量值与实际收入总量的关系为:

(1) $\dfrac{\text{国内生产}}{\text{总值物量}} + \dfrac{\text{贸易}}{\text{损益}} = \dfrac{\text{实际国内}}{\text{总收入}}$

(2) $\dfrac{\text{实际国内}}{\text{总收入}} + \dfrac{\text{从国外得到的}}{\text{实际初始收入}} - \dfrac{\text{支付给国外的}}{\text{实际初始收入}} = \dfrac{\text{实际国民}}{\text{总收入}}$

(3) $\dfrac{\text{实际国民}}{\text{总收入}} + \dfrac{\text{从国外得到的}}{\text{实际经常转移}} - \dfrac{\text{支付给国外的}}{\text{实际经常转移}} = \dfrac{\text{实际国民}}{\text{可支配收入}}$

(4) $\dfrac{\text{实际国民}}{\text{可支配收入}} - \dfrac{\text{不变价固定}}{\text{资本消耗}} = \dfrac{\text{实际国民}}{\text{可支配净收入}}$

4. 答:利用GK集团法进行多边比较具有以下优越性:

(1)此法将国家集团本身视为一个实体,它有自己的相对价格向量,并用于计算集团内的物量;

(2)使用单一的价格向量,确保了所求出的物量值和有关的隐含购买力平价都具有传递性;

(3)用此法计算的物量值具有可加一致性;

(4)由于所有国家都用相同的价格向量,可以比较不同国家用于不同支出部分的相对数额。

(六)论述题

1. 答:对生产法GDP物量值的测度包括以下内容和方法:

(1)产出的测度

首先,对于市场产出,原则上可以对所有市场产出通过编制PPI来缩减当期价值,以获得不变价的估计值。

其次,对于由政府和NPISH_s生产的非市场货物和服务的产出,可以通过以下三种方法测度它们的物量估计值:(a)虚拟产出价格指数法;(b)产出物量法;(c)投入法。

最后,对于许多为自身最终使用的产出,可以采用虚拟产出价格指数的方法测度其物量值。

(2)中间消耗的测度

测度中间消耗的物量值可以在不变价的供给使用表框架内进行。其中的物量增长率和价格信息都可以用来估计中间消耗的物量值。

在测度中间消耗的物量值时,如果已经编制了投入的 PPI,可以直接将其用于缩减中间消耗。如果没有编制投入 PPI,则可以用产出 PPI 代替。

(3)总增加值和国内生产总值的测度

将所有产业经过双缩减法或单指标法测度的不变价总增加值加以汇总,即可得到生产法 GDP 的物量值。

2. 答:对支出法 GDP 物量值的测度包括以下内容和步骤:

(1)最终消费支出的物量测度

首先,对于住户最终消费支出的物量值,应当在尽可能细分水平上,利用 CPI 进行缩减,并确保所使用的 CPI 范围与缩减的消费支出类别相匹配。

其次,对于政府和 NPISH 最终消费支出的物量测度,每个项目都要以物量的形式单独计算。对提供给住户的货物和服务来说,所使用的价格指数应当是针对为货物服务支付款项减去住户支付后的部分。

(2)资本形成总额的物量测度

首先,对于固定资本形成总额的物量测度,在利用价格指数对固定资本形成总额进行缩减时,应当依据不同的资产类别分别进行。

其次,对于存货变化的物量测度,由于存货变化可以为正、为负或为零,因此在测度存货变化的物量值时,不能直接得到一个链式指数,需要先获得期初存货和期末存货的连锁物量估计值,然后通过计算它们的差,以得到存货变化的连锁物量估计值。缩减存货存量要针对产品,而不是持有存货的产业进行。所采用的指数包括 PPI、MPI、CPI 和劳工成本指数等。

最后,对于贵重物品获得减处置的物量测度,应当使用可得到的最适当的价格指数对其主要成分进行缩减。

(3)出口和进口的物量测度

为了测度货物、服务出口和进口的物量值,需要在细分的水平下编制 XPI 和 MPI。

编制 XPI 和 MPI 一般有单位价值指数法、调查代表项目价格指数法和混合价格指数法等三种方法,其本质在很大程度上取决于所使用的原始数据。

支出法 GDP 的物量值就是通过对上述最终消费支出、资本形成总额和进出口分别进行缩减后,将所得到的各种成分物量值相加后所得到的物量值的总和。

(七)计算题

1.
(1)106.17％
(2)1718(亿元)
2. 114.99％

第十二章

社会核算矩阵和卫星账户

学习目的和要求

学习本章的目的是了社会核算矩阵的概念和基本结构,重点掌握旅游卫星账户、环境核算卫星账户,以及卫生卫星账户的结构和内容。

一、本章内容提要

(一)社会核算矩阵

1. 社会核算矩阵的概念

社会核算矩阵(SAM)是运用矩阵形式表示的国民经济核算整个账户序列,反映供给表和使用表与部门账户之间的关系。

2. 社会核算矩阵的基本结构

社会核算矩阵的基本结构。对社会核算矩阵的解读。

(二)卫星账户

1. 卫星账户的含义与种类

卫星账户是指那些与 SNA 中心框架相连接但又不同于中心框架的账户。

(1)重新排列 SNA 中心框架分类并引入补充内容类卫星账户。这类账户的特点。

(2)替代 SNA 基本概念类的卫星账户。

2. 旅游卫星账户

旅游卫星账户(TSA)是一个以 SNA 为统计基础,按照国际统一的国民账户的概念和分类标准,在 SNA 中心框架以外单独设立的用于测度旅游业经济及其影响的子系统。

(1)编制旅游卫星账户的目的。(a)描述旅游产业的规模和对经济的贡献等宏观经济总量指标;(b)提供旅游消费的详细数据,描述供给和进口如何满足这一需求;(c)编制旅游业详细的生产账户,提供包括与其他生产性经济活动相联系的就业和固定资本形成总额等数据(d)描述经济数据与旅游人数、停留时间、旅游目的、交通工具等非货币性旅游信息之间的联系,为详细说明经济变量的特征提供支撑。

(2)旅游卫星账户的有关概念和范围。(a)旅游和旅游产业。旅游是指为了休闲、商务或其他目的离开他(她)们惯常环境,到某些地方并停留在那里,但连续不超过一年的活动。旅游的分类。旅游产业是指那些其主要活动对应于某种旅游特征产品的基层单位的集合。旅游产业的范围。(b)游客和旅游者。游客是指离开其惯常环境但并未被所访问地方的常住单位雇佣的人。旅游者是指过夜的游客,当日游客被称为一日游客。旅游者的分类。(c)旅游支出、旅游消费的定义和范围。

(3)旅游卫星账户体系。在上述有关旅游领域的定义、范围等信息基础上,《2008 旅游卫星账户:推荐方法框架》编制了一整套由 10 张表格组成的旅游卫星账户,由此形成了 TSA 体系。(a)TSA 体系的内容。(b)TSA 体系的主要总量指标。(c)TSA 体系主要表格示例。

3. 环境核算卫星账户

环境核算的全称为综合环境经济核算(SEEA),是一种以 SNA 为基础,通过调查、整理和分析环境与经济之间关系的数据信息,在一个独立框架内反映自然资源使用(有时是耗竭)以及残余物产生(会污染空气和水)的影响的绿色国民经济核算体系。

(1)SEEA 的目的。SEEA 的目的是协助有关国际组织实现有关目标。

(2)SEEA 的功能。(a)记录的功能;(b)管理的功能。

(3)SEEA 的基本内容。(a)一种扩展形式的供给使用表。(b)对 SNA 中心框架中具有扩展性部分进行详细说明。(c)扩展 SNA,以考虑耗减和退化对宏观经济总量指标如 GDP 的影响。

(4)实物型和混合型供给使用表(SEEA 的第一部分)。(a)SEEA 的流量分类。(b)实物型供给使用表。(c)混合型供给使用表的基本结构和内容。

(5)识别 SNA 中心框架中与环境核算有关的内容。

4. 卫生卫星账户

卫生卫星账户是 SNA2008 开发的又一个卫星账户,它与《卫生核算体系(SHA)》之间存在着密切联系。

(1)卫生保健的功能分类。卫生保健是指机构或个人运用医学、辅助医学和护理学等方面的知识技术而实现的治疗疾病、减少过早死亡、促进健康、预防疾病等多方面目标的活动。卫生保健具体包括的活动内容。

(2)卫生保健提供单位。卫生保健提供者依据其所行使的职能所做的分类。

(3)卫生保健支出。卫生保健支出主要测度常住单位对卫生保健货物和服务的最终使用,以及卫生提供者(以卫生作为其主要活动的机构)的资本形成总额。卫生保健支出包括的内容。

(4)卫生保健的资金来源。用于卫生保健的资金主要由一般政府、私人部门和国外提供。

(5)将 SHA 转换成卫生卫星账户。根据 SHA 提供的上述信息,按照一定的步骤就可以将这些信息扩展为四个卫生卫星账户。

二、本章重点和难点

学习本章应抓住以下重点和难点问题:

1. 了解社会核算矩阵的基本结构和内容。

2. 重点掌握旅游卫星账户、环境卫星账户和卫生卫星账户各自的基本结构、分类和重要总量指标。

三、例题分析

例题 1(单项选择题)

SNA 编制卫星账户的主要目的在于(   )。

A、分散中心框架的内容　　　　B、扩展中心框架的内容

C、扩展和补充中心框架的内容　　D、另建立一套核算体系

参考答案：C

说明：根据卫星账户的定义和功能，它并不是要分散中心框架的内容，所以备选答案 A 显然是不对的。卫星账户包含在 SNA 中，D 不符合基本逻辑，故也应当被排除。剩下 B 和 C，B 尽管答案是对的，但不够全面，根据教材所阐述的内容，正确答案只有选择 C 了。

例题 2（多项选择题）

广义上的卫星账户的类型主要包括（　　）。

A、重新排列 SNA 中心框架分类并引入补充内容类卫星账户

B、新增加尚未包括在 SNA 中心框架分类中的卫星账户

C、替代 SNA 基本概念类的卫星账户

D、细化 SNA 中心框架分类并扩大核算内容类卫星账户

E、简化 SNA 核算内容类的卫星账户

参考答案：A C

说明：此题可以根据教科书所阐述的内容，从五个备选答案中选出正确答案即可。

例题 3（判断题）

社会核算矩阵（SAM）是运用矩阵形式表示的国民经济核算部分账户序列。

参考答案：×

说明：根据社会核算矩阵的概念及其基本结构可知，社会核算矩阵是运用矩阵形式表示国民经济核算整体账户序列的，而不是像题干所说的部分账户序列。因此，此题的正确答案应该为×。

例题 4（名词解释）

旅游

参考答案：旅游是指为了休闲、商务或其他目的离开他（她）们惯常环境，到某些地方并停留在那里，但连续不超过一年的活动。

说明：在解释该名词时，学员应当抓住以下几个要点：首先，旅游的目的是为了休闲、商务或其他目的；其次，空间范围是旅游者离开自己惯常环境，到某些地方并停留在那里；最后，时间方面的要求是不超过一年。将上述三个要点

串联起来,并且强调是一种活动即可完满。

例题 5(简答题)

简述编制旅游卫星账户的目的。

参考答案:编制旅游卫星账户的目的主要是为了提供以下信息:

(1)描述旅游产业的规模和对经济的贡献等宏观经济总量指标;

(2)提供旅游消费的详细数据,描述供给和进口如何满足这一需求;

(3)编制旅游业详细的生产账户,提供包括与其他生产性经济活动相联系的就业和固定资本形成总额等数据;

(4)描述经济数据与旅游人数、停留时间、旅游目的、交通工具等非货币性旅游信息之间的联系,为详细说明经济变量的特征提供支撑。

说明:此简答题内容较为明确,根据教科书阐述的内容回答出即可。

四、练习题

(一)单项选择题

1. SNA 的灵活性有很多种方式。其中,更具灵活性的一种方式是( )。

A、功能分类　　　　　　　　B、关键部门账户

C、编制卫星账户　　　　　　D、编制社会核算矩阵

2. 根据替代型概念编制卫星账户的主要目的是对中心框架进行( )。

A、补充　　　B、扩展　　　C、改造　　　D、升级

3. 在世界范围内,第一个获得联合国首肯的用国际性标准来测度的产业是( )。

A、教育　　　B、卫生　　　C、体育　　　D、旅游

4. 旅游支出与旅游消费两个指标之间的关系是( )。

A、二者是等同的概念　　　　B、二者的统计范围相同

C、前者的范围大于后者　　　D、后者的范围大于前者

5. 综合环境经济核算卫星账户的临时版本最早诞生于( )。

A、1968 年　　B、1993 年　　C、2008 年　　D、2012 年

6. SEEA 中四类流量分别是( )。

A、产品、自然资源、生态投入和残余物

B、非金融资产、金融资产、产品和自然资源

C、产品、资产、资本形成和自然资源

D、产品、自然资源、环境投入和资源损耗

7. SEEA 在整合环境调整时着重核算的三种指标分别是（   ）。

A、环境改善、耗减和环境退化　　B、产品、资本形成和环境退化

C、耗减、防御支出、环境退化　　D、经济消失、防御支出和环境退化

8. 卫生保健支出主要测度（   ）。

A、个人对卫生保健货物和服务的最终使用

B、常住单位对卫生保健货物和服务的最终使用

C、个人对卫生保健货物和服务的最终使用和卫生提供者的资本形成总额

D、常住单位对卫生保健货物和服务的最终使用和卫生提供者的资本形成总额

(二)多项选择题

1. 国民旅游包括（   ）。

A、常住居民本国旅游　　B、非常住居民本国旅游　　C、常住居民出境旅游

D、非常住居民入境旅游　　E、常住居民和非常住居民出境旅游

2. 旅游支出是指一日游客或旅游者在旅游期间或其后出于自己使用或赠送他人的目的在购买下列内容方面的支出（   ）。

A、固定资产　　　　B、消费性货物　　　　C、消费性服务

D、金融资产　　　　E、贵重物品

3. SEEA 是在一个独立的框架内反映下列内容对经济的影响（   ）。

A、自然资源使用　　B、自然资源耗竭　　C、自然资源增加

D、残余物对水污染　　E、残余物对空气污染

4. SEEA 账户的功能包括（   ）。

A、记录的功能　　　B、管理的功能　　　C、监督的功能

D、比较的功能　　　E、预测的功能

5. 下列活动属于卫生保健的有（   ）。

A、促进健康、预防疾病　　B、治疗疾病、预防过早死亡

C、锻炼身体、促进健康　　D、协助病人有尊严地死去

E、提供和管理公共卫生

(三)判断题

1. SNA 是在 2008 版将期初、期末资产负债表引入 SAM 中。(　　)

2. 卫星账户是指那些与 SNA 中心框架相连接且与中心框架的账户基本相同的账户。(　　)

3. 根据替代型概念编制卫星账户的主要目的是对中心框架进行补充。(　　)

4. 旅游卫星账户(TSA)的统计基础是 SNA。(　　)

5. 旅游按旅游者的旅游目的不同可以分为国内旅游和境外旅游。(　　)

6. 通常情况下,旅游支出的范围要大于旅游消费。(　　)

7. 残余物的价格为 0。(　　)

8. 环境税包括能源税、运输税、污染税和资源税等四种税。(　　)

9. 卫生保健支出只测度常住单位对卫生保健货物和服务的最终使用。(　　)

10. 用于卫生保健的资金主要由一般政府、私人部门和国外提供。(　　)

(四)名词解释

1. 社会核算矩阵

2. 卫星账户

3. 旅游卫星账户

4. 旅游

5. 惯常环境

6. 旅游产业

7. 游客

8. 国民旅游

9. 国内旅游

10. 旅游支出

11. 旅游消费

12. 环境核算

13. 生态投入

14. 残余物

15. 环境税

16. 卫生保健

(五)简答题

1. 简要说明广义卫星账户的种类。
2. 简述私人旅游的种类。
3. 简述旅游产业包括的范围。
4. 简述 SEEA 的目的。
5. 简要说明 SEEA 包括的内容。
6. 简述卫生保健包括的活动。
7. 简述卫生保健支出核算的内容。

五、练习题答案

(一)单项选择题

1. C；2. A；3. D；4. D；5. B；6. A；7. C；8. D。

(二)多项选择题

1. A C；2. B C E；3. A B D E；4. A B；5. A B D E。

(三)判断题

1. √；2. ×；3. √；4. √；5. ×；6. ×；7. √；8. √；9. ×；10. √。

(四)名词解释

1. 社会核算矩阵(SAM)是运用矩阵形式表示的国民经济核算整个账户序列，反映供给表和使用表与部门账户之间的关系。

2. 卫星账户是指那些与 SNA 中心框架相连接但又不同于中心框架的账户。

3. 旅游卫星账户(TSA)是一个以 SNA 为统计基础,按照国际统一的国民账户的概念和分类标准,在 SNA 中心框架以外单独设立的用于测度旅游业经济及其影响的子系统。

4. 旅游是指为了休闲、商务或其他目的离开他(她)们惯常环境,到某些地方并停留在那里,但连续不超过一年的活动。

5. 惯常环境是指一个人通常能被找到的地方,包括住宅附近区域和工作场所。

6. 旅游产业是指那些其主要活动对应于某种旅游特征产品的基层单位的集合。

7. 游客是指离开其惯常环境但并未被所访问地方的常住单位雇佣的人。

8. 国民旅游是指常住居民旅游总额。

9. 国内旅游是本国旅游与入境旅游之和。

10. 旅游支出是指一日游客或旅游者在旅游期间或其后出于自己使用或赠送他人的目的,购买消费性货物和服务以及贵重物品所支付的金额。

11. 旅游消费是指游客在旅游支出的基础上,再加上临时自给性住宿服务、旅游实物社会转移和其他虚拟消费等。

12. 环境核算,全称为综合环境经济核算(SEEA),是一种以 SNA 为基础,通过调查、整理和分析环境与经济之间关系的数据信息,在一个独立框架内反映自然资源使用(有时是耗竭)以及残余物产生(会污染空气和水)的影响的绿色国民经济核算体系。

13. 生态投入是指燃烧所需的空气、气体和维持生命所需的水。

14. 残余物是指经济体无意生产且不需要的产出,其价格为零,可以回收或排放到环境中。

15. 环境税是一种以确实具有特定负面环境影响的实物单位(或其代理)为税基的税,包括能源税、运输税、污染税和资源税等四种税。

16. 卫生保健是指机构或个人运用医学、辅助医学和护理学等方面的知识技术而实现的治疗疾病、减少过早死亡,促进健康、预防疾病等多方面目标的活动。

(五)简答题

1. 答:从广义上讲卫星账户包括以下两种类型:

(1)重新排列 SNA 中心框架分类并引入补充内容类卫星账户;

(2)替代 SNA 基本概念类的卫星账户。

2. 答:私人旅游包括以下种类:

(1)度假;

(2)休闲娱乐;

(3)探亲访友;

(4)教育培训;

(5)卫生和医疗保健;

(6)宗教或朝圣;

(7)购物;

(8)中转及其他。

3. 答:旅游产业包括的范围有:

(1)游客住宿业;

(2)餐饮服务业;

(3)铁路、公路、水路和航空客运业;

(4)运输设备租赁业;

(5)旅行社和其他预订服务业;

(6)文化产业、体育和娱乐业;

(7)本国特有旅游特征货物的零售贸易和本国特有旅游特征产业。

4. 答:SEEA 的目的主要是协助有关国际组织实现以下目标:

(1)鼓励环境统计采用标准分类,以扩大现有环境信息的价值和相关性;

(2)使用经济核算连接存量与流量的惯例,为环境统计提供新维度;

(3)提供联系经济核算所含经济信息的纽带,以改进这两套体系所提供信息的可靠性和一致性;

(4)为确定环境影响的责任,识别自然资源的使用权和所有权;

(5)促进跨时全面一致数据集的开发;

(6)便于国际比较。

5. 答:SEEA 主要包括如下内容:

(1)一种扩展形式的供给使用表;

(2)对 SNA 中心框架中具有扩展性部分进行详细说明;

(3)扩展 SNA,以考虑耗减和退化对宏观经济总量指标如 GDP 的影响。

6. 答:卫生保健主要包括如下活动:

(1)促进健康、预防疾病;

(2)治疗疾病、预防过早死亡;

(3)对需要护理的慢性疾病人群提供关怀服务;

(4)对需要护理的损伤、失能、残障人群提供关怀服务;

(5)协助病人有尊严地死去;

(6)提供和管理公共卫生;

(7)提供和管理卫生规划、健康保险和其他资金安排。

7. 答:卫生保健支出核算的内容包括:

(1)个人卫生服务;

(2)用于门诊病人的医疗商品;

(3)个人卫生总费用;

(4)预防和公共卫生服务;

(5)卫生管理和健康保险;

(6)经常性卫生总支出(上述各项之和);

(7)卫生产业的资本形成总额;

(8)卫生总支出。

附录一

模拟试卷及参考答案

模拟试卷

一、单项选择题(在每道题的四个备选答案中,有一个是正确的。请选出并填到题干的括号中。每小题 1 分,本大题共 10 分。)

1. 历史上,最早提出"国民核算"概念的经济学家是( )。
   A. W. 配第　　　　　　　　B. R. 斯通
   C. A. L. 拉瓦锡　　　　　　D. E. V. 克利夫

2. SNA 对自有住房者住房服务的自给性生产和雇佣付酬家务人员生产的家庭与个人服务自给性生产的处理方法是( )。
   A. 全都不包括在生产核算范围内
   B. 全都包括在生产核算范围内
   C. 前者包括在生产核算范围内,后者不包括
   D. 后者包括在生产核算范围内,前者不包括

3. 从生产角度考察,GDP 是核算期所有常住单位( )。
   A. 创造的总增加值之和
   B. 创造并分配给常住单位的初次分配收入之和
   C. 创造并分配给常住单位和非常住单位的初次分配收入之和

D. 最终使用的货物和服务减去进口的货物和服务

4. 投入产出表的核心部分是( )。
   A. 第Ⅰ象限　　　　　　B. 第Ⅱ象限
   C. 第Ⅲ象限　　　　　　D. 第Ⅳ象限

5. 下列不属于财产收入的是( )。
   A. 利息　　　B. 红利　　　C. 房租　　　D. 地租

6. 在可支配收入基础上,考虑实物社会转移,便可得到( )。
   A. 劳动者报酬　　　　　B. 初始收入
   C. 可支配收入　　　　　D. 调整后可支配收入

7. 在所有的机构部门中,具有最终消费功能的部门包括( )
   A. 非金融公司部门、金融公司部门和政府部门
   B. 非金融公司部门、政府部门和住户部门
   C. 金融公司部门、政府部门和住户部门
   D. 政府部门、住户部门和为住户服务的非营利机构

8. 资本转移的目的是用于( )。
   A. 最终消费　　B. 资本形成　　C. 储蓄　　D. 增加收入

9. 净金融投资是各机构部门( )。
   A. 储蓄与投资之差　　　　　　B. 资本转移收入与支出之差
   C. 资金来源合计与资金运用合计之差　　D. 固定资本获得与处置之差

10. 实践中评价一国国际收支平衡与否最常用的差额指标是( )。
    A、货物与服务进出口差额　　　　B、经常收支差额
    C、国际收支基本差额　　　　　　D、国际收支总差额

二、多项选择题(在每道题的五个备选答案中,有两个以上是正确的。请选出并填到题干的括号中。每小题 2 分,本大题共 10 分。)

1. 为国民经济核算提供资料的核算主要有( )。
   A. 统计核算　　B. 会计核算　　C. 经济核算
   D. 业务核算　　E. 价值核算

2. 国民经济核算体系中的机构部门包括( )。
   A. 非金融公司部门　B. 金融公司部门　C. 政府部门

D. 住户部门　　　　　E. 为住户服务的非营利机构

3. 下列交易项目中属于经常转移的项目有(　　)。

A. 某企业 2016 年上缴增值税 5800 万元

B. 张先生 2016 年上缴个人所得税 2500 元

C. 某高校 2016 年为教职工缴纳住房公积金 370 万元

D. 中国政府决定豁免柬埔寨一笔债务

E. 李女士为祝贺邻居的孩子考上一所理想大学,赠送一台笔记本电脑给该考生

4. 用收入法计算的总增加值包括(　　)。

A. 雇员报酬　　　B. 生产税净额　　　C. 最终消费支出

D. 固定资产折旧　　E. 营业盈余

5. 下列属于经济资产的有(　　)。

A. 北京香山的新鲜空气　　B. 存货　　C. 企业购买的商誉

D. 公海里自然生长的鱼类　　E. 计算机软件

三、判断题(将每道题所确定的答案正确的用"√",错误的用"×"填到题干后面的括号内。每小题 1 分,本大题共 10 分。)

1. 国民经济核算的根本方法是账户方法。(　　)

2. SNA 关于生产范围的确定是以综合性生产理论为依据的。(　　)

3. 能够获得混合收入的单位是非金融公司。(　　)

4. SNA 不将非法生产的产出包括在生产核算范围内。(　　)

5. 收入初次分配核算既包括对收入形成的核算,也包括对初始收入分配的核算。(　　)

6. 从整个国民经济角度考察,国民可支配总收入等于调整后国民可支配总收入。(　　)

7. SNA 只对生产资产进行核算。(　　)

8. 金融交易是指机构单位之间引起非金融资产所有权变化的一种交易。(　　)

9. 国外账户是立足于国外编制的。(　　)

10. 拉氏指数记录的增长幅度大于帕氏指数。(　　)

四、名词解释(每小题 5 分,本大题共 20 分)

1. 常住单位
2. 增加值
3. 可支配收入
4. 社会核算矩阵

五、简答题(每小题 7 分,本大题共 21 分)

1. 简述投入产出表四个象限的经济意义。
2. 简述个人消费和公共消费的联系和区别。
3. 简要说明国际收支平衡表与国外账户的关系。

六、论述题(每小题 10 分,本大题共 20 分)

1. 联系实际阐述 GDP 的作用及其局限性。
2. 试述保险、养老金和标准化担保计划的性质和核算方法。

七、计算题(本题共 9 分)

已知甲部门有关资产变化以及负债和净值变化资料如下:

固定资本形成总额 350 亿元;库存变化 20 亿元;固定资本消耗 100 亿元;总储蓄 780 亿元;应收资本转移 15 亿元;应付资本转移 17 亿元;贵重物品净获得和土地及其他非生产资产净购买均为 0;资本账户左右各方合计分别为 678 亿元。

要求:计算该部门的(1)净储蓄;(2)资本形成总额;(3)净借出或净借入,并判断该部门是住户部门还是公司部门。

参考答案

一、单项选择题(每小题 1 分,本大题共 10 分)

1. D 2. B 3. A 4. A 5. C 6. D 7. D 8. B 9. C 10. D

二、多项选择题(每小题 2 分,本大题共 10 分)

1. ABD 2. ABCDE 3. BCE 4. ABDE 5. BCE

三、判断题(每小题 1 分,本大题共 10 分)

1. √ 2. √ 3. × 4. × 5. √ 6. √ 7. × 8. × 9. √ 10. √

四、名词解释(每小题 5 分,本大题共 20 分)

1. 常住单位:
在一个国家经济领土范围内具有一个主要经济利益中心的单位。

2. 增加值:
指常住单位核算期内由生产过程创造的新增价值和固定资产转移价值的总和。

3. 可支配收入:
是机构单位或部门的初始收入与该机构单位或部门应收应付除实物社会转移以外的经常转移余额之和。又可定义为各机构单位或部门本期获得的可用于最终消费和储蓄的收入。

4. 社会核算矩阵(SAM)
是运用矩阵形式表示的国民经济核算整个账户序列,反映供给和使用表与部门账户之间的关系。

五、简答题(每小题 7 分,本大题共 21 分)

1. 简述投入产出表四个象限的经济意义。

答:第Ⅰ象限:该象限是投入产出表的核心部分,主要反映国民经济各产业部门之间在生产过程中所形成的技术经济联系。

第Ⅱ象限:主栏与第Ⅰ象限相同,反映每个部门产品的去向;宾栏则表明最终产品或使用。该象限给出了已退出本期生产过程的产品内容和数量,体现了 GDP 经过分配和再分配后所形成的最终使用。

第Ⅲ象限:主栏是包括劳动者报酬、生产税净额、固定资产折旧和营业盈余等项内容的最初投入;宾栏是与第Ⅰ象限分类相同的产业部门,反映各部门增加值的构成状况。

第Ⅳ象限:通常认为是反映国民经济中收入再分配关系的。但由于再分配关系的复杂以及资料收集的困难,目前它仍为一个空白象限。

2. 简述个人消费与公共消费的联系与区别。

答:联系:个人消费和公共消费都属于消费,都属于人们使用货物和服务来满足物质和精神需要的最终消费。根据考察消费的标准不同,它们均可以分为(个人或公共的)最终消费支出和(个人或公共的)实际最终消费。

区别:

个人消费	公共消费
为满足居民个人需要,由居民个人直接实现,由某个住户获得	由政府同时提供给社会全体成员或社会中某一部分(如某地区)的所有成员
消费的可以是货物,也可以是服务	消费的只是服务
消费品和消费服务一般都能在市场上买卖	消费服务不能在市场上出售给个人
具有排他性	不具有排他性
由住户承担最终消费支出,或由政府单位及为住户服务的非营利机构承担一部分最终消费支出	所需资金来源于政府单位的税收或其他收入,全部由政府承担最终消费支出

3. 简要说明国际收支平衡表与国外账户的关系。

答:国际收支平衡表与国外账户之间既有联系,又有区别。二者之间的联系表现在:

(1)二者关于国外和对外交易的定义、核算原则等方面的规定具有一致性;

(2)国际收支平衡表是编制国外账户的基础;

(3)二者在核算层次上具有一定对应关系;

(4)二者的作用基本相同。

二者之间的区别表现在:

(1)二者编制的立足点不同;

(2)二者核算的范围不同;

(3)个别分类上存在差别。

六、论述题(每小题10分,本大题共20分)

1. 联系实际阐述GDP的作用及其局限性。

答:作用:

(1)GDP能够综合反映国民经济活动总量,表明国民经济发展的全貌。

(2)GDP是衡量国民经济发展规模、速度的基本指标。

(3)GDP是分析经济结构和宏观经济效益的基础数据。

(4)GDP有利于分析社会最终产品、分配和最终使用情况,能较全面反映各主体之间的分配关系。

(5)GDP是国际事务中最重要的总量指标(国际交往、国际比较、国际权利与义务等)。

局限性:

(1)国内生产总值在衡量一定时期经济成果时,由于没有考虑以下两个因素,因而其计算结果有很大的偏误:①没有把自然资源的利用作为经济过程的投入来看待;②没有将人类不合理的生产和消费方式所造成的对环境的破坏以及为恢复适宜的环境所做的努力加以适当的考虑。

(2)国内生产总值不是一个令人满意的经济福利指标。具体体现为:①有时国内生产总值的增加并不代表社会福利的增加;②有时过分地追求国内生产总值,反而会降低人们的"效用"水平。

【联系实际】:略

2. 试述保险、养老金和标准化担保计划的性质和核算方法。

答:保险、养老金和标准化担保计划是金融机构进行财富调节或收入再分配的形式。这种再分配可能发生在同一时期各种不同机构单位之间,或同一机构单位不同时期之间,或者两种情况的结合。

这种再分配的过程为,参与保险、养老金和标准化担保计划的机构单位向有关计划单位缴款,并在同期或以后时期领取保险金(或得到赔付)。参加者持有资金,而保险公司代表它们用这些资金进行投资。保险公司将投资收入作为财产收入分配给参与者,并将其中一部分作为额外缴款予以返回。

SNA记录在金融账户上的是,参加者向这些计划支付的缴款净额或保费净额与这些计划支付的保险金和赔付之间的差额。其中,

$$\begin{matrix}\text{缴款净额或}\\ \text{保费净额}\end{matrix} = \begin{matrix}\text{实际缴款}\\ \text{或保费}\end{matrix} + \begin{matrix}\text{分配的}\\ \text{财产收入}\end{matrix} - \begin{matrix}\text{金融机构}\\ \text{服务费用}\end{matrix}$$

具体核算内容和方法包括:

(1)非寿险专门准备金核算

非寿险专门准备金包括预付的用于非寿险未决索赔的保费和准备金净额。记入金融账户非寿险专门准备金交易的内容则为对其应计的调整。

(2)寿险和年金权益核算

寿险和年金权益反映的是投保人对提供寿险或年金的单位所拥有的金融债权。记入金融账户寿险和年金权益交易的内容为应收保费净额与应付索赔之间的差额。

(3)养老金权益核算

养老金权益反映的是现有和未来领取养老金的雇员对其雇主或雇主指定的养老基金所拥有的金融债权。它是雇主与雇员之间所签订的雇员报酬协议的一部分。核算养老金权益交易时,应当将应缴款净额与应付保险金之间的差额记入金融账户。

(4)养老金经理人的养老基金债权核算

所谓养老金经理人是指那些在与第三方签订合约情况下,一直对养老金计划的条款有决定权,并负责基金的亏损,保留基金盈余的雇主。在养老金经理人指导下进行工作的单位称为养老金代管人。如果雇主与第三方的协议是雇主将基金的风险与亏损责任,以及享有基金盈余的权利全部交给第三方,此时的第三方既是养老金经理人又是养老金代管人。

当养老金经理人与养老金代管人不是同一单位时,亏损责任与盈余权利都属于养老金经理人。养老金经理人的养老基金债权就在此项进行记录。

(5)标准化担保代偿准备金核算

标准化担保代偿准备金包括预付的用于标准化担保未付代偿的费用和准备金净额。此项交易的记录与非寿险准备金类似,包括预收费用和未结算的代偿。

七、计算题(本题共9分)

甲部门

(1)净储蓄 680 亿元

(2)资本形成总额 370 亿元

(3)净贷出(＋)408 亿元,据此判断该部门为住户部门。

附录二

《国民经济核算》教学大纲

前 言

(一)本课程的性质和教学目的

国民经济核算是经济统计的重要组成部分。《国民经济核算》课程是我校统计学、经济学和国民经济管理等本科专业的必修课或选修课,其中,是经济统计专业主要专业课。本大纲适用于上述专业的国民经济核算课程教学。

本课程教学内容分为12章。主要从宏观角度阐述国民经济核算的基本理论和方法。本课程的教学目的在于,通过本课程的教学,使学生理解和掌握国民经济核算的基本理论和基本方法,培养学生阅读和理解国民经济核算资料的能力,最终能够将国民经济核算数据作为将来工作中决策的重要依据。

(二)本课程的教学要求

本课程的先修课程是经济学、会计学、统计学、财政学、金融学、国际贸易等。

由于本课程具有宏观与微观相结合,定性分析与定量分析相结合,综合性强、涉及知识面广等特点,因此,在教学中应针对学生的具体知识水平和能力,做到所教的内容能与学生先前所学的有关知识结合,适当安排一些作业并要求学生认真完成,以加深学生对本门课程的基本理论与业务知识的理解和掌握。

(三)推荐使用的教材和课外阅读书目

1. 推荐使用的教材

(1)李连友编著,《国民经济核算学(第二版)》,清华大学出版社,2014。

(2)李连友编著,《国民经济核算学(第二版)学习指南》,中国统计出版社,2017。

2. 课外阅读书目

(1)高敏雪等编著,《国民经济核算原理与中国实践(第三版)》,中国人民大学出版社,2013。

(2)联合国等编,国家统计局国民经济核算司等译,《2008 国民账户体系》,中国统计出版社,2012。

(5)中华人民共和国国家统计局编,《中国统计年鉴》(历年),中国统计出版社。

(四)本课程教学的课时分配

本课程的教学计划课时为 54 课时(3 学分),建议教学课时按以下方案分配:

章节内容	课时分配	备注
第一章 总论	5	
第二章 国民经济核算中的分类	4	
第三章 国民生产核算	6	安排一次讨论
第四章 投入产出核算	4	
第五章 收入分配核算	6	
第六章 收入使用核算	4	
第七章 资本形成核算	4	
第八章 金融交易核算	4	
第九章 资产负债核算	5	安排一次讨论
第十章 对外交易和资产负债核算	4	
第十一章 物量和物价核算	4	
第十二章 社会核算矩阵和卫星账户	2	
机动	2	
合 计	54	

课程教学内容与要求

第一章 总 论

本章教学目的和要求

通过本章学习，了解国民经济核算的产生和发展，掌握国民经济核算的基本概念、核算的目的、对象、主要总量指标和基本结构、核算原则和基本方法，为学习后面各章奠定基础。

本章教学基本内容

第一节 国民经济核算体系的产生和发展

一、国民经济核算与国民经济核算学

（一）国民经济核算的概念

国民经济核算，简称国民核算（National Accounting），是在一定经济理论指导下，通过综合运用统计、会计和数学等方法，对一个国家或地区一定时期经济运行的过程和结果进行系统描述，以反映国民经济规模和结构的全貌。

（二）国民经济核算学的概念

国民经济核算学是一门研究国民经济核算理论、方法，显示和分析国民经济核算数据的艺术和科学，其目的是为国民经济核算实践提供理论和方法论指导。

（三）国民经济核算学与其他学科的关系

国民经济核算与统计、会计和业务三大核算之间的联系和区别。国民经济核算学与经济学、会计学、统计学和计量经济学等学科之间的关系。

二、国民经济核算的产生

（一）现代国民经济核算产生和发展的基础

（二）几位重要人物对国民经济核算的贡献

三、国民经济核算体系的产生和发展

（一）国民经济核算体系的概念

国民经济核算体系（the System of National Accounts）简称 SNA，是由一套逻辑严密、协调一致而完整的宏观经济账户、资产负债表和表式所组成的，包括符合国际惯例的概念、定义、分类和核算规则的核算框架。在这个框架内，经济数据可以按照经济分析、决策和政策制定的要求，以一定的程式编制和表述。

（二）国民经济核算体系的发展

国民经济核算从个别经济学家或各个国家零散的核算发展成现今的博大精深、世界各国普遍采用的完整核算体系所经历的几个阶段。

四、中国国民经济核算体系的发展

我国国民经济核算体系从建国到现在，基本上走过了一条由计划经济条件下实行的国民经济平衡表体系到向 SNA 过渡，再到全面实行新 SNA 的道路。

我国从 1949—1991 年实行的基本上是国民经济平衡表体系。

我国从 1984 年开始的对原有的国民经济核算体系所的进行改革。

1992 年的《中国国民经济核算体系（试行方案）》（简称中国 1992 年核算体系）以及从 1992 年度开始实施新核算体系的步骤。

2003 年开始实行《中国国民经济核算体系（2002）》。

五、中国国民经济核算体系（2002）的基本内容

中国国民经济核算体系（2002）是由一套完整的经济循环账户和五张基本核算表组成。经济循环账户包括经济总体和机构部门两个层次账户。其中，机构部门账户根据机构部门分类，包括非金融企业部门账户、金融机构部门账户、住户部门账户、政府部门账户和国外部门账户。每个层次的账户根据经济循环过程又分为生产账户、收入分配及支出账户、积累账户和资产负债账户。各种账户之间的关系。

基本核算表包括国内生产总值表、投入产出表、资金流量表、国际收支平衡表和资产负债表。

第二节 国民经济核算的基础

一、国民经济核算的理论基础

（一）生产理论

A. 马歇尔的"综合性生产理论"是国民经济核算体系确定生产核算范围的理论基础。国民经济核算体系理论基础的核心是有关生产的概念和理论。"限制性生产理论"和"综合性生产理论"。

(二)其他各种经济理论对国民经济核算的影响

国民经济核算体系除了需要生产理论这一核心基础外,其他一些重要的经济理论,包括经济循环理论、市场理论、收入分配理论、消费理论、金融理论和国际收支理论等对国民经济核算体系的建立和发展都有重要的指导意义和作用。

二、国民经济核算的微观基础

国民经济核算的微观基础是企业经济核算。

企业经济核算包括许多方面。从核算内容看,有生产经营条件核算、生产过程中物化劳动和活劳动消耗核算、资金占用方面的核算以及反映生产经营成果的核算等。从核算方法看,有会计核算、统计核算和业务技术核算。

三、国民经济核算的方法论基础

国民经济核算体系运用了许多科学方法。它是建立在以会计账户方法为主,辅之矩阵表和平衡表、方程式法和图解法为补充来描述国民经济运行过程;以国民经济分类、规定核算和估价的一般原则为主要手段来构成一套完整的方法论体系。

账户方法是国民经济核算的根本方法。

第三节 国民经济核算的目的和基本结构

一、国民经济核算体系的目的和作用

(一)国民经济核算体系的目的

国民经济核算体系的主要目的是提供一个包括范围十分广泛概念和核算框架,便于人们用来建立一个分析和评价经济运行状况的宏观经济数据库。

(二)国民经济核算体系的特点

全面性、一致性、完整性。

(三)国民经济核算体系的作用

首先,根据国民经济核算体系提供的信息,可以监测经济活动。

其次,国民经济核算体系可以为宏观经济分析提供帮助。

最后,国民经济核算体系可以用于国际比较。

二、国民经济运行过程

（一）国民经济运行过程

国民经济是由一国各类经济活动组成的总体。在市场经济条件下，国民经济运行过程就是各经济主体（企业、政府、金融机构和住户等）运用各类生产要素（土地、资本、劳动力等）从事各种市场交易活动的过程。

（二）从实物运动和价值运动两种形态对国民经济运行过程的考察

（三）市场在国民经济运行过程中的作用

三、国民经济核算的对象和内容

（一）交易者

交易者即为国民经济活动的参入者。交易者得分类。

（二）交易

交易是指两个经济主体之间按着相互协议而进行的一种活动。国民经济活动中的交易主要包括：货物和服务交易、分配交易、资本交易、金融交易、内部交易以及其他交易等。

（三）价格

价格作为商品的价值表现，其作用一方面为国民经济核算提供了同度量条件，而且影响对国民经济活动成果价值量的核算。价格的种类。

（四）交易的记录时间

权责发生制、收付实现制。

（五）经济流量和存量

经济流量的概念。

经济流量的分类。

经济存量的概念。

经济流量和经济存量之间的关系。

四、国民经济核算的范围

国民经济核算范围包括核算的主体范围和客体范围。

（一）国民经济核算的主体范围

核算的主体范围就是从事国民经济活动的主体范围，即由一国所有常住单位构成的经济总体。

常住单位的概念。

经济利益中心的含义。

国民经济核算的主体范围最基本的单位是机构单位和基层单位，中间层次是机构部门和产业部门，宏观层次是整个国民经济，通常称为经济总体。

（二）国民经济核算的客体范围

核算的客体范围主要包括：生产范围、收入分配范围、收入使用范围、资本形成范围、金融交易范围和资产存量范围等。

五、国民经济核算的总量描述和结构描述

国民经济核算体系界定了一些用途十分广泛的总量统计指标，如国内生产总值、人均国内生产总值、国民总收入、国民可支配收入等。国民经济核算体系总量描述的作用。

国民经济核算体系的结构描述，是通过各种名目繁多的统计分类和在分类基础上的账户序列进行的。

第四节 国民经济核算规则

一、记账规则

记账规则包含的内容。

复式记账和四式记账规则。

二、记录时间原则

权责发生制解决的是记账时间的规定性问题。

权责发生制的含义和内容。

三、估价原则

国民经济核算在遵循四式记账基础上，还必须把一笔交易在有关两个部门相关账户中以相同的价值记录。同样的要求也适用于资产和负债。

四、合并和取净值原则

合并的概念和要求。取净值的概念和方法。

第二章 国民经济核算中的分类

本章教学目的和要求

通过本章学习,了解国民经济核算分类的概念和作用,掌握国民经济核算的主体分类、客体分类和其他分类。

本章教学基本内容

第一节 国民经济核算分类的一般问题

一、民经济核算分类的概念和作用

(一)国民经济核算分类的意义

(二)国民经济核算分类的含义

二、国民经济核算分类体系

(一)国民经济核算分类体系的概念

(二)国民经济核算分类体系的内容

(三)国民经济核算分类体系所要回答的问题

第二节 国民经济核算主体分类

一、机构单位和机构部门分类

(一)机构单位及其分类

机构单位的含义和特点。

现实生活中的机构单位基本上有两类,一类是住户,另一类是依法成立的法律或社会实体。

住户的含义和类型。

法律或社会实体的定义和类型,包括公司、非营利性机构、政府。各种社会实体的含义,

(二)机构单位的常住性

常住单位的含义和特点。

(三)机构部门及其子部门

1. 非金融公司部门及其子部门

非金融公司部门的组成。非金融公司部门的分类。

2. 金融公司部门及其子部门

金融公司部门的常住单位类型。金融公司部门包括的子部门。

3. 一般政府部门及其子部门

一般政府部门的组成。一般政府子部门的划分方法。

4. 住户部门及其子部门

住户子部门的分类方法。

5. 为住户服务的非营利机构及其子部门

为住户服务的非营利机构各种子部门的内容和特点。

(四)经济总体

经济总体的含义和组成。

(五)国外

国外部门的含义。划分国外部门的目的。

二、基层单位和产业部门分类

(一)生产活动及其分类

生产的定义。生产活动的分类。

(二)生产单位的分类

1. 产业活动单位

产业活动单位的定义。产业活动单位的规定性。

2. 地点单位

地点单位的定义。地点单位的规定性。

3. 基层单位

基层单位的含义和特点。

(三)产业部门分类

1. 根据基层单位同质性所进行的分类

联合国国民经济核算体系有关产业部门分类使用的是《国际标准产业分类(第4版)》(英文缩写 ISIC, Rev. 4)。ISIC, Rev. 4 的 21 个大门类的内容。

我国最新的产业部门分类(通常称为国民经济行业分类)。

2. 根据生产者市场化程度所进行的分类

市场产出及其生产者的定义、自给性产出及其生产者的定义、非市场产出及其生产者的定义。

(四)产业部门分类的综合——三次产业分类

产业部门按产业发展的时序可以概括为三次产业。三次产业的内容。

第三节 国民经济核算客体分类

国民经济核算客体分类包括经济流量分类和经济存量分类。

一、经济流量分类

经济流量分类包括交易分类和非交易分类。交易的定义。

(一)货物和服务交易

货物和服务交易说明货物和服务的来源(国内生产和进口)和使用(中间消耗、最终消费、资本形成和出口)。

货物的内涵和特征。服务的含义和特征。货物和服务的区别。国民经济核算体系中"产品"的含义。

(二)收入分配交易

收入分配交易的概念。收入分配交易的内容。

(三)收入使用交易

收入使用交易的定义。收入使用交易的内容。

(四)资本形成交易

资本形成交易的含义。资本形成交易的种类。

非金融资产交易包括的内容。

(五)金融交易

金融交易的含义。金融资产的种类。

(六)涉及国外的交易

国外交易含义和内容。

(七)非交易流量

资产物量其他变化。重估价。

二、经济存量分类

经济存量分类实质上就是对一定时点上的资产和负债数量进行分类。各种不同类型的资产和负债在国民经济运行过程中起着不同的作用。

(一)所有权和资产的定义

法定所有者和经济所有者的定义。经济资产的定义和特点。

(二)经济存量分类

1. 非金融资产

非金融资产的含义和内容。

国民经济核算体系中非金融资产的种类。

2. 金融资产

金融资产的概念。金融资产包括的项目与金融流量的分类相同。

第四节　SNA 其他重要分类

国民经济核算体系为满足其他一些特殊需要，如某些交易的构成、政府的职能等，除上述基本分类外还有一些其他重要分类。

一、平衡项的分类

（一）经常账户的平衡项

（二）积累账户的平衡项

营业盈余或混合收入的含义、内容和作用。

（三）资产负债表的平衡项

二、主产品分类

联合国国民经济核算体系的产品分类是采用联合国的《主产品分类（英文简称 CPC）》。这一分类的依据和目的。

联合国国民经济核算体系采用的《国际标准产业分类》和《主产品分类》是两种不同的分类。二者之间的关系。

联合国《主产品分类》的内容。

三、功能分类

功能分类也称目的分类，是指从交易者从事某些交易的"目的"或"目标"上区分出"功能"，再按功能对交易主体的活动进行分类。功能分类的目的。

第三章　国民生产核算

本章教学目的和要求

通过本章的学习，要求学生理解有关生产的基本理论，掌握有关产出、增加值，以及国内生产总值的核算方法和生产账户的基本内容。

本章教学基本内容

第一节　生产核算的基本理论

一、生产活动的基本概念

(一)生产活动和非生产活动

生产活动的概念和分类。非生产活动的概念。

(二)有经济意义的生产活动和不具有经济意义的生产活动

经济生产的含义和界定。非经济生产的含义。

货物和服务是经济生产的两种主要类型的产出。对货物和服务的考察。

二、产品的类型及其特征

(一)货物

货物的定义和特点。

(二)服务

服务的定义。服务的种类。

(三)知识载体产品

知识载体产品的概念。知识载体产品包括的内容。

三、生产核算的范围

国民经济核算体系是在遵循一般生产定义基础上,确定了比一般生产范围更窄的经济生产活动作为其核算的范围。具体可以概括为：

(一)所有个人或公共货物或服务的生产

(二)生产者为了自身的最终消费或资本形成所保留的所有货物的自给性生产

(三)自有住房者住房服务的自给性生产和雇佣付酬家务人员生产的家庭和个人服务的自给性生产

不属于生产核算范围内的服务内容。

确定国民经济核算体系有关生产核算范围应明确的几个方面的问题。

四、关于"未观测"经济的生产范围划分问题

(一)未观测经济的概念和种类

(二)对未观测经济生产范围的确定

第二节　产出核算

一、产出核算的一般问题

(一)产出的概念

(二)产出的分类

市场产出、为自身最终使用的产出、非市场产出。

(三)产出的记录时间

大部分货物和服务产出的记录时间。对于生产周期很长产出的处理。

(四)产出的估价

不同产出的估价方法。

二、各种产出的具体核算

(一)市场产出的核算

(二)为自身最终使用生产的产出的核算

(三)非市场产出的核算

三、部分特殊产业产出的核算

(一)农业、林业和渔业产出的核算

(二)机器、设备和建筑物产出的核算

(三)运输和仓储业产出的核算

(四)批发和零售业产出的核算

(五)中央银行产出的核算

(六)保险和养老基金计划以外金融服务产出的核算

(七)与保险和养老基金计划相关的金融服务产出的核算

(八)研究和开发核算

(九)原件和复制品生产核算

第三节　中间消耗核算

一、中间消耗的概念

中间消耗也称中间投入,是指常住单位在生产或提供货物与服务过程中所消耗和使用的所有非固定资产的货物和服务的价值。

中间消耗不包括固定资产和企业购置珍贵物品的支出。

二、中间消耗的记录时间和估价

货物和服务的中间消耗在货物或服务进入生产过程时予以记录。对于中间消耗掉的货物或服务的估价,可以按它们进入生产过程时的购买者价格估价。

三、确定中间消耗应明确的几个界限

(一)中间消耗和雇员报酬之间的界限

(二)中间消耗和固定资本形成总额之间的界限

(三)中间消耗和增加值之间的界限

第四节 增加值和 GDP 核算

一、增加值的概念

增加值是指常住单位核算期内由生产过程创造的新增价值和固定资产转移价值之和。

增加值核算可以在扣除固定资本消耗之前或之后进行。前者称为总增加值。即

总增加值＝总产出－中间消耗

扣除固定资本消耗后的增加值称为净增加值。即

净增加值＝总产出－中间消耗－固定资本消耗

　　　　＝总增加值－固定资本消耗

二、增加值的核算方法

(一)增加值的生产核算法

按基本价格计算的总增加值。按生产价格计算的总增加值。

(二)增加值的收入核算法

增加值＝雇员报酬＋生产税净额＋固定资本消耗＋营业盈余

三、国内生产总值(GDP)核算

(一)国内生产总值的概念

国内生产总值的概念。最终产品的概念。国内生产总值的三种表现形态。

(二)国内生产总值的核算

生产法。收入法。支出法。

(三)国内生产总值核算的地位和作用

第五节 生产账户

一、联合国SNA有关生产账户的内容

(一)单个单位、部门或经济总体的生产账户

账户的结构。账户中各项指标之间的关系。

(二)多单位、多部门的综合生产账户

账户的结构。账户中各项指标之间的关系。账户的解读。

二、《中国国民经济核算体系(2002)》的生产账户

三、生产账户的作用

第四章 投入产出核算

本章教学目的和要求

通过本章学习,了解投入产出核算的一般原理,掌握投入产出表的结构及其平衡关系,掌握直接消耗系数和完全消耗系数的概念,并会计算直接消耗系数。

本章教学基本内容

第一节 投入产出核算的基本问题

一、投入产出分析方法的产生与发展

投入产出分析方法产生的背景。联合国SNA将其纳入的意义和作用。SNA2008对投入产出表编辑的变化。

二、投入产出核算的几个基本概念

(一)投入产出核算

(二)投入、最初投入、中间投入和总投入

(三)中间产出、最终产出和总产出

三、投入产出分析的基本思想

四、投入产出核算中的估价

(一)产出的估价

产出按基本价格估价。采用基本价格估价的理由。

(二)货物和服务使用的估价

货物和服务的使用(中间消耗和最终使用)按购买者价格估价。

(三)总增加值的估价

增加值的估价需考虑的要素。产出采用两种不同估价方法的结果。

(四)进口和出口的估价

进口和出口采用离岸价格估价。离岸价格的含义。对进口产品的细目则采用到岸价格估价。离岸价格和到岸价格之间的差额的作用。

第二节 投入产出表

一、投入产出表的结构和种类

(一)投入产出表的结构

投入产出表的构成。四个象限的内容。

(二)投入产出表的种类

二、投入产出表中的几个平衡关系

(一)行的平衡关系

(二)列的平衡关系

(三)总量的平衡关系

三、投入产出表的消耗系数

(一)直接消耗系数

直接消耗系数的定义。直接消耗系数的计算。直接消耗系数的作用。制约直接消耗系的几个因素。价值型投入产出表直接消耗系数的取值范围。

(二)完全消耗系数

完全消耗系数的含义。完全消耗系数的作用。完全消耗系数的计算。

(三)完全需求系数

完全需求系数的定义和计算。完全需求系数和完全消耗系数不同的经济含义。

四、各种消耗系数与产出或投入之间的联系

(一)直接消耗系数与总产出及最终产出的联系

(二)完全消耗系数与最终产出及总产出之间的联系

五、我国的投入产出表

第五章 收入分配核算

本章教学目的和要求

学习这一章的目的是,了解收入分配的基本理论,掌握收入分配的有关概念、主要指标和核算方法,以及有关账户的基本结构。

本章教学基本内容

第一节 收入分配核算的基本理论

一、收入、收入分配和收入分配核算

收入的定义。收入分配的含义。收入分配核算的含义。

二、收入分配构成要素

(一)收入分配的主体

(二)收入分配的客体

(三)收入分配的宿体

(四)收入分配的依据

(五)收入分配的方式

(六)收入分配的方法

三、收入分配核算的基本流程和相关总量指标

第二节 收入初次分配核算

一、收入初次分配的概念及核算内容

收入初次分配的含义。收入初次分配的结果。收入初次分配核算的目的。收入初次分配核算的内容。

二、收入形成核算及其账户

收入形成核算的定义。收入形成核算与生产核算的关系。收入形成核算的内容。

(一)收入形成的基本流量

雇员报酬。生产和进口税。生产补贴。营业盈余和混合收入。

(二)收入形成账户

三、收入初次分配核算及其账户

(一)收入初次分配核算的性质

(二)收入初次分配的主要流量

财产收入的定义和种类。初始收入的概念及各经济主体初始收入的计算。国民收入的概念和国民总收入的计算。

(三)收入初次分配账户

第三节　收入再分配核算

一、收入再分配的概念

广义收入再分配和狭义收入再分配的概念。实物收入再分配。

二、收入再分配中其他几个重要概念

(一)转移的概念和种类

转移的概念。转移的各种分类。

(二)经常转移的内容

经常转移根据其包含的内容不同,分为所得、财产等经常税;社会缴款和社会福利以及其他经常转移三种。所得、财产等经常税。社会缴款和社会福利。其他经常转移。

三、收入再分配核算及账户

(一)单个单位、部门或经济总体的收入再分配账户

收入再分配核算概念。账户的基本结构和内容。

(二)多单位、多部门收入再分配综合账户

账户的基本结构和内容。各项指标之间的关系。

(三)可支配收入和国民可支配收入

可支配收入的概念和计算。国民可支配收入的概念和计算。

四、实物收入再分配核算及账户

实物收入再分配核算的概念。实物社会转移的概念。调整后可支配收入的计算。

第六章　收入使用核算

本章教学目的和要求

通过本章学习,了解有关收入使用核算的基本概念,掌握各类经济主体最终消费核算的内容和方法,掌握收入使用账户的基本内容和结构。

本章教学基本内容

第一节　收入使用核算概述

一、收入使用核算的目的

二、最终消费的概念和种类

(一)最终消费的概念

消费是一种行为,是指人们使用货物和服务来满足物质和精神需要的最终消费。

参与最终消费的主体。消费的客体是各种货物和服务。消费性货物或服务的概念。

(二)最终消费的种类

1. 根据考察最终消费是支出还是获得标准不同,最终消费有最终消费支出和实际最终消费

最终消费支出的概念和定义原则。实际最终消费的概念和定义原则。

2. 依据最终消费主体的性质不同,最终消费有个人消费和公共消费之分

个人消费的概念。公共消费的概念。无论是最终消费支出,或是实际最终消费,都要区分个人消费和公共消费。

三、储蓄

储蓄的含义。储蓄可能为正数也可能为负数或零。储蓄的作用。

第二节　最终消费支出核算

一、最终消费支出核算的原则

(一)最终承担支出原则

(二)支出的记录时间原则

(三)最终消费支出的估价原则

二、住户最终消费支出核算

(一)住户最终消费支出的含义及其界定

(二)某些特定情况下或某些特定类型货物或服务支出的核算

拥有非法人企业的住户某些支出的核算。自产自用货物和服务支出的核算。一些特定类型货物和服务支出的核算。

(三)记录时间和估价

(四)住户最终消费支出分类

三、一般政府最终消费支出核算

(一)在市场和非市场生产者产出上支出的核算

(二)在个人与公共货物和服务上支出的核算

个人货物服务的特点及判别方法。公共服务的特点。个人货物服务与公共服务的联系与区别。

四、为住户服务的非营利机构最终消费支出核算

为住户服务的非营利机构最终消费支出与一般政府最终消费支出的联系与区别。

第三节 实际最终消费核算

一、住户部门实际最终消费核算

住户部门实际最终消费的含义和计算。

二、一般政府部门实际最终消费核算

一般政府部门实际最终消费的含义和计算。

三、经济总体的最终消费核算

经济总体最终消费支出的核算。经济总体实际最终消费的核算。经济总体最终消费支出和实际最终消费的关系。

第四节 收入使用账户

一、单个单位、部门或经济总体的可支配收入使用账户

收入使用账户的概念。账户的结构和内容。

二、多单位、多部门可支配收入使用综合账户

账户的结构和内容。账户中各指标之间的关系。

三、调整后可支配收入使用账户

调整后可支配收入使用账户的概念。账户的基本结构和平衡项。

四、两个收入使用账户的联系

第五节 我国国民经济核算体系(2002)的收入分配和支出核算

一、我国有关财产收入的核算

(一)财产收入的定义和种类

(二)利息的核算

利息的概念和内容。各种利息的计算。

(三)红利的核算

红利的概念。各种红利的计算。

(四)土地租金的核算

土地租金的概念。对于非常住者在我国境内兴办企业或开展其他经营活动所支付的土地使用权费用的处理。

(五)其他财产收入

其他财产收入的含义和内容。其他财产收入的核算。

二、我国 SNA 有关经常转移的核算

(一)收入税的核算

收入税的概念。收入税的内容。

(二)社会保险缴款核算

(三)社会保险福利核算

(四)社会补助核算

(五)其他经常转移核算

三、我国收入分配及支出账户

第七章 资本形成核算

本章教学目的和要求

学习本章的目的就是要了解有关资本形成的基本理论,掌握资本形成所包括的内容、核算原则和方法。了解资本账户的基本结构。

本章教学基本内容

第一节 资本形成核算的基本问题

一、资产的概念和种类

国民经济核算体系中所核算的资产,是一种经济资产。经济资产的概念

(一)非金融资产

非金融资产的概念和种类。生产资产的概念和种类。固定资产、存货、贵重物品的概念。非生产资产的概念和种类。

(二)金融资产

金融资产的概念。

二、核算资本形成的目的

三、资本核算的内容和规则

资本核算的内容。资本核算的原则

第二节 资本形成总额核算

一、固定资本形成总额核算

固定资本形成的概念。

(一)固定资本形成总额核算的一般问题

资产获得和处置的费用。资产获得和处置的记录时间。资产获得和处置的估价。

(二)各类固定资产交易的核算

住宅、其他建筑物和构筑物、机器和设备、武器系统、培育性生物资源、非生产资产所有权转移费用、知识产权产品。

二、存货变化的核算

存货的概念。存货包括的内容。存货变化核算的方法。

三、贵重物品的获得减处置核算

贵重物品的概念。贵重物品包括的内容。获得的贵重物品和处置的贵重

物品的计算。

第三节 非生产非金融资产获得减处置的核算

一、自然资源的核算

自然资源的概念。自然资源包括的内容。

(一)土地交易的核算

土地的概念。土地交易主体的规定性。土地获得或处置的核算。

(二)矿物和能源储备的核算

矿物和能源储备的概念。矿物和能源储备的核算方法。

(三)非培育性生物资源的核算

(四)水资源的核算

水资源的概念。水资源的核算方法。

(五)其他自然资源的核算

其他自然资源包括的内容。

二、合约、租约和许可的核算

合约、租约和许可被作为资产纳入 SNA 核算范围的条件。合约、租约和许可核算的总原则。

(一)可交易的经营租赁核算

可交易的经营租赁的含义。可交易的经营租赁核算方法。

(二)自然资源使用许可核算

自然资源使用许可的含义。

(三)从事特定活动许可核算

从事特定活动许可的构成要素。从事特定活动许可的核算。

(四)货物与服务的未来排他性权利核算

三、商誉和营销资产的核算

商誉的定义。商誉的性质。商誉的核算。营销资产的核算。

第四节 资本转移的核算

一、资本转移的概念和种类

资本转移的概念。资本转移包括资本税、投资补助和其他资本转移等。

二、资本税的核算

资本税的概念。资本税包括内容。

三、投资补助的核算

投资补助的概念。投资补助的核算方法。

四、其他资本转移的核算

第五节　资本账户

一、资本账户的基本结构

资本账户的概念。资本账户的基本结构。

二、资本账户中平衡项指标的计算和含义

三、多单位、多部门资本综合账户

四、我国的资本账户

第八章　金融交易核算

本章教学目的和要求

学习本章的目的是了解有关金融交易的基本理论。掌握金融资产的种类，金融交易的核算原则和方法。了解金融账户及资金流量表的基本结构。

本章教学基本内容

第一节　金融交易核算的基本问题

一、金融资产的概念和种类

（一）金融资产和负债的概念

金融资产的概念。金融债权的概念。负债的概念和种类。

（二）金融资产和负债的种类

国民经济核算体系对金融资产的分类。SNA1993 和 SNA2008 对金融资产分类的区别。

二、金融交易及其核算规则

（一）金融交易的概念

金融交易的概念。鉴别一笔交易是否属于金融交易需要做的几项工作。

(二)金融交易核算规则

估价规则。记录时间。记录的基础

三、金融交易的分类标准

金融交易的分类亦即金融资产的分类。金融交易分类的两个标准。

第二节 金融交易项目的核算

一、货币黄金和特别提款权的核算

(一)货币黄金交易的核算

货币黄金的定义。货币黄金的规定性。货币黄金交易应注意的问题。

(二)特别提款权的核算

特别提款权的概念。特别提款权的确定。

二、通货和存款交易的核算

(一)通货的核算

通货的定义。通货的核算

(二)可转让存款核算

可转让存款包括的内容。可转让存款的计算。

(三)其他存款的核算

其他存款的定义。其他存款包括的内容。

三、债权性证券的核算

(一)债权性证券的分类

债权性证券的定义。债权性证券的分类

(二)债权性证券的核算

票据核算。债券和债权证核算。资产支持证券和抵押债务凭证核算。银行承兑汇票核算。拆分证券核算。与指数挂钩的证券核算。

四、贷款的核算

贷款包括的内容。长期贷款和短期贷款。

五、股权和投资基金份额的核算

(一)股权核算

股权的含义和性质。股权交易的种类。

(二)投资基金份额或基金单位的核算

六、保险、养老金和标准化担保计划的核算

(一)非寿险专门准备金核算

(二)寿险和年金权益核算

(三)养老金权益核算

(四)养老金经理人的养老基金债权

七、金融衍生工具和雇员股票期权核算

(一)金融衍生工具核算

金融衍生工具的定义。金融衍生工具价值的确定。金融衍生工具核算。

(二)雇员股票期权核算

雇员股票期权的定义。雇员股票期权核算。

八、其他应收/应付账款的核算

(一)商业信用和预付款核算

商业信用包括的内容。商业信用和预付款核算

(二)其他(应收/应付账款)核算

第三节 金融账户

一、金融账户的含义和基本表式
二、多单位、多部门金融综合账户
三、我国的金融账户

(一)我国金融资产的分类

(二)我国金融账户的基本结构

第四节 资金流量表

一、资金流量核算的基本问题

资金流量表的概念。

(一)资金流量核算的产生与发展

(二)资金流量核算的范围

(三)资金流量核算的内容

(四)资金流量核算原则

(五)资金流量核算的作用

二、联合国 SNA1993 详细的资金流量表

三、联合国 SNA2008 详细的资金流量表

四、我国资金流量表

(一)资金流量表——实物交易部分

(二)资金流量表——金融交易部分

第九章 资产负债核算

本章教学目的和要求

学习本章的目的是了解国民资产负债核算的有关概念、核算的原则和方法。掌握资产负债有关核算内容以及一些指标的计算方法。

本章教学基本内容

第一节 国民资产负债核算的基本问题

一、资产的定义及其分类

资产的定义。经济资产的定义。资产的分类。

二、国民资产负债核算的历史发展

三、国民资产负债核算在 SNA 中的地位

四、国民资产负债核算的内容

第二节 资产负债其他变动核算

一、资产负债其他变动的种类和核算内容

由非交易流量引起的核算期间资产、负债和净值价值变化的种类。资产负债其他变动的核算内容

二、资产物量其他变化的核算

(一)资产物量其他变化的核算内容

资产物量其他变化的概念。资产物量其他变化核算内容。

(二)资产物量其他变化的核算方法

经济出现类资产物量其他变化的核算方法。经济消失类资产物量其他变化的核算方法。

(三)资产物量其他变化账户及功能

三、持有收益核算

持有收益的概念。持有收益的种类。

(一)名义持有收益核算的一般问题

名义持有收益的概念。名义持有收益的核算。

(二)中性持有收益核算的一般问题

中性持有收益的含义。核算中性持有收益的方法。

(三)实际持有收益核算的基本问题

实际持有收益的含义。决定实际持有收益大小的因素。

(四)持有收益的计算

名义持有收益的计算。中性持有收益的计算。实际持有收益的计算。

(五)重估价账户

重估价账户的含义。重估价账户的结构。

第三节 资产负债存量核算

一、资产负债存量核算的地位和作用

资产负债存量核算的地位。资产负债存量核算的作用。

二、资产负债存量核算的估价原则和方法

估价资产负债存量价值的总原则。获得现行市场价格的方法。

三、资产负债表和资产账户

(一)资产负债表的概念和种类

(二)资产负债表的基本结构

(三)包含资产变化的期初、期末资产负债表

四、资产负债表中的登记

(一)生产资产的登记

固定资产的登记。存货的登记。贵重物品的登记。

(二)非生产资产的登记

自然资源的登记。合约、租约和许可的登记。商誉和营销资产的登记。

（三）金融资产和负债的登录

（四）净值的登录

五、我国资产负债表

（一）资产负债表的基本结构

（二）资产负债表中的主要平衡关系

第十章 对外交易和资产负债核算

本章教学目的和要求

学习本章的目的就是要求学员了解对外经济核算的基本理论和方法，重点掌握国际收支平衡表和国外账户这两种核算手段所包含的结构、内容和方法。

本章教学基本内容

第一节 对外交易核算的基本问题

一、国外和对外交易的涵义

"国外"的概念。对外交易的概念。设置国外部门的意义。对外交易核算的概念。编制国外账户的角度及其平衡项的意义。

二、对外交易核算的原则

（一）估价原则

对外交易核算中货物和服务流量的估价。对外交易核算初始收入和转移的估价。对外交易核算中金融项目的估价。对外交易核算中资产和负债存量的估价。

（二）记录时间原则

货物出口和进口的记录时间。服务出口和进口的记录时间。

（三）取净值原则

（四）记账单位原则

第二节 对外交易核算的内容和账户

一、国外账户的功能和特点

国外账户是从国外的角度反映一国与国外所有非常住单位之间经济关系的账户体系。国外账户的特点

二、对外经常交易核算和账户

(一)对外货物和服务进出口核算

货物进出口的核算。服务进出口的核算。对外货物和服务账户。

(二)对外收入初次分配核算及账户

对外雇员报酬核算。对外生产、进口税减生产、进口补贴核算。对外财产收入核算。对外收入初次分配账户。

(三)对外收入再分配核算和账户

对外经常转移核算。对外收入二次分配账户。

(四)对外经常交易账户

三、对外积累核算和账户

(一)对外资本账户

(二)对外金融账户

(三)对外资产其他变化账户

(四)对外积累账户

四、对外资产负债核算和账户

(一)对外资产负债核算

(二)对外资产负债账户

第三节 国际收支平衡表和国际账户

一、国际收支的概念及其演变

国际收支的概念。国际收支概念的演变

二、国际收支核算的地位和作用

三、BPM6 的国际收支平衡表

国际收支平衡表的概念

(一)BPM6 的国际收支平衡表的基本结构及其内容

(二)国际账户中的功能分类

直接投资。证券投资。金融衍生品(除储备外)和雇员股票期权。其他投资。储备资产。

(三)BPM6 的国际账户与 SNA 账户系列的比较

(四)国际投资头寸概览

四、我国 SNA 中的国际收支平衡表

(一)国际收支平衡表的基本结构

(二)国际收支平衡表主要内容

经常项目。资本和金融项目。储备资产。净误差与遗漏。

(三)国际收支平衡表的登录规则

(四)国际收支差额

对外贸易差额、经常项目差额、国际收支基本差额、国际收支总差额(或称国际收支综合差额)

五、国外账户与国际收支平衡表之间的联系与区别

第十一章 物量和物价核算

本章教学目的和要求

学习本章的目的就是要求学员了解物量和物价的概念,重点掌握物量指数和物价指数的编制方法。

本章教学基本内容

第一节 物量和物价核算的基本问题

一、物量和物价的含义

(一)单一货物或服务的数量、价格和价值

(二)多种货物或服务的物量和价格

二、物量和价格核算的目的和作用

第二节 物量指数和价格指数

一、物量指数

物量指数的定义。量比的定义。

(一)拉氏物量指数

(二)帕氏物量指数

二、价格指数

价格指数的定义。价比的定义。

(一)拉氏价格指数

(二)帕氏价格指数

三、拉氏指数与帕氏指数之间的关系

(一)两种指数之间存在着对称性

货币价值化指数的概念。价格缩减法的概念。物量序列的概念。

(二)拉氏指数记录的增长幅度大于帕氏指数

四、其他指数公式

超越指数。费希尔理想指数。唐克维斯特指数。

五、链式指数

第三节 国民经济核算中的物量测度

在 SNA 中,可以用来推导物量值的价格指数有消费价格指数(CPI)、生产者价格指数(PPI)、出口价格指数(XPI_s)和进口价格指数(MPI_s)。

一、生产法 GDP 物量值的测度

(一)产出的测度

市场产出的测度。非市场产出的测度。为自身最终使用产出的测度。

(二)中间消耗的测度

(三)总增加值和国内生产总值的测度

采用双紧缩法计算单位或部门的总增加值。双紧缩法的定义和步骤。

二、支出法 GDP 物量值的测度

(一)最终消费支出的物量测度

住户最终消费支出的物量测度。政府和为住户服务的非营利机构最终消费支出的物量测度。

(二)资本形成总额的物量测度

固定资本形成总额的物量测度。存货变化的物量测度。贵重物品获得减处置的物量测度。

(三)出口和进口的物量测度

单位价值指数法。调查代表项目价格指数法。混合价格指数法。

第四节　经济总体实际收入的测度

一、实际收入的概念

实际收入的概念。实际国内总收入的概念。

二、外贸损益的核算

对外贸易条件的定义。外贸损益的计算。

三、GDP 物量值与实际收入总量的关系

第五节　价格和物量的国际比较

一、价格和物量国际比较的基本问题

用购买力平价作为缩减因子,测度用于比较的国家 GDP 及其支出成分的物量值。购买力平价的概念和方法。代表性产品的概念。可比性产品的概念。

二、两国间的比较

(一)两国间价格指数

(二)两国间物量指数

三、多国间的比较

(一)开展多边比较的条件

(二)集团法

(三)双边法

第十二章　社会核算矩阵和卫星账户

本章教学目的和要求

学习本章的目的就是要求学员了解社会核算矩阵的基本结构和内容,重点掌握三个卫星账户的内容和核算方法。

本章教学基本内容

第一节　社会核算矩阵

一、社会核算矩阵的概念

二、社会核算矩阵的基本结构

第二节 卫星账户

一、卫星账户的含义与种类

(一)重新排列 SNA 中心框架分类并引入补充内容类卫星账户

(二)替代 SNA 基本概念类的卫星账户

二、旅游卫星账户

旅游卫星账户的概念。

(一)编制旅游卫星账户的目的

(二)旅游卫星账户的有关概念和范围

(三)旅游卫星账户体系

三、环境核算卫星账户

(一)SEEA 的目的

(二)SEEA 的功能

(三)SEEA 的基本内容

(四)实物型和混合型供给使用表(SEEA 的第一部分)

(五)识别 SNA 中心框架中与环境核算有关的内容(SEEA 的第二部分)

(六)环境调整的整合(SEEA 的第一部分和 SEEA 的第三部分)

四、卫生卫星账户

(一)卫生保健的功能分类

卫生保健的定义。卫生保健包括的活动。卫生保健的分类。

(二)卫生保健提供单位

(三)卫生保健支出

卫生保健支出测度的内容。

(四)卫生保健的资金来源

(五)将 SHA 转换成卫生卫星账户